U0514952

高校安全研究

（2024上）

Campus Security Studies

主编　刘扬

编委会

主　任　黄泰岩

副主任　朱德友

主　编　刘扬

成　员　马　亮　涂建军　操光亮

WUHAN UNIVERSITY PRESS
武汉大学出版社

图书在版编目(CIP)数据

高校安全研究. 2024. 上／刘扬主编. --武汉：武汉大学出版社，2024. 8. --ISBN 978-7-307-24526-6

Ⅰ. G647.4

中国国家版本馆 CIP 数据核字第 2024GC2941 号

责任编辑:杨　欢　　　责任校对:汪欣怡　　　版式设计:马　佳

出版发行:**武汉大学出版社**　　(430072　武昌　珞珈山)

(电子邮箱:cbs22@ whu.edu.cn 网址:www.wdp.com.cn)

印刷:湖北云景数字印刷有限公司

开本:880×1230　1/16　印张:12　字数:389 千字　插页:1

版次:2024 年 8 月第 1 版　　2024 年 8 月第 1 次印刷

ISBN 978-7-307-24526-6　　定价:35.00 元

目　录

◆ **安全理论研究**

科技赋能高校安全保卫工作浅析 ……………………………………………… 马　亮（3）

高校新校区平安校园建设规划研究 ……………………………… 李耀鹏　毛承治（6）

安全类学生社团组织在高校安全工作中发挥的作用研究 ………… 黄　啸　向　立（10）

新时代"平安中国"建设的高校路径 ………………………………………… 张亦旸（15）

浅谈高校"安消一体化"综合指挥平台的构建研究 ……………… 王龙飞　李燕宁（18）

高校毕业生就业法律风险的识别与安全防范 ……………………………… 郭　波（22）

高校大学生遭遇电信网络诈骗成因分析与防范体制机制建设研究 … 毛承治　龙　霄（26）

试论高校保卫工作的法治思维 …………………………………… 彭　晋　邓铭一（32）

基于4R理论的高校学生突发事件危机管理研究 …………………………… 张一飞（35）

校园霸凌事件的法律规制与防范 …………………………………………… 陈宇唯（39）

◆ **校园政治安全**

总体国家安全观视野下高校反邪教工作体系建设探究 … 代全顺　马世英　杨竹林（45）

高等教育国际化背景下的高校意识形态安全 ……………………………… 张文忠（50）

高校政治安全面临的形势和对策 …………………… 彭　琢　杨旭朗　张　冲（56）

高校信息安全问题及对策 …………………………………………………… 吴　海（61）

论新时代总体国家安全观之大学生网络安全意识的培养 … 蒋春梅　莫柳雅　马传博（64）

高校网络舆情现状及对策研究 …………………………………… 胡娟秀　邓铭一（68）

◆ **校园安全管理**

加强智慧消防建设　赋能高校消防安全管理转型升级 …………… 王用法　李　宁（73）

对高校应急管理工作的探索研究 …………………………………………… 黄　啸（77）

浅谈高校校园交通安全管理的几个问题

　　——以M大学为例 …………………………………………… 吕　杰　邓铭一（80）

完善高校消防安全体系　筑牢校园安全防线 …………………… 李耀鹏　毛承治（84）

高校实验室安全检查与隐患整改长效工作机制的探索与实践

　　——以武汉大学为例 …………………… 石俊枝　廖冬梅　赵文芳　吴运卿（88）

高校实验室安全管理的现状及改进路径 …………………………………… 李文杰（93）

从安全稳定的视角浅谈品质校园的建设 …………………………… 沈　鹏　糜琳娜（98）

对高校交通安全管理的若干思考 ………………………………… 黄　啸　梅永胜（102）

校园内外卖骑手规范管理初探 …………………………………………… 张国庆（105）

新时代背景下以校地共建模式推动高校平安建设
　　——以江西农业大学为例 ················· 臧一昊　陈裕鹏　万江文（109）
高校学生非正常死亡的赔偿机制研究 ··················· 袁　锋（115）
高校商业网点火灾的预防与对策
　　——以 W 高校为例 ······························· 吴勇勇（118）
少数民族学员校园安全管理的路径与实践
　　——以武汉大学为例 ······························· 朱　莹（121）
高校实验室危化品安全管理探讨 ····················· 徐华君（124）

◆ 安全教育与队伍建设

高校安全教育现状及对策研究 ························· 肖娴娴（131）
高校实验室安全教育规范化体系建设研究 ······· 侯　毅　林耀虎　王庆华（134）
高校安全教育初探
　　——以北京大学医学部为例 ················· 沈　鹏　糜琳娜（138）
高校教师培训中的风险防控探索研究 ··················· 万胜勇（141）
创新安全教育途径，全面增强安全教育实效 ············· 李耀鹏　毛承治（144）
新时代高校培训工作的安全文化建设初探 ················· 朱　莹（147）
浅析高校保卫队伍建设 ······························· 彭晋（150）
提高高校安保人员职业素质的有效策略探究 ············· 王大鹏　李燕宁（153）
高校外包安保队伍建设探析 ························· 陈玉卉（158）

◆ 技术防范与网络信息安全

基于信息化的高校学生安全管理策略与建议 ······· 李曾　王碧瑾　于磊　苑敬雅（163）
学生工作精细化思维下加强高校学生资助信息安全的实践研究 ············· 汪洋（167）
论校园 110 联动指挥中心建设现状与发展
　　——以武汉大学校园 110 为例 ··················· 张汉川（170）
高校校园安全一体化信息系统构建初探 ················· 秦立富（174）
增强网络安全意识，营造校园安全网络环境 ········· 曾雨琪　谭智心　袁仕珺（179）
浅议技术安防在高校校园安全管理中的应用与发展 ··············· 刘晔（183）
基于复杂网络环境对高校网络安全管理的研究 ········· 陆秋水　张慧茹　苏梅芳（186）

安全理论研究

科技赋能高校安全保卫工作浅析

马 亮

党的十八大以来，习近平总书记高度重视科技创新工作，围绕科技创新提出了一系列新思想、新观点和新论断。党的二十大报告明确提出，必须坚持科技是第一生产力、人才是第一资源、创新是第一动力，深入实施科教兴国战略、人才强国战略、创新驱动发展战略，开辟发展新领域新赛道，不断塑造发展新动能新优势。当前国际形势风云变幻，我国正处于百年未有之大变局加速演进时期，发展进入战略机遇和风险挑战并存、不确定难预料因素增多的时期，多元化的社会环境对安全保卫工作提出了新要求。高校作为教学、科研的重要场所，其安全稳定是事关国家长远发展、长治久安的重中之重。在新时期研究如何更好地发挥科技力量赋能高校安全保卫工作，运用新科技弥补和完善校园安全管理的不足和短板，对更高效地做好高校安全保卫工作具有十分重要的意义。

一、科技赋能高校安全保卫工作的重要性

如今，抖音、小红书等自媒体的风靡流行及各种网络思潮的出现，对大学生的思想观念产生了较大影响。高校周边环境较以往复杂，影响校园安全稳定的各类新情况、新问题也日益增多，且呈现出隐蔽性、多样化、传播快等特点，交通安全、网络诈骗等成为案件高发领域，给高校安全保卫工作带来了新的挑战。仅仅依靠传统的人防、物防已远远不能满足高校随时代发展的安全需要。因此，运用先进的技术手段，通过加强以大数据、云计算为基础的新型校园技防能力建设，不断增强高校安全管理的前瞻性、针对性、有效性，推进高校安全治理体系和治理能力现代化，势将成为做好高校保卫工作的必由之路。

（一）科技赋能高校安全保卫工作为高校发展提供安全基础

随着我国教育体制的改革和高校后勤社会化变革的不断深化，师生规模不断扩大，外来务工人员数量激增、成分复杂，且社会公众倾向于大学开放性办学，给校园的安全环境带来众多不稳定因素；加上科技的发展及生活水平的提升，智能手机、笔记本电脑等成为学生的标配，交通工具特别是电动自行车在校园中较为常见，校园治安案件呈现多样性、隐蔽性、突发性、不可预知性等特点，仅仅依靠传统的工作方法、思路和模式，已不能适应新时期校园安全保卫工作的需求。引进、利用信息技术，加大科技投入的力度，运用视频监视系统、周界防范系统、门禁控制系统等技防系统设施，通过信息化处理、大数据分析等方式，对校园实施更加快速、精准、高效的管理，提高技术防范的能力，向科技要警力、要效力，才能更好地维护良好的教学、科研和生活秩序。因此，强化科技赋能已成为高校安全保卫工作的题中之义和当务之急，更是高校发展的安全基础。

（二）科技赋能高校安全保卫工作为履职尽责提供重要手段

高校保卫部门担负着校园政保、治安、户籍、消防、交通、外来人口管理等多项工作。业务具体且复杂，若完全由人工来完成登记、查询、管理等一系列庞杂的日常工作，不但会消耗大量人力和物力，而且效率不高。加上高校保卫干部编配相对较少，人员平均素质和职业素养还有待进一步提高，很难满足师生员工日益增长的安全服务需要。因此，强化运用科技手段，通过科技赋能为师生员工提供高效、便捷的安

全服务，是高校安全保卫部门做好工作的必然选择和重要手段。

（三）科技赋能高校安全保卫工作为安全教育提供全新平台

近年来，随着移动互联网的应用和普及，抖音、小红书、视频号等自媒体日益风靡和流行，网络空间已成为高校师生获取信息的重要途径。但网上信息良莠不齐，在海量的信息中也充斥着大量负面信息，这在一定程度上威胁到青年学生的健康成长，如校园网贷、网络诈骗、数据偷窃、人肉搜索等新型校园安全问题对高校的保卫工作提出了新的挑战。我们要善于运用新的技术和手段，学会使用学生语言，在网络战场和违法犯罪分子争夺教育和舆论阵地。充分利用抖音、小红书等新型媒体，采用喜闻乐见的形式，主动发声做好安全教育宣传工作，与师生沟通热点安全问题、探讨保卫工作新思路，构建联防联动、群防群治的校园安全治理格局。

二、科技赋能高校安全保卫工作面临的挑战

随着国家及各高校对安全保卫工作的重视，各高校都加强了科技手段在安全工作中的运用，构建了以人防、物防为基础，以科技手段为重要支撑的校园保卫工作新模式。但随着社会的发展和生活水平的提升，师生对美好生活的向往和学校保卫部门提供的安全服务质量不高之间的矛盾日益显现，学校安全保卫工作中还存在着一系列问题，究其原因，主要有以下几个方面：

（一）思想重视不够

新形势下的安全保卫工作，需要转变传统思想，提升专业化程度，但部分高校对安全保卫工作缺乏足够重视，认为运用传统的安全保卫方式也能解决问题，真有大的治安、消防案件就由公安、消防部门出面解决，这能极大地降低支出和成本，这种思想在一定程度上影响了人们对安全保卫工作的重视程度，导致保卫部门工作主动性不高，难以适应当前安全保卫工作的需要。

（二）专业素养不强

首先，对安保队伍建设重视不够。安保人员专业性不强，技术能力、文化素质不高，不能熟练运用技防设施设备；其次，对安保人员的教育培训不足，系统的培训较少，安保人员的能力和水平难以满足实际工作需要；再次，安保人员的年龄普遍偏大，学习新事物、新技术的动力不足，先进的设备和技术不能推广和使用，严重阻碍安全保卫信息化建设进展。

（三）经费投入不足

随着信息技术的不断发展，高校安全保卫工作充分利用科技手段是必然的趋势。但高校以教学科研为主，更多的经费和人员被用在教学科研主责主业上。而智能消防、智能交通、一体化报警系统等安防设施及其配套的软件系统价格不菲，使一些高校在整体的技防设施设备购置和配套建设方面资金投入较少。此外，经费不足、培训较少、运维不够，使从事安全保卫工作的人或无法正确使用已经建好的技防设施，或忽视定期开展技防设施的维护工作，导致一些现有设备设施无法正常运行，应有的作用被大大降低。

三、科技赋能高校安全保卫工作的意见和建议

在科学技术飞速发展的今天，要想提升工作效率和水平，必须依靠科技。如何更好地提升高校安全保卫工作的科技含量和科技水平，有以下工作意见和建议：

（一）提高思想认识

新时期的安全保卫工作正面临新形势和新挑战，我们要积极转变观念，以适应新形势和新环境。领导

层面要重视安全保卫工作建设，加大校园技防等一系列安全工程建设经费的投入。提高认识，统一思想，持之以恒地推进校园技防建设，形成长效化管理机制，以更好地满足新时期高校发展需求。

（二）提升从业素质

首先，加强教育培训，不断提高保卫人员的文化素质和技能水平，使保卫人员提高自己使用先进技防设备装备的能力。其次，加大人才引进力度，定期、定点、定向引进专业性人才，切实提升高校安全保卫人员的整体技术水平和学历层次，满足科技赋能安全保卫工作的时代要求。

（三）创新工作思路

高校是传播科学知识、开展科学研究的殿堂，要善于依靠和发挥这一优势，为我所用。传统意义上依靠人海战术的安全保卫理念已不能满足高校日益发展的需要，要转变传统工作思路和方法，提高安全防范措施的科技含量，构建高效严密的技防体系。在科技赋能、深度融合应用上下功夫，着力构建智慧安全保卫新生态。利用抖音、视频号、小红书等新媒体传播平台，搭建舆论宣传新阵地，加大安全知识等的宣传力度，把握网络宣传阵地的动向，营造安全的校园环境和氛围。

总之，我们要高度重视科技赋能高校安全保卫工作这一重大工程，统一思想、提高认识，加大投入、强化建设，加强培训、提高素质，不断提升高校安全保卫工作的含"技"量，集中整合和优化升级校园内各类信息化系统，使校园日常管理更加顺畅有序、各类安全服务更加周到细致、突发事件应对更加迅速有效。让科技赋能成为做好高校安全保卫工作的重要抓手，以更好地服务广大师生员工，为高校的平安稳定和高等教育事业的发展保驾护航。

◎ **参考文献**

[1] 习近平 . 高举中国特色社会主义伟大旗帜 为全面建设社会主义现代化国家而团结奋斗——在中国共产党第二十次全国代表大会上的报告 [EB/OL] . 中国政府网 . http：//www. gov. cn.

[2] 徐鹏 . 新形势下如何做好高校校园安全保卫工作——以南京理工大学泰州科技学院为例 [J]. 价值工程，2018（14）：49-50.

[3] 李其昕 . 互联网时代高校安全保卫工作的挑战及路径分析 [J]. 办公室业务，2021（02）：113-114.

[4] 张岩 . 高校安全保卫工作的问题及对策探究 [J]. 大学教育，2016（07）：185-186.

[5] 陈昌红 . 高校保卫工作信息化建设分析 [J]. 科技风，2016（06）：85.

◎ **作者简介**

马亮，武汉大学保卫部副部长。地址：湖北省武汉市武昌区东湖南路 8 号武汉大学保卫部二楼，邮编：430070。电话：027-68775909。

高校新校区平安校园建设规划研究

李耀鹏　毛承治

为贯彻落实新发展理念,更好地统筹发展与安全,进一步提升高校新校区平安校园建设规划的科学化水平,本文结合北京林业大学新校区平安校园建设规划研究实例,总结和分析高校新校区平安校园建设的思考,供高校管理和实践借鉴。

一、平安校园建设发展方向

新校区建设要全面审视现有校区在平安校园创建工作中取得的成效,精心组织实施重点工作,强化整改薄弱环节,提升整体能力。

第一,不断完善"大安全"机制,全面发挥全局性和协调性优势。从理论上讲,"大安全"制度设计更具有全局性和协调性,上下畅通、左右协调,牵一发而动全身,学校安全工作一盘棋,应统筹做好新老校区平安校园建设工作。学校下一步重点做好两方面工作,一是继续完善相关配套制度,二是总结归纳实践中存在的问题,并不断改进。持续推进"大安全"机制,将制度优势落实到安全稳定的工作实践中。

第二,不断增强科技防控能力,建立现代化硬件保障。学校要继续坚持"科技创安"的工作理念,在新校区建设中进一步加强平安校园硬件条件建设:一是抓好技术防范,二是抓好信息化建设。

第三,不断加强制度建设、队伍建设,强化教育督导问责机制。完善平安校园制度和加强队伍建设是提升校园管理水平、深入推进依法治校的重要组成部分。学校在新校区平安校园创建中,要继续坚持问题导向,重点针对新问题和新变化,深入推进建章立制工作,将实践成果及时转化为制度成果,构建工作长效机制。通过强化监督检查,严格追责问责,为深化平安校园建设提供坚实保障。

二、平安校园信息化建设

当前针对国内外形势,结合高校安全稳定工作特点,需要从宏观和微观角度统筹规划新校区平安校园信息化建设,稳步推进信息系统建设,如基于 GIS 的综合监测平台、视频监控系统、智能交通管理系统、消防一体化系统、校园网格化管理系统等,并将各系统信息资源进行整合,挖掘各类技术数据信息,统一管理,形成"多维一体"综合管理服务平台,打造"平安校园""智慧校园"。

(一) 视频监控系统

视频监控系统作为维护校园秩序的重要设备,随着科技水平的不断提升,已发展成为系统稳定性更强、集成度更高、扩展兼容性更好的技术防范系统。结合高校安全工作经验,指定重点区域的巡更点,制订智能巡更计划,维护校园日常秩序,形成第一时间、第一现场的快速反应机制,有效预防和发现校园各类型案件。

(二) 智能交通管理系统

为满足当前和未来的交通管理发展需求,需要在新校区建设校园智能交通管理系统,实现对车辆的分类管理、有序停放，有效保障师生出行安全；在重点区域加装违章抓拍模块，实现对校园交通的智能化管理。

（三）消防一体化系统

运用消防信息系统将校内各个建筑楼宇内的火灾自动报警系统进行联网，组建一个整体的火灾自动报警系统，实现对全校的火灾自动报警系统的统一监管。监控中心集中监测所有建筑楼宇内消防控制器的运行状态并进行数据采集处理，实时报警、存储、联动；还提供报警分类、报警数据统计分析、设备管理、巡检管理等功能。实现报警数据的快速上传、处理，从而整体提高消防管理的科学化水平，有效预防和应对初起火灾。

（四）移动"平安校园"

开发移动"平安校园"平台，在平台中定制线上服务模块，实现在线上办理相关户政业务。此外，移动平台还可将安全教育课堂、通知公告推送、人工业务咨询服务、安全隐患随手拍、失物招领、一键报警等功能纳入其中，创新工作模式，提高管理效率，提升服务质量。

（五）网格管理与应急处置

探索将学校视频监控系统、智能交通管理系统、消防一体化系统等各类技防设备的模拟信息纳入 GIS 系统，根据校园网格化安全管理方案，开发网格化管理系统，按照"全面覆盖、不留死角、夯实基础、落实责任、整合联动、有效防控"的原则，建立"精细化管理、多元化参与、科学化配置、规范化运行"的校园网格化管理格局。结合实际科学划分网格，明确网格职责任务与工作标准，实现对人、地、物、事、组织等不同对象的精细化管理，全面提升校园安全管理水平。此外，学校应结合学校实际，按照"平战结合，快速响应"的原则，建立起"事前预警、事中处置、事后评估"的应急处置模式。

三、新校区平安校园建设规划

基于现有系统的运行和应对校园安全新风险、新挑战的需要，新校区平安校园建设应坚持"顶层设计、微观建设"总体思路，即加强顶层设计，从体制机制建设上，完善安全管理制度体系，如统一指挥、统一调度、运转高效等；加强中层安全防范系统建设，推动安防子系统信息化、安消一体化、系统智能化建设；提升基础保障能力，通过各要素信息的标准化、建设校园综合指挥平台、完善应急处突体系等措施提高校园综合防控能力和水平。

一是建设学校运行中心，统一指挥调度学校运行、安全、服务保障等各系统的日常管理。整合学校教学运行、实验室管理、资产管理、后勤保障、安全管理等部门功能，建设运行中心，为师生提供一站式服务，提高工作效率，增强师生的获得感和幸福感。学校运行中心通过顶层设计，加强信息标准化建设，实现校内各部门间信息互联互通，并根据信息防护等级设置相应权限，满足信息共享基础上的信息安全需求。

二是实施组团分级管理模式，提高学校的运行效率和抵御风险的能力。根据新校区建设规划，平安校园建设可分阶段、分组团建设，实现最终汇集。例如，第一期工程建设完成时，可实现对已建成组团的消防、安防等设施设备的集中统一管理，确保学校在面临自然灾害等重大突发事件时，能迅速应对。后期，根据学校建设和发展需求，集中建设各分组团，对相关功能进行分步整合，最终实现学校运行中心的高效运转。

三是完善校园应急防控体系，有效应对突发事件。结合高校面临的突出风险隐患，适度超前建立健全校园安全技术防范系统，提高大数据和信息化在校园安全管理与服务领域的应用能力和水平。新校区要着眼未来，结合社会需要和学校实际，利用技防、物防、人防和制度防范等措施做到张弛有度，有效维护良好的教育教学秩序。

四是做好条件预留，为平安校园系统扩容和升级提供保障。在新校区的不同建设周期需要做好规划与衔接工作，通过预留管网、建设用地等为平安校园系统建设提供硬件保障，避免出现重复建设问题和因建设周期长而带来的系统过时、设备损耗等问题，确保新校区平安校园系统建设能同步规划、同步建设、同步使用。

四、加强大数据在新校区平安校园建设中的应用

随着大数据、云计算等新技术的广泛应用，以及智慧校园建设的持续推进，高校成为受新技术影响最全面也最深刻的前沿阵地。在大数据时代新形势下，高校新校区应借助大数据技术完成现代化转型，实现大数据与平安校园建设的深度融合，全面提升高校安全治理能力和治理水平。

（一）开发以数据驱动的智能安保系统

大数据驱动下的新校区平安校园建设的基本前提是拥有可供分析的海量数据，这使得数据资源建设成为安全工作数据化和智能化的首要举措。新校区建设不仅需要整合优化现有的平安校园建设系统，还要根据智慧校园发展要求开发一个集数据采集、存储、共享和分析于一体的智能系统。首先，新校区要采集和存储相关数据资源，形成资源可观的大数据平台和系统，主要包括交通安全、食物安全、资产安全、心理安全和舆情安全等不同类型的安保系统，以便采集到覆盖面更广、连续性更强、颗粒度更细的各项数据。其次，学校利用已有的校园数据中心和综合信息服务平台，完善安保数据的动态采集和实时更新机制，充分利用微型传感器、RFID、摄像头、GPS等感应技术对校园环境状态、仪器设备运行情况以及师生学习生活状况进行全方位感知。再次，尽力消除数据孤岛，实现数据的有效治理，整合不同部门、不同机构和不同领域里的海量数据，推动数据资源共享和业务系统整合。最后，结合工作实际，努力建设以数据驱动的智能安保系统，更好地集成综合值班、师生求助、消防报警、视频监控、远程会议、应急指挥等安全保障功能。

（二）构筑人防、物防、技防三位一体的安全技术防范系统

新校区建设需要建立以人防抓落实、以物防抓巩固、以技防抓提高的立体防护网，实现人防、物防、技防的深度融合与有机统一，努力构建完善的集视频监控系统、智能交通管理系统、消防一体化系统、出入口控制系统、红外报警系统等子系统于一体的安全技术防范系统。具体而言，在人防层面，要着力构建体制健全、机构完善、人员齐备、责任细分、专群结合、反应灵敏的安稳工作组织体系，形成条块并进、部门联动、衔接紧密、管理有效的网格化安全防控模式。在物防层面，要加大物防设施建设和维护的经费投入，对校园的重点场所、关键地段和要害部门安装"安全可靠、操作简便、智能集成、经济实用"的设备，并确保设备安装率和功能完好率达到相应标准。在技防层面，提高大数据在学校管理中的应用能力，建立校园安全稳定工作数字化管理系统，构建"智慧校园"，需要在观念上自觉树立"科技创新安防，数据驱动安防"意识，在行动上建立前瞻化、现代化和智能化的高科技安防体系，不断增强高校安稳工作的科技水平。

（三）建立一支专业的高素质安保队伍

相较于传统信息化建设，大数据驱动下的高校信息化技术手段更先进、专业性更强、涉及领域更广，推动着平安校园建设朝着智慧安保的方向发展。数据在安稳工作中的地位和作用日益凸显，这对学校安保队伍的专业素养提出了新的要求，除了要具备传统的政治过硬、思想过关、作风优良、业务熟练等基本素质外，还必须拥有较高的数据素养，能够基于各类数据做出科学决策。新校区建设可以通过跨学科人才引进、职前职后一体化培训、与专业数据公司合作等方式组建一支既熟悉安稳工作特点、需求和规律，同时又能够充分掌握和应用大数据技术的安保队伍，提高安全工作的科学性与实效性。

五、结语

新校区平安校园建设是一项系统工程，需要以信息化、智能化、规范化、系统化为建设目标，加强顶层设计，以技术防范和实体防范为手段，建立一套事前监测预警、事中应急处置、事后恢复改善的安全防范服务保障体系，确保新校区平安校园能够高起点规划、高起点建设，解决师生在校园安全管理服务方面关心和急难愁盼的问题，提高师生的安全感和幸福感。

◎ 参考文献

[1] 程乘，牛纪亮. 高校平安校园建设新格局研究 [M]. 北京：中国科学技术出版社，2021.

[2] 杨长春，等. 大数据时代的"平安校园"信息化建设探究 [M]. 北京：对外经济贸易大学出版社，2016.

[3] 曲建文. 平安校园建设的实践与探索：北京高教保卫学会第十四届学术年会优秀论文选集 [M]. 北京：北京航空航天大学出版社，2021.

[4] 全海. 平安校园建设的实践与探索：北京高教保卫学会第十二届学术年会优秀论文选集 [M]. 北京：清华大学出版社，2014.

[5] 王小虎，于振江，陈蔚. 基于空间视角下新时代高校平安校园建设思路研究 [J]. 安全，2021，42（09）：75-80.

[6] 张代宇，金列华，周高峰. 信息化背景下高校平安校园治理创新——以"安全指数"为例 [J]. 国际公关，2020（12）：280-281.

[7] 易连云，邹太龙. 大数据驱动下的高校平安校园建设研究 [J]. 中国电化教育，2019（08）：57-62.

[8] 黄杨. 大数据在"平安校园"建设中的应用 [J]. 武汉冶金管理干部学院学报，2019，29（04）：55-56，60.

[9] 黄发友，陈莎莎，衡欣，等. 高校平安校园建设现状的调查分析及对策——以F大学为例 [J]. 高校辅导员学刊，2017，9（01）：80-85.

[10] 阳曼. 高校"平安校园"建设标准体系的构建 [J]. 决策探索（中），2018（07）：33-34.

[11] 安春元. "总体国家安全观"下的高校平安校园建设探索 [J]. 学校党建与思想教育，2016（18）：64-66.

[12] 刘洁，梁尔华，张旭东. "平安校园"建设基本经验和创新发展研究——以对外经济贸易大学为视角 [J]. 净月学刊，2013（06）：71-75.

[13] 王玲. 以改革精神创建平安校园 [J]. 北京教育（高教），2014（12）：35-36.

[14] 金健宇，马嘉林，方丹丹. 对外经济贸易大学"互联网+"时代的平安校园建设及应用 [J]. 中国教育网络，2017（06）：50-51.

◎ 作者简介

李耀鹏，北京林业大学党委保卫部（处）部（处）长、副研究员。地址：北京市海淀区清华东路35号，邮编：100083。手机：13810030381。

毛承治，北京林业大学保卫处消防安全科科员、助理研究员。地址：北京市海淀区清华东路35号，邮编：100083。手机：15501080501。

安全类学生社团组织在高校安全工作中发挥的作用研究

黄 啸 向 立

党的二十大报告指出，实施科教兴国战略，强化现代化建设人才支撑，办好人民满意的教育，加快建设中国特色、世界一流的大学和优势学科。高校要发展就必须有安全稳定的校园环境。[①] 高校安全工作是高校教学、育人和科研工作得以顺利进行的重要保障，事关学校发展和稳定的大局，[②] 除了高校的相关职能部门要大力抓好安全工作外，高校其他各单位各部门，特别是安全类学生社团组织也是高校安全工作的重要力量，在校园安全工作中发挥着不可替代的作用。随着信息科技与互联网的迅速发展，新形势下的高校安全工作除了面临消防安全、生活安全、交通安全、人身安全等日常安全问题外，更面临着信息安全、网络安全、组织安全等多维新型安全挑战。因此，推动高校安全类学生社团组织的设立、不断改进高校安全类学生社团组织的工作方法成为维护校园安全秩序的重要举措。

一、高校安全类学生社团组织设置现状分析

（一）高校安全问题现状分析

高校是国家和社会的重要人才培养基地，高校安全保障工作的有序运行对于教学和科研发展来说至关重要。以华中某高校为例，校园安全仍然面临着诸多问题和隐患。问卷调查结果显示，交通安全、消防安全和财产安全是师生最为关心的安全问题，84.47%的受访者关注校园内存在的交通安全问题，对于消防安全和财产安全，这两者的比例分别是34.7%和34.25%（见图1）。师生对于校园安全问题的关注要求高校安全类学生社团组织不断提高工作水平。安全类学生社团组织主要由本校学生组成，具有熟悉本校情况、深入校园生活、了解学生心理的天然优势，能有效发现校园安全问题，有力监督相关安全举措的落实，在校园安全维护方面发挥着重要功能。

（二）高校安全类学生社团组织设置现状

根据各高校公开数据统计，在全国的39所985院校中有10所高校建立了相关的安全类学生社团组织，由此可见，高校安全类学生社团组织在全国范围的普及度尚不充分，其作用仍有待重视和挖掘。

现代高校与中小学相比，社会属性更加凸显，既是一个相对独立的系统机构，同时又不可避免地受到社会大环境的综合影响，其安全稳定管理具有多元、系统、动态等共性特征及自身所独有的个性特征。同时，高校机构具有人员基数庞大、覆盖区域面积广大、涉及治理主体多样等重要特点。因此，在促进高校安全方面应该坚持多元协同治理的基本原则，而高校安全类学生社团组织正是这一多元架构中不可或缺的重要组成部分。高校安全类学生社团组织的设立能够充分发挥学生的主动性、积极性，借助学生社团等组织强化学生自身管理，密切安全组织和校园安全治理之间的联系，推动安全问题尽早得到反馈，相关举措尽早落地生根、发挥作用，推动安全组织和其他组织的协同发力、融合发展，

---

① 王书贤. 浅析高校安全保卫工作的新思路［J］. 南北桥，2023（19）：166-168.

② 李妙林、张书堂、秦岭. 高校安全预防第一［J］. 中国科教创新导刊，2009（04）：128.

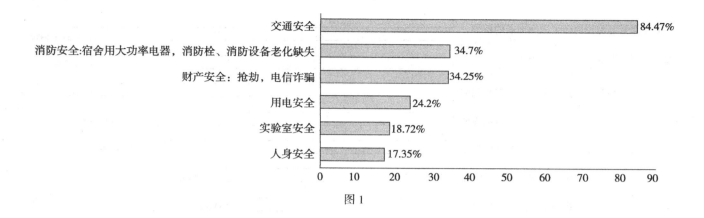

图 1

助力高校安全工作行稳致远。

二、安全类学生社团组织设置的必要性和重要性

在现阶段，学生们的安全意识不断增强，他们普遍认识到校园内存在多种安全隐患，如人身安全、交通安全等。一方面，这种广泛的安全意识反映了安全类学生社团组织在普及安全知识、增强学生安全意识方面已取得了成效。另一方面，这也说明高校安全类学生社团组织仍需定期开展安全教育，普及安全知识，进一步提高学生对潜在风险的认识，致力于尽可能减少校园安全事故的发生。安全类学生社团组织在校园安全工作中具有独特意义，发挥了以下重要作用：

（一）促进校园安全文化建设

问卷结果显著反映出受访者对于校园安全公众号内容的期待，最受期待的内容是校园安全事件通报与分析、校园安全资讯与提醒，分别占 73.97% 和 58.45%。高校安全类学生社团组织可以聚焦于学生们特别关心的问题，有效利用公众号等平台，做好校园安全文化的建设与传播，提升整个校园社区对安全问题的关注度。这种文化建设对于预防安全事故发生和构建和谐校园环境至关重要。

（二）反映和解决安全问题

如图 2 所示，学生们希望高校安全类学生社团组织在校园安全保卫工作中扮演多种角色，包括参与校园安全事件的处置和调解、提供安全咨询和援助服务等，特别应在"搭建保卫部与校内师生之间沟通的桥梁，及时反馈与解决双方问题"方面发挥作用，有 64.84% 的受访者期待高校安全类学生社团组织发挥这一作用。高校安全类学生社团组织可以通过面向校内学生的问卷调查、社交媒体互动和定期集体会议等灵活多样的方式及时了解并响应学生的安全需求。这种学生之间直接的沟通渠道确保了学生最真实的声音被听到，同时也促进了校园安全措施与设备的及时调整和完善。

（三）组织新颖有效的安全活动

如图 2 所示，学生对高校安全类学生社团组织"组织应急演练和救援活动"的职能期待值不高，仅有 43.38% 的受访者期待高校安全类学生社团组织发挥这方面作用。这可能与以往这类活动一贯的形式有关——包含参与度不高、形式化严重、不切合实际等因素，也可能与高校安全类学生社团组织这一主体性质有关——学校相关部门进行这类活动也许更合适。然而，这类线下实践性安全教育对学生应对安全类突发事件能力的培养是至关重要且不可或缺的，值得更高的重视程度。高校安全类学生社团组织可更好地发挥"学生视角"优势，加强创新，将这些活动以更加新颖、令人喜闻乐见的方式开展，增强受众在活动中的个体参与度，充分调动学生的兴趣和积极性，吸引他们更加踊跃地参与这些安全活动，并使其确有丰

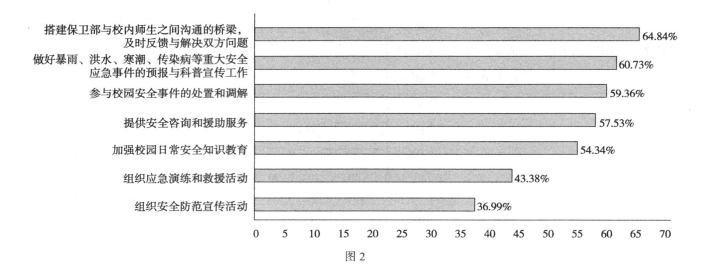

图 2

富的收获，这样可以更加切实地达到组织此类活动的根本目的。

综上所述，高校安全类学生社团组织在校园安保工作中的重要性不容忽视，能增强学生的安全意识，为构建和谐、安全的校园环境作出贡献。在未来，安全类学生社团组织仍需不断探索和创新，拓宽工作职能范围，发挥更大的作用，以更好地适应和满足校园安全的实时需求。

三、对安全类学生社团组织发挥作用的几点思考

高校安全类学生社团组织要深度挖掘自身优势，争取在校园安全工作中不断提高自身影响力，除了端正参与校园安全工作的态度，还必须不断改进工作方法、持续提高工作能力，努力为"平安校园"建设添砖加瓦。在具体的工作举措上，还需要注意以下几点：

（一）关注重点问题

高校安全类学生社团组织要更好地发挥作用，首先要关注校园安全的重点问题。问卷结果显示，在对于校园安全问题的认知中，最常被提到的校园安全问题是交通安全，其次是宿舍消防安全和财产安全，这表明这些方面需要更多的关注，相关问题应得到解决。

（二）宣传内容、活动形式贴近受众

高校安全类学生社团组织要更好地发挥作用，还要不断丰富大众喜闻乐见的宣传内容以及活动形式。问卷结果显示，39.09%的受访者认为该校的安全类学生社团组织的影响力"一般"，这表明高校安全类学生社团组织在宣传工作上还有一定的提升空间，应该着重提高工作的可见度和有效性。由此，更加需要在宣传工作和组织活动上有进一步发展。

如图 3 所示，学生希望在公众号上看到更多关于校园安全事件的通报与分析、安全资讯与提醒、安全知识普及，这意味着高校安全类学生社团组织应该更多地关注信息传播和教育。有73.97%的受访者期待在公众号上看到校园安全事件通报与分析的相关内容。高校安全类学生社团组织应该定期发布关于校园安全事件的通报与分析，提高学生对于潜在风险的认识，并提供实时的安全资讯与提醒，如紧急通知、急救知识、安全提示等，发布安全知识普及文章，如自救知识、防盗防骗技巧等。

如图 4 所示，最受期待的安全类活动是专业自救技能培训与实操以及平安校园建设相关志愿服务，分别有67.58%和64.38%的受访者期待安全类学生社团组织开展上述活动，这表明实际操作和参与对学生来说也非常重要。高校安全类学生社团组织除配合高校相关部门组织模拟演练外，还可以制作和分享关于急救、消防自救等培训课程的视频，提高学生在紧急情况下的应变能力。此外，高校安全类学生社团组织

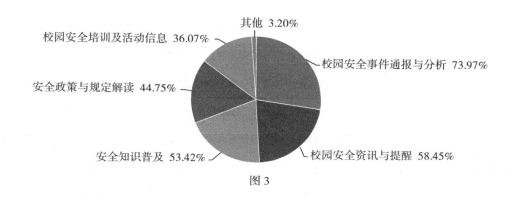

图 3

还可以开展不同形式的平安校园建设志愿服务，如校园安全巡逻志愿活动、校园安全改善提案征集活动等，鼓励更多学生参与校园安全建设。

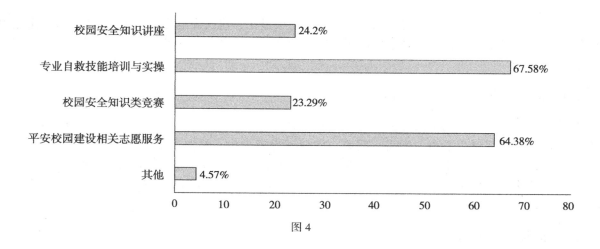

图 4

如图 5 所示，学生还期待高校安全类学生社团组织能在参与校园安全事件的处置和调解、提供安全咨询和援助服务等方面发挥作用。对于校园安全事件的处置和调解，高校安全类学生社团组织应建立紧急联系体系，确保在校园安全事件发生时能迅速响应。高校安全类学生社团组织还可以对安全组织成员进行冲突调解和危机管理的专业培训，并定期举行模拟演练，提高处理校园安全事件的能力和效率。对于提供安全咨询和援助服务，高校安全类学生社团组织可以在重要活动或节日期间设置临时咨询点，为学生提供现场安全指导。通过这些举措，高校安全类学生社团组织能够更有效地处理校园安全事件、提供及时的安全咨询和援助服务，从而满足学生的期待并提高校园整体的安全水平。

四、总结

安全类学生社团组织作为高校中的一类新兴社团，在发展的初期阶段难免会遇到各种困难，如社团成员数量偏少、与学校其他组织和社团的联系不够紧密、社团凝聚力建设不足、社团管理机制有待完善等。为了发挥安全类学生社团组织在高校安全文化建设中的积极作用，还需从以下几个方面把握：

（一）完善社团组织管理制度

要确保高校安全类学生社团组织规范有序和持续发展，必须建立完善、科学的管理制度。高校安全类学生社团组织在组织、管理、活动、财务等细节方面都需要不断完善。应该鼓励高校安全类学生社团组织与其他社团加强学习与交流，通过建立相应的例会制、评比制、培训制、奖惩制、干部选聘制等系列制

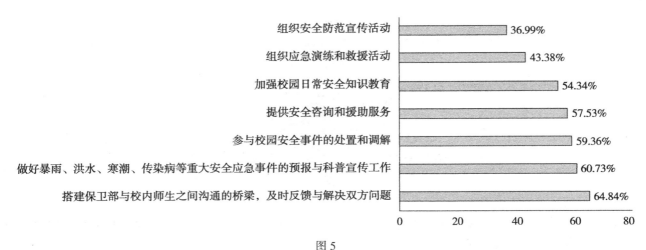

图 5

度，对社团组织进行领导与管理。将社团组织化、活动项目化、建设规范化、工作成果化、交流社会化等作为考核指标，定期展现高校安全类学生社团组织的活动动态，进而提升师生对于高校安全类学生社团组织的关注度。

（二）以学生为本推出精品活动

积极搭建育人平台，争创精品协会。高校安全类学生社团组织要充分尊重学生主体地位，牢牢把握青年学生脉搏，了解青年学生心声，问需、问策、问效于青年学生，举办大学生喜闻乐见的安全进校园活动。扎实推进高校安全类学生社团组织的建设，打造一批具有亲和力、吸引力和影响力的社团品牌活动。稳步推进学生安全反馈体制建设，继续做好安全类活动、竞赛的宣传和推广工作，以赛促学，在校园中塑造良好的安全氛围。

（三）加强社团与外界的密切联系

高校安全类学生社团组织只有深入社会大环境中，才能更加有效地将安全文化广泛传播。通过社会实践，可以提高高校安全类学生社团组织各个成员的表达能力、动手能力、社交能力、团队合作能力。积极鼓励高校安全类学生社团组织响应大学生"三下乡"活动，深入基层企业开展安全服务；深入社区，加强安全文化宣传教育。与此同时，高校还要积极拓展高校安全类学生社团组织的活动空间，为社团组织与社会之间的交流架起桥梁。

◎ 作者简介

黄啸，武汉大学保卫部综合办公室主任。地址：湖北省武汉市东湖南路 8 号武汉大学保卫部二楼，邮编：430070。电话：027-68775817。

向立，武汉大学保卫部综合办公室科长。地址：湖北省武汉市东湖南路 8 号武汉大学保卫部二楼，邮编：430070。电话：027-68776286。

新时代"平安中国"建设的高校路径

张亦旸

在新时代高等教育飞速发展的背景下，高等院校的平安事关中国各个地区、各个家庭的美好幸福生活，深入学习党的二十大精神，深入贯彻落实习近平总书记关于"平安中国"建设的重要讲话精神，有效提升"平安高校"的建设质量，有利于夯实国家和社会稳定的基础，营造安全和谐的社会环境。党的二十大报告指出："国家安全是民族复兴的根基，社会稳定是国家强盛的前提。必须坚定不移贯彻总体国家安全观，把维护国家安全贯穿党和国家工作各方面全过程，确保国家安全和社会稳定。"在"平安中国"建设理念的指引下，要立足高校实际，聚焦"平安高校"建设中高频出现的重大安全隐患，从意识形态安全、人身安全、经济安全与网络安全四个维度有效守卫高校师生平安。

一、坚持党的领导，守卫意识形态安全

高校是为党育人、为国育才的意识形态重要阵地。习近平总书记在全国高校思想政治工作会议上强调："要坚持不懈促进高校和谐稳定……把高校建设成为安定团结的模范之地。"成长于信息时代的广大青年学生在高校阶段，思想活跃但不成熟，具有情绪化和不稳定的特征。随着全球化进程的加快、信息技术的迅猛发展以及社会文化的多元化，外部因素与大学生自身需求的发展变化相互交织，使得他们在主流意识形态认同方面面临一系列新的挑战。特别是外部西方社会思潮和内部拜金主义、功利主义等负面价值观念的冲击，对当下大学生的思想产生了深远影响，对新时代高校大学生意识形态工作造成了新的挑战，集中体现在价值观、理想信念、文化自信、政治参与热度四个方面：

第一，在价值观方面，受西方个人主义、消费主义等思潮的影响，部分大学生的价值观念趋向多元化，与传统的集体主义、奉献精神等主流意识形态产生冲突。第二，在理想信念方面，面对日益激烈的社会竞争和多元文化的冲击，有相当部分大学生盲目追求眼前利益和短期效益，时代责任和主人翁意识淡漠，对共产主义远大理想和中国特色社会主义共同信念停留在口号和标语层面，理想信念有所淡化。第三，在文化自信方面，不少精英大学生对于西方哲学思想和艺术流派如数家珍，对于中华传统文化缺乏基本常识，崇洋媚外倾向严重，文化自信不足。第四，在政治参与热度方面，小到"青年大学习"和"学习强国"等政治学习 App 的热度降低，大到对国家基本发展方针和战略的忽视，当代部分大学生在"一切向钱看"的拜金主义侵袭下，缺乏政治参与的积极性。有调查指出，"虽然多数'90后'大学生了解我国主流意识形态，但仍有 4 成以上的学生缺少必要的认知"。

在此形势下，要针对当下大学生意识形态工作的时代特征，把握大学生的思想规律和行为特征，坚持社会主义办学方向，坚持用习近平新时代中国特色社会主义思想、党的最新理论和知识武装学生头脑，培养担负起民族复兴大任的时代新人。首先，坚持在高校党委领导下，深入推进马克思主义学院建设，统一思政课程和课程思政的建设，用丰富的思政活动帮助高校学生在"学思践悟"中坚定理想信念，厚植家国情怀，教育广大师生旗帜鲜明地站稳政治立场。其次，要强化组织建设，发挥榜样力量和朋辈引导的作用。加强教师、学生基层党组织、团组织的建设，充分发挥党组织的战斗堡垒作用和党员的先锋模范作用，在各个学院学科培养一批有理想信念、有家国担当、有知识文化的模范教师和模范学生。最后，时刻防范敌对势力，把握师生思想动态。高校是学术思想活跃的地方，也是文化活动密集的地方，要警惕西方

不良价值观念、极端宗教势力对高校学生的安全危害，常态化监督掌握各级师生群体的思想动态，做好组织分工，落实落细相关工作责任。根据实际切实做好不安全、不稳定因素的摸排工作，在关键性的时间节点保持警惕，加强守备，确保高校的意识形态安全和政治稳定。

二、防微杜渐，保障师生的人身安全和经济安全

大学生作为国家的未来和希望，他们的人身安全和经济安全直接关系到家庭的幸福和社会的稳定。师生的人身安全指师生的生命安全和身体健康，包括防止校园暴力、意外伤害等对大学师生的人身伤害，以及保障师生在日常生活和学习中的人身自由不受侵犯。随着新时代法制的健全和社会的进一步稳定以及高校整体安全防范意识的增强，针对师生的突发性暴力事件的发生频率在逐年降低，但新形式的暴力事件如网络暴力和语言暴力仍然值得关注。师生的经济安全指师生的财产安全，包括防止诈骗、盗窃、抢劫等经济犯罪行为对师生的侵害，以及保障师生在消费、投资等经济活动中的合法权益不受损害。要坚持防微杜渐，综合运用最新的数字技术，多维度地监察师生可能出现人身安全和经济安全问题的领域，任何时候将师生的人身安全放在首位，推进"平安高校"建设。

（一）提高校园安全教育的系统性和理论性，深化安全教育课程体系建设

加强宣传教育，增强大学生的安全意识和自我保护能力，是保障他们安全的重要手段。一个系统、全面、深入的安全教育课程体系，能够帮助大学生更好地应对各种安全风险和挑战。尽管从小学至大学，安全宣传从未间断，但宣传效果的全面性仍然堪忧，时有少数学生在安全学习上重视不够，安全意识淡漠。要全面增强学生的安全意识，应站在必修课程的高度建立完善的大中小学一体化的安全教育课程体系。一是面向全体新生开设安全教育基础课程，内容涵盖人身安全、财产安全、网络安全、心理健康等方面，帮助学生建立基本的安全意识。二是针对不同年级、不同专业的学生开设专题课程，如金融安全、实验室安全、交通安全等，提高安全教育的针对性和实用性。三是鼓励开设安全教育选修课程，如自卫防身术、紧急救援技能等，让学生根据个人兴趣和需求选择学习。

（二）加大反诈宣传力度，调研周边治安环境，消除安全隐患

在人身安全和经济安全方面，诈骗成为当下主要的犯罪形式。不论是面对面进行的诈骗，还是电话或网络诈骗，都严重影响了高校师生的正常生活，且由于电信诈骗犯罪活动的复杂特征，受骗师生的经济损失常常难以挽回。要加强校园媒体宣传，以横幅、微电影、校园戏剧活动等多种宣传形式增强师生的反诈骗意识。制定反诈骗手册、定期邀请专家开展反诈骗讲座，普及反诈骗的相关知识。同时，应定期摸排师生的经济情况，做好对经济上出现困难的师生的帮扶和补助，防止学生陷入"网络贷""校园贷"骗局。高校校园作为公共场所，在一定程度上对社会各界开放，学校周边的治安环境比较复杂，尤其是酒吧、酒店等经营性场所的社会人员比较复杂，很容易对高校学生的身心产生危害。要以强化学生宿舍的管理和检查为抓手，强化节假日去向登记和报备的工作，了解学生去向，加强对学生的管理，严禁学生去危险的经营性场所，推动家校联合，培养积极健康、勤俭为学的朴实学风。同时应及时做好高校安全自查工作，及时消除学校中存在的安全隐患因素。

三、加强高校网络安全治理，做好心理健康教育

互联网的普及既为高校师生的学习、生活带来巨大便利，同时也造成了诸多负面的影响，如网络游戏的沉迷、网络暴力、黄赌毒等不良信息对学生心理健康的危害不容小视。网络安全具有更加隐蔽且面向公众的特征，因此治理难度也更大。目前，"《国家教育管理信息系统建设总体方案》提出要构建国家层面的基础性教育数据库，以便为教育决策提供数据支撑。相应地，各级各类高校也要积极探索和主动构建符合自身实际的数据驱动安保的智能系统，建立高校校务数据管理共享服务平台已成为当前高校信息化推进

过程中的重要任务之一"。

要加强对网络舆情的监督与治理，深入推动校园网络安全治理的现代化。正如部分专家指出，"随着高校改革的不断进行，智能化建设的不断引入以及犯罪手段、作案工具、对象的转变，仅仅依靠传统的人防、物防办法，已很难适应新的治安形势需要"。面对新形势，首先要建立健全网络舆情监测机制，通过运用大数据、人工智能等现代信息技术手段，实时监测和分析网络舆情动态，及时发现和处置不良信息。例如建设校园局域网，做好后台的舆情监督，根据师生使用网络的实际情况制定相关规章制度，严格限制学生的游戏时长，防止学生沉迷网络游戏，通过技术手段加强对非法网页访问的限制，营造更健康的网络空间。其次，还应加强与公安、网信、通信管理等相关部门的协同合作，建立跨部门协作机制。共同制定校园网络安全管理政策和措施，并定期召开联席会议，进行信息共享和联合行动，形成工作合力，共同维护校园网络的安全和稳定。最后，要建立应急响应机制。制定校园网络安全应急预案，明确各部门在应急响应中的职责和流程。一旦发生网络安全事件，能够迅速启动应急响应机制，组织相关部门进行协同处置，最大程度地减少损失和影响。尤其要尽快在各学院中建设一支学院—年级—班级—宿舍的网络舆情监督队伍，建立以班级为单位的网络舆情台账，制定和完善舆情处理的预案。能够第一时间发现舆情，及时对学生进行心理疏导与沟通，引导学生做一个传播正能量的合格网民。

四、结语

平安，民生所盼、发展之基。"平安中国"建设，关系人民群众的获得感、幸福感、安全感。"平安高校"建设要坚持以习近平新时代中国特色社会主义思想为指引，深入贯彻落实党的二十大精神，为"平安中国"建设贡献高校力量、提供高校路径。

◎ **参考文献**

[1] 习近平. 党的二十大文件汇编 [M]. 北京：党建读物出版社，2022：39-40.
[2] 习近平. 习近平谈治国理政第二卷 [M]. 北京：外文出版社，2017：377.
[3] 马福运，杨晓倩. "90后"大学生主流意识形态认同现状研究——基于河南省10所高校的调查 [J]. 思想教育研究，2017（11）：115-118.
[4] 孙秋瑞，陈平，等. 高校校务管理数据共享服务平台建设路径研究 [J]. 中国电化教育，2016（03）：69-74.
[5] 宋明钧. 高校平安校园建设的对策与思考 [J]. 浙江工商大学学报，2006（02）：88-91.

◎ **作者简介**

张亦旸，武汉大学党政办公室综合室副主任。地址：湖北省武汉市武昌区八一路299号武汉大学行政楼102室，邮编：430072。手机：15871787050，电子邮箱：00033867@ whu.edu.cn。

浅谈高校"安消一体化"综合指挥平台的构建研究

王龙飞　李燕宁

2014 年 4 月 15 日，习近平总书记在主持召开中央国家安全委员会第一次会议时，明确提出要坚持总体国家安全观，走出一条中国特色社会主义国家安全道路。立足新时代，坚持总体国家安全观已成为坚持和发展中国特色社会主义的基本方略之一。党的二十大报告中首次以专章的形式强调"推进国家安全体系和能力现代化，坚决维护国家安全和社会稳定"。在当前国际国内形势下，统筹发展和安全已成为"十四五"时期经济社会发展的指导思想。

在此背景下，北京市政府于 2023 年 7 月 4 日审议通过了《北京市单位消防安全主体责任规定》，其于 2023 年 9 月 1 日起正式实施。该规定第一章总则第五条鼓励和支持单位运用新一代信息技术，提升消防安全管理的科技化、智能化水平，推进智能消防建设。这充分体现了新时代下总体国家安全观对消防安全管理的要求，以及北京市在消防安全管理方面的前瞻性和创新性。

高校作为我国高等教育的中坚力量和人才培养的基地，承担着培养社会主义建设者和接班人的重大责任和使命。高校校园的安全与稳定不仅是教学、科研活动的基本前提，也是构建和谐社会、推动学校高质量发展的重要因素。在当前世界局势的深刻变化下，传统安全和非传统安全问题交织出现，西方势力利用各种途径对我国高校学生进行思想渗透和文化冲击。在国内综合改革不断深入的大背景下，各种不稳定因素有所增加且相互作用，公共安全突发事件呈现上升趋势，高校管理者面临的治理压力持续增大。同时，大学生的思想状态处于逐步塑造和成型的阶段，他们容易受到不良信息诱导，金融电信诈骗案件高发，学业、就业等压力增加，容易引发其心理问题和群体矛盾。如果处理不当，可能会引发突发事件及其次生事件，形成事件链，引发社会关注。

此外，高校校园居住密度大，消防安全是校园安全与发展的重中之重。因此，高校安防、消防安全工作需要持续建设风险监测预警体系，多元治理主体共同参与，对可能面临的风险问题进行识别、预警，采取适当的处置机制和应对办法，防止个别风险、局部风险演变为系统风险、整体风险。这样可以降低风险问题对高校安全稳定的冲击与危害，稳步推进高校公共安全治理体系和治理能力现代化。

一、当前国内高校安防和消防的管理现状

自党的十八大以来，"安全发展"的理念得到了进一步的拓展和深化。国家从战略角度强调安全与发展统筹兼顾，而随着数字技术的不断迭代与更新，高校公共安全建设水平也得到了显著的提升。以北方某学校的"平安校园"建设规划为例，该学校积极贯彻落实党的二十大精神，以总体国家安全观为指导，聚焦科学管理，借助科技赋能，提高预警预判能力，将"智慧社区"理念成功纳入了校园安全管理系统的建设中。

"智慧社区"以现代信息通信技术为支撑，以数字地理信息为基础，结合移动定位系统、数字通信技术和计算机软件平台，实现对社区安防、消防安全的监测、预警、处置、指挥调度等管理功能，从而提升社区防灾减灾能力。这一概念的引入，极大地提升了该校的校园安全管理水平。

该校的各级领导高度重视校园安全管理系统的数字化升级，不仅健全了组织机构，完善了规章，还加大了财政支持力度。在安全防范方面，构建了安防管理平台，从人防、物防和技防安全管理体系的角度出

发，在主要交通路口、公寓楼周边、教室公共区域等关键部位部署了安防设备。

在消防管理方面，充分利用远程监控监测技术，按照类别分项联网，建立了火灾自动报警联网系统、应急疏散门联网系统、应急广播联网系统、高层学生公寓消防设备控制联网系统、顶层水箱液位监测系统、消防井盖监测系统、设备间温度湿度监测系统、消防水压远程监测系统、防火门远程控制联网系统、消防设备电源监测系统、智能疏散指示联网控制系统等十余套现代联网系统管理软件平台。这些数字化管理系统在硬件设备上提高了校园安全的智能化程度。然而，由于子系统之间各自为政、互不兼容，导致在实际操作过程中出现了一系列问题。因此，需要进一步完善这些系统，增强各子系统之间的兼容性和协调性，以便更好地保障校园的安全稳定。

二、当前安防和消防管理模式遇到的瓶颈

（一）安防、消防系统存在数据信息孤岛现象

根据现代安防和消防规范的要求，并结合高校场所的特性，可通过远程监控系统实施现代管理模式。在运行过程中，各系统需要进行"轮切"和转换视频及监测信号来实现对所有设备的操作和巡视。然而，各远程监控系统之间的软件开发工具包（SDK）提供的应用数据接口（API）和系统协议并不兼容其他系统，导致出现"各自为政，互不兼容"的情况。这意味着在遇到突发情况时，要想实时、全面地掌握现场情况，将面临较大的挑战。

随着科学技术的不断发展，之前安装的设备需要进行更新。但是，由于各系统之间无法实现大规模集成互通互联，如门禁、摄像头、电表、交通设施等智能应急设备，未能实现效果和收益的最大化，导致了资源浪费和效率低下的问题。此外，接报警三级管理制度与周期性维修、检修之间也存在一定的冲突，使得管理上存在混乱和不及时的情况。

（二）安防、消防设备设施未建立台账，缺乏基础数据库

安防、消防设备设施的数量、位置及安装时间等信息的统计工作目前仍依赖人工进行，这可能导致在岗位人员发生变动或调整时，出现统计信息不准确的情况。此外，设备的巡视工作和保养维修工作通常由工作人员根据过往经验完成，这具有一定的随意性。临近检查时，工作人员可能会突击填写检查表以应对检查，并不能真实反映设备的实际运行状况。

目前尚未形成有效的设备安全使用情况及维修检查情况的记录机制，这不利于及时发现设备的潜在安全隐患，也未制定有效的修复措施，极易导致安全事故的发生。

（三）消防设施操作员和安防值机员的业务能力参差不齐

消防设施操作员和安防值机员通常在消防中控室工作，这两个岗位主要负责监控消防系统的运行情况，及时发现并处理异常情况，确保消防系统的安全、稳定运行。

2019年6月26日，消防救援局《关于贯彻实施国家职业技能标准〈消防设施操作员〉的通知》发布，自2020年1月1日起正式实施。该文件指出，持初级（五级）证书的人员可监控、操作不具备联动控制功能的区域火灾自动报警系统及其他消防设施；监控、操作设有联动控制设备的消防控制室和从事消防设施检测维修保养的人员，应持中级（四级）及以上等级证书。然而，2020年新冠疫情的暴发对消防设施操作员的理论考试和实操考核产生了制约和影响，据报道，目前仍有很多消防设施操作员未满足岗位要求。

安防值机员岗位具有易学性高、门槛低的特点，从业人员的文化程度、职业道德等综合素质参差不齐。同时，随着系统的不断升级和改造，加之各系统间信息不兼容的现象，使得安防值机员和消防设施操作员必须分别熟悉数套操作的规律和操作技巧。因此，亟须邀请专业人员梳理技术特点和操作规律，以案例和数据来丰富从业人员的经验，提高其专业技术水平。

三、"安消一体化"综合指挥管理系统的实现手段

借助先进的科学技术成果，在高校安全建设管理的各领域进行深度应用，形成一套综合管理模式，该模式覆盖全过程全流程监测、预警、指挥和调度，以实现实时控制、资源优化、精准管理和行为分析四个主要管理目标。在此基础上，借助移动互联网信息化系统，搭载感应装置，构建 GIS+BIM 数字社区地图，形成模拟化管理平台，从而提升对设备设施的运行管理控制能力，实现设备设施的全生命周期管理。

（一）建立设备设施全生命周期管理模式

应规范数据交互协议，汇总统一指挥平台的联网用户数目，统筹现存的安防、消防系统，完备系统预警联动、设备巡检、门禁数据核算、车辆动态追踪、智能电表等功能。结合实际业务场景，综合运用 RFID（射频识别）、无线传感、BIM、GIS 地图等技术，例如，为公寓楼、教学楼和办公楼构建 BIM 模型及地区二维、三维地图，深度了解所辖地区建筑构造特性；在传统监视火灾自动预警系统运行状况及故障、示警信号的基础上，利用图像识别技术对火光及燃烧烟雾展开图像解析并发出警报，及时监测室内消防栓和自动喷淋系统的水压、高位消防水箱和消防池的水位、消防供水管道阀门的启闭状态及防火门的开关状态，利用单位视频监控系统监控安全出口和疏散通道、消防值班室的值班情况。一旦发生火灾，通过综合指挥管理平台以对讲机、电话等方式将警报信息实时发送给消防技术人员和管理人员。

数据是对客观世界进行量化和记录的结果。学校计划以物联网、云计算和大数据等技术为基础，建立一套全面的安防和消防设备设施台账，包括门禁系统、车辆信息、人员信息以及消防设施等重要数据。为了确保设备的正常运转和安全性能，我们将设定"安消一体化"设备的巡视路线和巡更计划，同时通过有线和无线技术，在传统设备上加装传感器和摄像头，对设备的压力和流速等关键参数进行实时监测。

（二）提升智能化监测和应急响应能力

为确保设备设施的正常运行和延长其使用寿命，学校将建立一套全面的设备设施分级报修制度和定期维护计划。此外，还将研发一款手机 App 系统，利用移动互联网技术将各类监测信息与手机进行互联互通。这样，高校安保巡逻员、消防技术员以及微型消防站队员可以实时接收火灾报警信号，并查看消防设施、安全疏散、电器燃气等各项监测数据，实现智能巡检。这不仅减少了人工排查的工作量，缩短了耗时，还避免了人工记忆可能出现的错误。

同时，学校将结合数据库信息，关注学生的行为习惯，分析其活动规律，针对重点人员进行重点关注。通过轨迹查询和行为分析，可以及时发现异常行为，使潜在的危险情况得到有效遏制。

（三）实现"安消一体化"高校区域综合指挥

应充分运用大数据、云计算、移动互联网、物联网、GIS 地理信息、BIM 等技术手段，在管辖区域内建立起学生公寓、教学楼、办公楼的 BIM 模型，对楼宇内的消防设备设施进行量化管理，精确定位室外安防设备，实时获取应急事件现场的图像、语音和数据信息，以便相关人员能够第一时间掌握事件的动态及发展趋势。

学校需要精准地掌握作战对象的相关信息，通过汇集"安消一体化"信息系统内的数据，动态掌握调动力量的位置、数量和状态，实现移动式信息推送、"一键式"力量调度和前后方信息交互。同时，还将通过对接科室和兄弟部门，提升接警出动、三区联合处置、联动协调的效能。

这些措施将为领导的指挥和科学决策提供有力的辅助支撑。我们将以严谨的态度、稳重的作风、理性的思维和官方的语言，推动工作的开展，以实际行动回应社会的期待。

四、结束语

"安消一体化"综合指挥平台的建设，是在实现智能安防、消防的基础上，顺应智慧城市建设的发展

趋势，根据学校现实的安全与发展需求进行的创新与尝试。通过系统的联动集成，解决不同系统和产品间的协议"标准化"问题，实现智慧设备设施更高程度的互联互通，提升集成后系统的开放性、扩展性和灵活性，为高校的安防、消防安全管理提供技术支撑。同时，学校将致力于在监测、预警、处置和设备设施全生命周期管理方面做出更大努力，为精细化服务和领导科学决策提供数据支撑，切实提升校园治理能力和治理水平。

◎ 参考文献

[1] 新华社．习近平主持召开中央国家安全委员会第一次会议强调 坚持总体国家安全观 走中国特色国家安全道路 [N]．人民日报，2014-04-16．

[2] 习近平．高举中国特色社会主义伟大旗帜 为全面建设社会主义现代化国家而奋斗——在中国共产党第二十次全国代表大会上的报告 [M]．北京：人民出版社，2022：52．

[3] 北京市单位消防安全主体责任规定（政府令〔2023〕310号），2023.09．

[4] 丁祥郭．"智慧消防"建设与发展的思考 [J]．计算机安全，2012（10）：66-69．

[5] 消防救援局《关于贯彻实施国家职业技能标准〈消防设施操作员〉的通知》．（应急消〔2019〕154号）．

[6] 涂子沛．大数据推动精细决策 [N]．人民日报，2015-04-09．

◎ 作者简介

王龙飞，清华大学保卫部校园安全指挥中心主管。地址：北京市海淀区清华大学保卫部校园安全指挥中心，邮编：100084。手机：17319034503。

李燕宁，清华大学保卫部校园安全指挥中心主管。地址：北京市海淀区清华大学保卫部校园安全指挥中心，邮编：100084。手机：18510188421。

高校毕业生就业法律风险的识别与安全防范

郭 波

高校毕业生就业关乎民生福祉、经济发展和社会稳定。受到外部因素和自我因素的综合影响，高校毕业生就业时可能面临诸多法律风险，并由此引发一些安全问题，因此，以自我安全防范为视角，梳理高校毕业生就业面临的常见法律风险，并站在就业全流程的维度，为高校毕业生防范就业法律风险规划多种路径，力求扣好高校毕业生迈入社会的第一粒"法治"扣子，有效保障高校毕业生的合法就业权益，对于大学生走上社会第一步至关重要。

一、高校毕业生就业法律风险防范的意义

近年来，我国高等教育办学规模进一步扩大，全国高校毕业生人数亦逐年增加。根据教育部公布的数据，2023届全国高校毕业生人数高达1158万，创历史新高。而就业是最基本的民生问题，高校毕业生作为国家栋梁，其高质量的就业不仅关乎个人价值的实现，更关乎无数家庭的幸福安宁以及社会的和谐稳定。

但高校毕业生在就业过程中因受到外部因素和自身因素的影响，而陷入法律纠纷的情况多有发生，部分学生甚至误入犯罪歧途，着实令人惋惜痛心！法律风险防范需要依靠企业、高校、司法机关的合力，也需要高校学生自我防范，明晰法律的禁区和红线。因此，本文将重点从高校学生自我防范的角度，探讨如何防范和识别就业过程中的法律风险，力求为高校学生迈入社会上好最后一堂法治安全课，保障高校学生的合法就业权益。

二、高校毕业生就业常见法律风险概览

高校毕业生就业所隐含的风险，从法律层面主要分为刑事风险、民事风险。其中，刑事风险最严重，危害最大；民事风险最普遍，与大学生的日常生活联系最为紧密。

刑事风险的预防即防止被骗和犯罪。前者是大学生在毫不知情的情况下，莫名被犯罪分子利用。例如，犯罪分子在招聘环节伪装成招聘单位，要求大学生提供身份证件借机办理"两卡"，事后又以不符合招录条件为由不予录取，再使用该"两卡"实施诈骗等犯罪行为。整个过程，大学生在主观上全然不知，直至遭遇财产损失才发现被骗。后者是大学生受用人单位蛊惑或因法律知识匮乏而从事违法犯罪活动，被追究刑事责任。这类犯罪呈规模化、组织化态势，涉案罪名较集中，主要有诈骗、非法吸收公众存款、侵犯公民个人信息、组织领导传销、非法经营等犯罪行为。

在民事风险方面，大学生作为初入职场的劳动者，无法识别用人单位的就业陷阱，如用人单位不依法签订书面劳动合同、约定的试用期条款违法、随意裁员、违法解除劳动合同等。另外，一些大学生自身的法律意识淡薄，违反法律规定或诚实信用原则，引发法律纠纷，如在求职应聘时伪造个人简历、严重违反用人单位劳动纪律、服务期内擅自违约、随意解除劳动合同、违反保密和竞业限制义务等。

三、就业全流程的法律风险防范路径

高校毕业生初入职场，就业法律风险随处可见，对个人、家庭影响较大。为避免陷入法律风险和求职陷阱，有必要对法律风险进行溯源。下文将聚焦用工关系的全流程，围绕毕业生的求职—入职—在职—离职阶段，帮助其构建就业风险自我防范体系，树立健康就业与职业观，以维护自身合法权益，实现个人价值。

（一）精准识别用人单位，警惕各类招聘骗局

根据近几年的社会热点案例，高校毕业生容易陷入虚假招聘、假实习、"培训贷"等骗局，表现为：①诈骗机构发布虚假招聘信息，在入职前巧立名目收取各项费用，如体检费、服装费、伙食费；②中介公司虚构假项目、假机构，打着"包实习、保留用"等旗号招徕大学生，进而骗取其钱财；③不良培训机构以花式培训课程宣传吸引毕业生，通过"先学后付""免息分期"模式，名为招聘，实则诱导求职者借贷，步步引导大学生去贷款，导致求职者既没有实现就业，又背负高额债务。

为防止被骗，广大高校毕业生要拥有敏锐的风险意识，注意甄别用人单位，注意以下几个方面：

1. 招聘信息来源

应从政府人社部门、学校就业指导中心、用人单位官方网站等正规渠道获取招聘信息，确保招聘信息真实有效。针对非官方渠道获取的招聘信息，毕业生应注意核实招聘企业的工商注册信息、企业信用、社会信誉，了解其可能存在的司法风险、经营风险、信用风险。

2. 招聘广告内容

求职时，对各类招聘广告加以辨别，注意核查招聘内容的规范性、招聘岗位信息的完整性，察觉是否含有诱导性招聘用语，如高薪、轻松、日结等，不要轻信不现实的低付出、高回报的求职信息，警惕在入职前以各种名目收取费用的企业，慎投简历以避免个人信息无条件公开，面试时应注意人身财产安全和隐私保护。

3. 签署录用协议

用人单位要向毕业生提供书面的正式录用通知，在期限内与毕业生签署就业三方协议，上述文件应尽可能包含双方协商一致的录用信息，包括但不限于单位名称、工作岗位、工作内容、工作地点、薪酬待遇、福利保障等内容。毕业生应按时去用人单位报到，及时办理入职手续并签署书面劳动合同。

（二）依法签订劳动合同，构筑劳动者权益根基

高校毕业生要明晰单位录用通知、就业三方协议和劳动合同的不同概念，三者各有适用条件和法律效果：录用通知仅是用人单位表达意愿，录用求职者的录取通知书，属于民法上的要约，其效力仅及于入职之前；就业三方协议是毕业生、用人单位、毕业生所在学校三方在毕业生就业工作中的权利和义务的书面表现形式，属于民法上的预约合同，其效力一般在用人单位正式接收毕业生后自行终止，违者应承担违约责任；劳动合同则是毕业生作为劳动者与用人单位签订的书面协议，是确立双方劳动关系的前提和依据，各方受《中华人民共和国劳动法》和《中华人民共和国劳动合同法》的保护和约束。因此，毕业生在正式报到后，应及时与用人单位签订书面劳动合同。为避免毕业生因缺乏经验，无法签订有效的劳动合同，特就常见合同条款风险作如下提示：

1. 签订有效书面劳动合同

毕业生自实际用工之日起与用人单位成立劳动关系，因此应督促用人单位及时与自己签订书面劳动合同①，在签订前仔细审查合同内容与形式，确保签约主体与实际用工单位一致，劳动合同的必备条款齐

---

① 参见《中华人民共和国劳动合同法》第十条之规定。

全①，约定的权利义务内容与实际相符，避免倒签合同，慎签"口头合同""空白合同""阴阳合同""霸王合同"。

2. 试用期条款

在试用期内，用人单位应与劳动者签订书面劳动合同、缴纳社会保险；同一用人单位与同一劳动者只能约定一次试用期，法律对不同类型的劳动合同约定不同的试用期期限，最长不超过 6 个月，且试用期期限包含在劳动合同期限内，用人单位应依法履行②；试用期工资有法定限制，不得低于本单位相同岗位最低档工资或者劳动合同约定工资的 80%，并不得低于用人单位所在地最低工资标准③；在试用期内，用人单位不得随意解除劳动合同，否则构成违法解除，劳动者有权要求赔偿④。

3. 违约金条款

劳动者在签订劳动合同时，应仔细审阅合同中的违约条款。《劳动合同法》仅规定了两种违约金的适用情形：一是用人单位为劳动者提供了专业技术培训并承担培训费用，可以约定服务期和违约金，劳动者如有违反，应向用人单位支付违约金⑤；二是竞业限制条款，劳动者若违反约定，应支付用人单位违约金⑥。除前述两种情形外，用人单位不得与劳动者约定由劳动者承担违约金⑦。

（三）依法解除劳动合同，减少劳资争议纠纷

《劳动合同法》规定了劳动合同合法解除的三种情形：用人单位与劳动者协商解除、用人单位单方解除、劳动者单方解除。在实践中，用人单位常常不依法适用单方解除条件，构成违法解除；劳动者则存在不提前通知就解除劳动合同的情形或在用人单位违法违规时，不敢采取直接解除劳动合同的方式来维护自身合法权益，具体而言：

1. 用人单位单方解除劳动合同

用人单位在劳动者不存在《劳动合同法》规定的过失性辞退情形下，单方解除劳动合同⑧，或在劳动者属于无过失性辞退情形时⑨，用人单位解除劳动合同的程序不合法；用人单位不符合经济性裁员条件⑩，却以此为裁员理由而辞退劳动者；用人单位对《劳动合同法》规定的特殊人群，在不具备过失性条件下直接解除⑪，均构成违法解除。

2. 劳动者单方解除劳动合同

除协商解除劳动合同外，劳动者提前离职的，需提前三十日向用人单位提出书面离职申请，在试用期内，需提前三日提出申请。⑫此外，劳动者针对用人单位的过错行为，如未按照劳动合同约定提供劳动保护或劳动条件，未及时足额支付劳动报酬，未依法为劳动者缴纳社会保险费，用人单位规章制度违法、损害劳动者权益等，可以单方解除劳动合同，但需要提前告知用人单位。需要特别注意的是，如用人单位以暴力、威胁等手段强迫劳动者劳动，或用人单位违章指挥、强令冒险作业危及劳动者人身安全的，劳动者可以立即解除劳动合同，不需事先告知用人单位。⑬

---

① 参见《中华人民共和国劳动合同法》第十七条之规定。
② 参见《中华人民共和国劳动合同法》第十九条之规定。
③ 参见《中华人民共和国劳动合同法》第二十条之规定。
④ 参见《中华人民共和国劳动合同法》第二十一条之规定。
⑤ 参见《中华人民共和国劳动合同法》第二十二条之规定。
⑥ 参见《中华人民共和国劳动合同法》第二十三条、第二十四条之规定。
⑦ 参见《中华人民共和国劳动合同法》第二十五条之规定。
⑧ 参见《中华人民共和国劳动合同法》第三十九条之规定。
⑨ 参见《中华人民共和国劳动合同法》第四十条之规定。
⑩ 参见《中华人民共和国劳动合同法》第四十一条之规定。
⑪ 参见《中华人民共和国劳动合同法》第四十二条之规定。
⑫ 参见《中华人民共和国劳动合同法》第三十七条之规定。
⑬ 参见《中华人民共和国劳动合同法》第三十八条之规定。

劳动者在合同解除时如遭遇自身合法权益受损，应保存好相关证据，在与用人单位协商无果时，向工会组织、劳动监察行政部门求助，可申请其介入要求纠正或进行调解；无法调解或调解不成的，可依法提起劳动仲裁①，对仲裁结果不服的，可在规定时间内向人民法院起诉。

至此，本文已从就业全流程角度，对高校毕业生就业可能面临的法律风险进行了梳理，也提供了风险识别和自我防范的路径。最后，还需提醒广大高校毕业生，应树立健康的就业职业观，提升法律素养和专业技能，在求职和就业过程中坚持诚实守信原则，在社会主义新时代的浪潮中矢志奋斗、砥砺前行，实现个人价值和社会价值的统一。

◎ 作者简介

郭波，武汉大学党政办公室综合室副主任。地址：湖北省武汉市武昌区珞珈山行政楼，邮编：430070。手机：13627268761。

---

① 参见《中华人民共和国劳动合同法》第七十七条之规定。

高校大学生遭遇电信网络诈骗成因
分析与防范体制机制建设研究

毛承治　龙　霄

近年来，我国电信网络诈骗总体形势严峻，且日益呈现多样化、隐蔽性、技术对抗性强、手段翻新快、被诈骗年龄不断年轻化等新特点、新趋势，给人民群众的财产造成严重损失，也影响着平安中国和平安校园建设进程。在网络信息化时代，手机、电脑等通信设备成为青年，尤其是大学生沟通交流的媒介，在提高生活、学习、工作效率的同时，也因大学生阅历浅、网络诈骗隐蔽等多种因素，致使高校大学生成为受电信网络诈骗的高发群体之一。从 2016 年 8 月山东高考生徐玉玉被诈骗致死案到数日后广东考生蔡淑妍被诈骗自杀案，不仅为我们敲响了警钟，也时刻要求我们紧跟反诈新形势、新要求，不断开拓新思路、新举措，切实推进高校反电信网络诈骗工作迈上新台阶。根据国家统计数据显示，从受骗用户年龄分布情况看，"90 后"年轻人占比达 63.7%，"00 后"占比为 4.3%，且呈增长趋势，进一步反映出诈骗分子正逐步把目标向熟悉互联网但风险防范意识较差的年轻学生群体转移。① 这不仅给社会治安造成严重影响，也给高校大学生带来巨大财产损失，成为平安校园建设面临的新挑战。

一、高校大学生遭遇电信网络诈骗案件现状分析

(一) 诈骗案件发案数持续上升

在近年来的校园接警案件中，电信网络诈骗案件数量呈上升趋势，成为影响校园安全稳定的重要因素。笔者对 Z 大学保卫处 5 年的接案数量进行了统计，2017 年共接报 232 起治安案件，其中 6 起是电信网络诈骗案；2018 年共接报 211 起治安案件，其中 19 起是电信网络诈骗案；2019 年共接报 314 起治安案件，其中 24 起是电信网络诈骗案；2020 年受新冠疫情影响，大多数学生居家上课，全年共接报 45 起治安案件，其中 10 起是电信网络诈骗案；2021 年共接报 806 起治安案件，其中 39 起是电信网络诈骗案。对 785 名在校大学生进行的调查问卷结果显示，有 314 名大学生遭遇过电信网络诈骗，占比 40%。由此可见，大学生遭遇电信网络诈骗情况愈演愈烈，且部分大学生因法律意识淡薄或难以启齿等原因并未报案，因此，高校范围内电信网络诈骗发案数量要高于已有统计数据。

(二) 诈骗类型多样且手段层出不穷

电信网络诈骗屡禁不止，其中很重要的原因之一是诈骗类型多样且手段层出不穷。国家反诈中心制作的《防范电信网络诈骗宣传手册》总结归纳了十种常见的电信网络诈骗类型，包括网络贷款诈骗、刷单返利诈骗、"杀猪盘"诈骗等。笔者对 2021 年 Z 大学电信网络诈骗案件接报情况进行了统计，案件总金额为 100 余万元，涉及的诈骗类型多样（见表 1），各类型案件数量由多到少依次为购物退款、冒充公检法、虚假购物、冒充熟人、冒充客服等。通过对具体案件进行分析，可以看出，诈骗分子已由通过传统的

---

① 中国信息通信研究院. 新形势下电信网络诈骗治理研究报告（2020 年）[R]. 中国信通院，2020（12）：20.

微信、QQ 等聊天工具进行诈骗，转向采用与微博、网站、App 相结合的复合式诈骗方式，作案手段更加隐蔽。同时，问卷调查结果显示，在 314 名遭遇电信网络诈骗的大学生中，有 143 人遇到过网络刷单、刷信誉诈骗，有 170 人遇到过家人或朋友的 QQ 或微信被冒用实施诈骗，有 75 人遇到过兼职诈骗，冒充客服退款、冒充国家机关人员、裸聊等诈骗手段也给大学生造成了不同程度的财产损失。

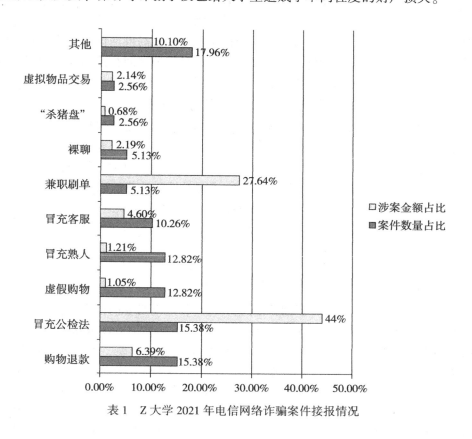

表 1　Z 大学 2021 年电信网络诈骗案件接报情况

二、高校大学生遭遇电信网络诈骗成因分析

电信网络诈骗案件频发已成为国家社会治理面临的新挑战，网络化、信息化的快速发展，会给电信网络诈骗防范治理提出更高要求。本文拟通过客观环境和大学生主观原因两方面对高校大学生遭遇电信网络诈骗成因进行分析。

（一）客观环境复杂，保护机制有待健全

1. 诈骗手段不断翻新，诈骗技术产业链条不断完善

诈骗分子针对高校大学生群体的特点和喜好等因素，使诈骗手段更具有针对性和指向性，并且形成了一套针对大学生实施诈骗的技巧和套路，包括聊天技巧、转账手段等。问卷调查结果显示，785 人中有492 人具有电信网络诈骗防范意识，但对新型诈骗的认识比较模糊。此外，诈骗方式具有隐蔽性且呈专业化、团伙化特征。犯罪分子往往多人协作，分工明确，组织严密，多经过专业训练，导致大学生难以分辨。诈骗成功后，资金大多转往境外或进行洗钱业务，呈现集团化、职业化特点，电信网络诈骗犯罪由单一型诈骗活动转变成一个互为基础、相互依存的上下游犯罪链条。[1]

---

① 姚东升，邬宏伟，沈彦骅. "校园无诈"何以可能？——高校电信网络诈骗打击防范困境破解［J］. 武汉公安干部学院学报，2020，34（02）：68-72.

2. 高校防诈骗体制机制不健全，治理能力有限

首先，高校安全教育体系化有待完善。在国家相关部门的要求和推动下，高校虽然开展了校园安全教育，但其教育体系不完备、教育内容不全面、教育方式传统老化、宣传方式不新颖①，未能充分调动起学生学习的兴趣和积极性，加之缺乏体验感，安全教育效果不佳。其次，校园安全教育队伍建设不足。电信网络诈骗防范需要网络信息技术、心理、宣传等多学科交叉的知识，但高校在实践中，往往将该任务交给单个部门或群体。再次，高校技术监管缺失，风险防控手段有限。高校网信部门缺乏相关技术措施用于监测或识别校内学生可能遭遇或正在遭遇的电信网络诈骗，并且校警之间在技术方面没有实现有效对接，在事前防范、事中干预和事后处置方面存在滞后，不能形成强有力的教育力量。

3. 社会防范网尚未织密，全社会宣传教育氛围有待强化

首先，相关法律法规有待完善。伴随诈骗窝点向境外转移，非法交易银行卡、手机卡等新情况、新问题的出现，司法实践亦面临新的挑战，给了不法分子可乘之机，迫切需要专门的反电信网络诈骗法，为司法实践、判罪量刑等方面提供根本指导和基本遵循。其次，个人信息保护机制建设亟待加强。在网络信息时代，公众个人信息成为一种无形"商品"，被不法分子用于贩卖以谋取私利，高校同样面临被网络"黑客"侵入系统的风险。再次，社会多主体责任感有待增强。多数家长缺乏防范电信网络诈骗知识、安全意识不强，导致学生对电信网络诈骗的重视程度不够。同时，企业、社区等社会主体的责任感不强，没有进行广泛的、有力的宣传教育。

（二）大学生自身条件限制，安全意识有待加强

大学生由于长期在校园生活、学习，人生阅历相对较少，缺乏必要的社会经验，在电信网络诈骗表象前不能作出准确判断，容易上当受骗。问卷调查结果显示，785 人中有 689 人认为"缺乏社会经验、轻信他人"是大学生被骗的原因之一。在受骗后，部分大学生维权意识较差，不懂得如何使用法律武器保护自身财产安全，常常会出现"自认倒霉"的心理。问卷调查结果显示，有 164 人（占比 20.89%）选择"看数额大小，数额小自认倒霉，数额大报警"，有 11 人选择不会报警。另外，部分大学生存在消费观念不当和贪财心理。对经济来源较为单一的大学生而言，网络小额贷款、兼职等方式成为其满足消费需求的重要渠道，随之而来的是诈骗分子提前设计好的"陷阱"，从而导致其遭受更大的财产损失。问卷调查结果显示，有 611 人（占比 77.83%）认为"受利益诱惑"是大学生被骗的原因之一。高学历的背景容易使大学生误认为自己不会被诈骗，调查数据显示，有 195 人（占比 24.84%）持此种观点，他们对外部的宣传教育难以认真对待，从而对电信网络诈骗缺少必要的认知和判断能力。

三、高校大学生电信网络诈骗防范对策

电信网络诈骗已成为影响高校安全稳定的重要因素，在给大学生带来财产损失的同时，也影响着其身心健康发展。开展电信网络诈骗防范与宣传教育工作，不仅是国家治理和平安中国建设的重要内容，也是推进平安校园和无诈校园建设的重要一环，需要常抓不懈。构建高校电信网络诈骗防范网，需要建立和完善常态化防范体制和机制，增强多主体间的协同防范能力，充分发挥单个主体力量，达到"1+1>2"效果，共同筑牢"无诈校园"安全基础。

（一）构建和完善"以政府为主导、高校为主体、学生为主力、社会广泛参与"的防范体制

电信网络诈骗作为一种新型犯罪方式，已成为高校安全常态化防控重点工作，需要构建防范电信网络诈骗治理共同体，在共同目标价值导向下，发挥治理合力，不同主体间承担共同但有区别的责任，实现全过程治理，保护大学生的财产安全。

---

① 郭小伟. 高校电信网络诈骗调查分析及防范体系构建 [J]. 质量与市场，2020（24）：127-129.

1. 发挥政府主导作用，扎紧法律制度牢笼

（1）加大立法力度，为治理电信网络诈骗提供根本依循。由于缺乏专门法律，且电信网络诈骗日益隐蔽化、多样化、链条化，在具体司法实践中，容易出现法律"真空"，不能发挥法律的威慑、预防和打击作用。因此，建议国家尽快出台《反电信网络诈骗法》，并在《刑法》中单设电信网络诈骗罪。

（2）强化司法力量，为治理电信网络诈骗提供根本保障。公安部门，尤其是网信部门和经侦刑侦部门，要选配增配执法力量，健全队伍建设，提高队伍整体作战力，加大对电信网络诈骗的打击力度。加强警银协作，对涉案资金和账户要快速冻结，切断资金转移通道。国家反诈中心要进一步发挥技防作用，加强资源整合、信息分析研判、风险预警、侦查指挥，更好地发挥预防和打击电信网络诈骗犯罪的源头治理作用。

（3）政府内部相关部门要通力合作，为治理电信网络诈骗保驾护航。人民银行和银保监会要督促、指导金融机构对高校开展有针对性的宣传教育活动，对日常金融知识、网络交易、银行业务办理等内容广泛宣传。根据大学生的需求，可以提供针对性金融服务。工信部门要压实电信企业和互联网企业的安全管理责任，细化行业规范，强化企业法律意识，对存在违法违规行为的企业予以坚决取缔。教育主管部门要发挥指导和监督作用，明确和压实高校防范电信网络诈骗主体作用，将诈骗发案率纳入对高校平安建设考核的指标体系中，并综合高校中出现的各类情况，组织专家学者有针对性地提出防范对策和建议，为高校提供更好、更具操作性的措施。

2. 强化高校主体作用，营造无诈校园安全环境

构建学工研工、保卫、网信、宣传、心理辅导、团委等多主体协同宣传教育体系，充分发挥各部门和组织的优势，多层次、多角度、全过程为大学生提供安全教育，增强大学生的反诈安全意识。

（1）学工研工部门，一是要扩展学生安全教育学习维度，在国防教育等传统课堂教育基础上，增设防诈反诈、网络信息安全等内容，结合社会电信网络诈骗新形势、新走向，向学生传授相关安全知识，使其掌握必要的法律知识，学会用法律武器保护自身的财产安全。二是加强教师队伍建设，完善教师考核体系。打造一支更具专业素养和法律知识的教师队伍，尤其是加强辅导员队伍建设，做好相关培训工作，帮助其更好地在班会、班级群等线上线下宣传教育渠道中引导学生识别骗局，免受财产损失。

（2）保卫部门，一是要加强反诈队伍建设。可定期邀请反诈专家、民警开展相关培训，并通过工作例会等方式，不断增强保卫人员的责任意识，提高应对电信网络诈骗情况的处理能力。二是开展全面、更高质量的宣传教育活动。采用"线上+线下""日常宣传+重要节点宣传"相结合的方式，加大宣传力度，利用大学生喜闻乐见的方式，如短视频、知识竞赛、小品话剧等，创新安全主题宣传活动。三是加强校警合作，做好校园电信网络诈骗线索收集工作，对大学生上报或事实清楚的案件，及时交由公安机关处理。公安机关在处理诈骗案例方面具有丰富的经验，让其深入校园进行宣传教育，从师生的思想政治教育入手，层层贯彻落实，排查隐患，化解矛盾，确保校园的长治久安。

（3）网信、宣传、心理辅导部门要发挥自身优势，为大学生提供安全保障。网信部门要加大技术投入力度，依托校园网管理系统，对大学生上网情况进行研判，对疑似诈骗信息、网站、网页等要及时向大学生进行预警。宣传部门要进一步完善工作机制，通过组建和培训学生宣传教育团队，利用新媒体宣传防范电信网络诈骗知识，发挥大学生自我教育作用，引导更多大学生成为防诈反诈宣传志愿者。心理辅导部门一方面要对已受电信网络诈骗侵害的大学生积极做好心理干预和辅导工作，减轻、消除大学生的心理压力，避免对大学生造成二次伤害；另一方面，心理专家和教师要进一步研究大学生的心理活动规律，结合电信网络诈骗特点和手段，有针对性地对大学生开展相关心理咨询和引导工作，从内在层面增强大学生的安全意识。

（4）团委要发挥对学生的组织管理和教育功能，充分利用各级学生会和学生社团等学生组织深入学生之中开展防诈反诈宣传教育活动。进一步完善对学生组织的考核指标，引导、监督学生组织广泛开展多形式的宣传活动，并将宣传活动次数、受众人数、活动效果等纳入考核，作为学生干部和学生组织评奖评优的重要指标之一。鼓励和引导大学生开展防诈反诈志愿活动，利用假期、开学季、毕业季等时间节点，开展指向性强、形式新颖的志愿宣传教育活动，加强大学生之间的沟通交流，形成"学生教育学生、全

体共同参与"的良好氛围。

3. 调动大学生自身的积极性，使其成为防诈反诈主力军

大学生作为高校电信网络诈骗的主要受害者，也是防诈反诈的主力军，需要充分调动自身的积极性、主动性，提高反诈能力。一是提高个人信息保护能力，自觉学习网络安全知识，学会文明上网，对获取个人信息的 App、网站等谨慎使用，及时注销长期停用的账号，并在收发快递、使用单据等方面注意保护个人信息。二是培养理性思考能力，增强心理承受能力。大学生要坚定防诈反诈信心，与全社会共同筑起坚固安全防线。同时，在遭遇诈骗后，要积极与他人沟通，寻求解决之道，并通过多种方式积极进行自我疏导，更好更快地走出被骗困局，避免对自身造成更为严重的二次伤害。三是积极主动参加防诈反诈宣传教育活动，增加阅历，提高辨识能力。主动与他人沟通交流，学习社会经验，在被诈骗案例中吸取教训，了解受害者的心理活动，增强防范意识。

4. 动员全社会主体广泛参与，共同营造防诈反诈良好社会氛围

构建家庭、社区、企业、社会团体等多角色参与的防诈骗队伍。家长应该在加强自身防诈骗知识学习的基础上做好言传身教工作，使大学生在耳濡目染过程中不断增强安全意识。社区应该通过张贴画报、绘制宣传展板等"接地气"的宣传方式，营造宣传教育良好氛围。企业要积极主动承担社会责任，自觉主动宣传防诈反诈安全知识，严格遵守《网络安全法》等法律法规，履行对用户信息安全的保护责任、执法协助义务等。社会团体要充分发挥自身特点和优势，针对电信网络诈骗开展相关课题研究、法律咨询服务、心理干预和疏导活动等，提高活动对大学生的吸引力，更好地为大学生提供安全保障。

（二）建立健全防范电信网络诈骗多主体运行机制

高校电信网络诈骗的有效防范，除必需的体制建设外，也离不开机制的维护和保障，需要建立健全领导机制、管理机制、协同机制等，提高主体协同的积极性和主动性，形成协同共治的新局面。

1. 领导机制

高校电信网络诈骗防范体制的有效运行需要高效的领导机制作为保障，这就需要充分发挥各级党组织（党委）的领导作用。一是健全党对高校电信网络诈骗防范体制建设的思想领导机制。将各主体由"旁观者"转变为"参与者"，在此过程中起主导作用的是党的思想领导。引导全社会树立网络安全意识，提高学生的个人防范能力，强化企业等主体的共同治理责任意识，在全社会形成良好的社会氛围。二是健全党对高校电信网络诈骗防范体制建设的组织领导机制。强化"政府—高校"各级党组织（党委）的领导责任意识，自上而下形成强有力的组织领导体系。在高校，校党委要坚决落实好上级党委有关防范电信网络诈骗的指示和要求，结合学校实际情况，领导院级党组织加强自身建设，发挥教师党支部、学生党支部的作用，激发学生防诈反诈的积极性、主动性。

2. 管理机制建设

政府作为高校电信网络诈骗治理的主导力量，具有引导和管理各主体的职责，既要管理好政府内部各部门的治理行为，也要做好不同社会治理力量间的管理工作。具体而言，一是建立政府内部横纵管理机制，实现同级和不同级政府部门间的及时沟通和有效联动。进一步健全横向管理机构，成立电信网络诈骗防范与治理联合行动中心，加强部门间的统筹协调力度，健全完善部门间的信息沟通与行动协同机制。二是建立跨主体共治机制，即实现政府与高校、政府与企业、政府与公众、高校与企业和社会组织等主体的协同共治。构建组织化运行机制，成立正式的防诈反诈组织机构，通过规章制度、指导协商等方式实现多主体的协调和互助合作。

3. 协同机制建设

为有效协调各主体治理力量和治理资源共同参与高校防诈反诈，需要加快建设目标协调机制和责任共担机制。高校防诈反诈工作的长期性和复杂性，决定了必须要做好治理工作过程中的目标协调工作，各参与主体要在明确长期目标的基础上，细化各目标阶段的工作任务，明确不同阶段目标的任务重点，使多主体治理资源的投入更具效益。同时，应当在政府的统一管理下，根据不同主体制定责任清单，划清责任界

限和范围。高校作为有机整体，要以学院、部门为单位，制定防诈反诈责任清单并纳入年初工作计划和年度工作考核内容中，通过激励约束机制动员师生员工广泛参与电信网络诈骗治理。

四、结语

电信网络诈骗不仅造成学生的财产损失，更容易带来精神伤害，甚至威胁生命安全，着力治理高校电信网络诈骗已刻不容缓。高校电信网络诈骗治理不仅需要高校内部各部门、单位和全体师生的共同努力，也需要政府、企业等社会主体的通力协作，完善法律法规、强化社会监管、加强技术防范等，共同筑牢坚固的防诈反诈防线，创造安全的网络环境，推动"无诈校园"早日实现。

◎ 参考文献

[1] 中国信息通信研究院.新形势下电信网络诈骗治理研究报告（2020年）[R].中国信通院，2020（12）：20.

[2] 姚东升，邹宏伟，沈彦骅."校园无诈"何以可能？——高校电信网络诈骗打击防范困境破解[J].武汉公安干部学院学报，2020，34（02）：68-72.

[3] 郭小伟.高校电信网络诈骗调查分析及防范体系构建[J].质量与市场，2020（24）：127-129.

[4] 郭晓琪，李煜，李慧，等.高校电信网络诈骗现状及防范措施初探[J].才智，2021（23）：137-140.

[5] 赵炜佳.电信网络诈骗犯罪特征、成因与治理——以2017年569份判决书为考察样本[J].福建农林大学学报（哲学社会科学版），2018，21（03）：100-105.

[6] 林传銮，林鲁文，戴文坤.校园管理视域下大学生电信网络诈骗防治研究——基于福建师范大学的调查[J].高校后勤研究，2021（03）：37-43.

[7] 郭玉芳，王力."00后"大学生网络风险防范意识探析——基于"电信网络诈骗"等社会问题的反思[J].汉江师范学院学报，2020，40（02）：114-118.

◎ 作者简介

毛承治，北京林业大学保卫处消防安全科科长、助理研究员。地址：北京市海淀区清华东路35号，邮编：100083。手机：15501080501。

龙霄，北京林业大学保卫处管理科科长、助理研究员。地址：北京市海淀区清华东路35号，邮编：100083。手机：15652442598。

试论高校保卫工作的法治思维

彭　晋　邓铭一

　　法治是社会文明进步的重要标志。在文明社会，法治更是维护社会秩序、保障公民权益的基石。高校作为培养人才的摇篮，维护校园安全稳定、保障师生合法权益是高校保卫工作者的重要职责，必须始终坚持以法治为引领，将法治思维贯穿于工作的全过程。这不仅是高校保卫工作的内在要求，也是高校作为社会文明进步的重要推动者所应承担的责任。本文将从高校保卫工作加强法治思维的必要性、内涵以及实践途径等方面进行探讨。

一、高校保卫工作加强法治思维的必要性

（一）加强法治思维促进高校保卫工作更好开展

　　首先，加强法治思维有助于构建安全稳定的校园环境。在法治思维的指导下，高校保卫部门能够更加严格地执行校园安全规定，加强校园巡逻和监控，及时发现并处理安全隐患。同时，通过加强与公安、消防等部门的沟通协调，形成校园安全联防联控机制，共同维护校园的安全稳定。

　　其次，加强法治思维有助于提升高校保卫部门的应对能力。法治思维要求高校保卫部门在处理安全事件时，要依法依规、科学决策。这要求保卫部门不仅要具备丰富的安全知识，还要掌握法律法规和相关政策，这样才能在遇到紧急情况的时候迅速作出正确的判断和决策。

　　另外，加强法治思维有助于推动高校保卫工作的创新发展。在法治思维的引领下，高校保卫部门可以积极探索新的工作方法和技术手段，如利用大数据、人工智能等先进技术提升校园安全管理水平。同时，加强与兄弟高校保卫部门之间的交流，借鉴对方的先进经验和做法，不断推动高校保卫工作的创新发展。

（二）加强法治思维是高校保卫工作中不可或缺的一部分

　　首先，加强法治思维是维护高校安全稳定的必然要求。高校作为人才培养的摇篮，安全稳定的环境是师生进行教学、科研和学习的基本保障。法治思维要求保卫工作必须依法行事，严格按照法律法规处理各类安全事件，确保高校的安全稳定。

　　其次，加强法治思维是提升高校保卫工作水平的必由之路。保卫工作不仅仅是简单的巡逻、监控和处置突发事件，保卫人员需要具备高度的专业素养和敏锐的法律意识。通过加强法治思维，保卫人员能够更好地理解和运用法律知识，提升工作能力和水平，为师生提供更高效、精准的服务。

　　另外，加强法治思维也是促进高校保卫工作创新发展的有力支撑。随着高校规模的不断扩大和校园环境的日益复杂，保卫工作面临着越来越多的新情况、新问题。通过加强法治思维，让保卫人员能够更加深入地分析问题的本质和根源，提出更加科学、合理的解决方案，推动高校保卫工作的创新发展。

二、高校保卫工作法治思维的内涵和作用

　　高校保卫工作法治思维，即在保卫工作中以法律法规为指导，坚持依法办事、依法管理、依法服务的

思维模式。它不仅体现了对法律法规的尊重和遵循，更展示了高校保卫部门对于校园安全稳定的高度负责态度。这种思维方式，既有助于高校保卫工作的规范化、系统化，也为师生营造了一个安全、和谐的学习和生活环境。

（一）高校保卫工作法治思维的内涵

（1）高校保卫人员必须严格遵守法律法规，依法行使自己的管理权，不得滥用甚至超越职权范围进行校园管理。例如，保卫人员在发现违反治安管理的行为时，应当参考《治安管理处罚法》的规定，控制事态发展，联系执法机关到场执法，不得私自拘禁、殴打当事人。

（2）保卫人员在进行校园管理的过程中，必须遵循相应的法律法规，保障当事人所拥有的合法权益。例如，保卫人员在对学生进行处分时，应当按照学校的《学生违纪处分条例》执行，要保障学生正常申诉的权利。

（3）保卫人员应当不断学习法律知识，增强自身的法律意识，提高依法管理的能力。例如，保卫人员可以参加法律培训班、研读法律书籍，以提高自己的法律素养，保障公民的人身自由、隐私权等合法权益；保卫人员在对校园进行巡逻时，不得随意盘查学生，应当尊重学生的隐私权。

（4）保卫人员在履行职责的过程中，应当依法保障自身的合法权益，维护保卫队伍的形象和尊严。例如，保卫人员在受到不法侵害时，有权依法进行自卫和追究侵权人的法律责任。

（二）高校保卫工作法治思维的作用

法治思维在高校保卫工作中至关重要，它的作用主要体现在以下几个方面：
（1）法治思维为高校保卫工作提供了明确的指导思想，使保卫工作更加科学、规范、有效。
（2）法治思维强调依法行事，有利于规范保卫人员的行为举止，避免出现违法违规行为。
（3）法治思维注重法律法规的学习和运用，有助于提升保卫人员的法律素养和业务水平，提高应对突发事件的能力。
（4）法治思维强调法律的权威和效力，有效维护校园秩序和师生安全，为广大师生提供良好的学习、工作环境。

三、高校保卫工作法治思维的实践路径

高校保卫工作者要牢固树立法治意识，学会运用法治思维解决问题。法治意识是高校保卫工作的灵魂，是推动保卫工作规范化、科学化的关键。高校保卫工作者要深入学习国家法律法规，特别是与高校保卫工作密切相关的法律法规，不断提高自身的法律素养，增强法治信仰，坚定法治信心，自觉将法治原则贯穿于保卫工作的各个环节，确保工作的合法性和有效性。强调运用法治思维来解决工作问题，要求高校保卫工作者要具备敏锐的法律嗅觉和一定的法律功底，在处理突发事件时，要学会依法依规、科学决策，确保工作的合理性和公正性。同时，要注重预防和预警，加强风险评估和隐患排查，做到能及时发现安全风险，及时解决安全隐患，维护安全稳定的校园环境。

（一）加强法治教育和培训

高校保卫部门加强法治教育和培训十分重要。通过定期进行系统的法治教育和培训，不仅能够让保卫人员了解现行的法律法规，熟悉相关的规章制度，还能使其更加深入地理解法律法规的内涵，增强法治意识，从而更好地履行职责，确保高校的安全和稳定。法治教育和培训的内容应全面而深入，既要包括基本的法律法规知识，也要涵盖与保卫工作密切相关的规章制度。为了确保培训的效果，还需要建立相应的评估机制，以便不断完善培训内容和方法，提高培训的质量。

（二）完善规章制度

建立健全高校保卫工作的各项规章制度很有必要。这些规章制度不仅是保卫人员行动的指南，更是维

护校园和谐稳定的基石。一方面，制定规章制度时要全面考虑，覆盖高校保卫工作的方方面面，从校园巡逻、门禁管理到突发事件应对，每一项工作都应有明确的制度规定。另一方面规章制度的制定要严谨有序，确保程序公正公开。在制定规章制度的过程中，要广泛征求师生意见，确保制度的合理性和可行性。同时，制度的执行过程也要公开透明，避免出现不公正的现象。规章制度的制定要简单有效，便于保卫人员理解和执行。过于复杂的制度不仅会增加执行难度，还可能降低工作效率。

（三）规范管理行为

保卫工作者作为维护校园安全的重要力量，其管理行为的规范与否直接关系到校园的安全稳定。要严格规范保卫工作者的管理行为，要求保卫工作者依法依规行使校园安全管理权力，杜绝违法乱纪现象发生。

（四）建立健全监督机制

建立健全监督机制，加强监督。监督机制包括内部监督、外部监督和社会监督，形成一个全方位的监督网络，确保高校保卫工作的规范与公正。内部监督是保障高校保卫工作规范运行的基础，高校应设立专门的保卫工作监督机构，负责监督保卫工作的执行情况，并对保卫人员进行考核。外部监督是确保高校保卫工作公正性的重要保障，政府相关部门应加强对高校保卫工作的监管，定期对其进行检查和评估，发现问题后应令其及时整改。社会监督是提升高校保卫工作透明度和公信力的重要手段，高校应主动公开保卫工作的相关信息，接受社会监督。

（五）加强沟通与协作

高校保卫工作与法律机构之间存在紧密的联系，应加强合作，这种合作有助于维护学校法治和谐、平安稳定的环境。高校保卫工作者要积极与法律机构建立沟通渠道，这种沟通不限于日常的信息交流，更包括在突发事件、安全事故等方面的紧密合作。应建立有效的信息共享机制，确保双方在第一时间获取到安全方面的最新信息。这不仅可以帮助双方更加精准地定位问题，还能在解决问题的过程中形成更为紧密的合作关系。高校保卫工作者还可以与法律机构共同开展法律宣传教育活动，来增强全校师生员工的法律意识，使他们更加了解法律的重要性，知道如何寻求法律帮助。

总之，高校保卫工作中的法治思维是提升保卫工作效果和水平的重要保障。高校保卫部门要通过加强法治教育和培训、完善规章制度、规范管理行为、建立健全监督机制等措施，切实增强保卫人员的法治思维，使其提高依法履职的能力和水平。只有深入贯彻落实法治思维，不断强化法治意识，才能更好地维护校园安全稳定，为高校健康、和谐地发展提供有力保障。

◎ 作者简介

彭晋，武汉大学校园 110 联动指挥中心办公室主任。地址：湖北省武汉市武昌区东湖南路 8 号武汉大学保卫部三楼，邮编：430070。电话：027-68775655。

邓铭一（通讯作者），武汉大学发展规划与学科建设办公室学科建设室副主任。地址：湖北省武汉市武昌区珞珈山 16 号武汉大学行政楼三楼，邮编：430071。电话：027-68754246。

基于 4R 理论的高校学生突发事件危机管理研究

张一飞

高校作为人才培养的重要场所，肩负着立德树人的根本任务，学校安全稳定是开展一切工作的首要条件和必要前提。随着我国社会加快转型，涌现出的诸多社会矛盾与高校矛盾相互交织，为高校安全管理工作带来很多新的挑战。作为一批实实在在的互联网网民，新时代大学生生活在以信息技术为核心的大数据时代，他们思想活跃、关注社会事务、自我意识较强，但是思想不够成熟，面对突发状况往往不够冷静，易受负面情绪影响。学生主体的典型特征为高校在预防、处理突发公共事件时的学生管理工作带来一定难度。如何有效预防和科学处理突发公共事件并保障学生的学习、生活和心理健康，成为亟须解决的重要问题。

一、高校学生突发事件危机管理现状

《国家突发公共事件总体应急预案》指出，突发事件主要是突然发生、造成或者可能造成重大人员伤亡、财产损失、生态环境破坏和严重社会危害，危及公共安全的紧急事件。高校学生突发事件可以认定为以高校学生为主体，在校内或者校外突然发生且事前难以预测，会给学生、学校或社会带来一定冲击甚至危及社会安定和政治稳定的公共事件，具有主体特殊性、复杂多样性、扩散公众性等几个方面的特点。

主体特殊性是指高校学生因为身心不成熟，法律意识淡薄，社会认知程度差，使得他们往往受不良作风甚至文化的影响，在遇到突发事件时又无法很好地应对，最终造成较严重的个人损失和高校损失。复杂多样性是指高校学生突发事件，往往由自然、人为、自身、高校和社会等多种因素引发，且存在着众多因素的相互交融的现状。扩散公众性是指高校作为我国教育的重要场所，其本身就受到社会公众的关注。随着现代传媒和网络技术的快速发展，信息的传播速度日益加快，扩散的途径更加多样，彼此间的依存关系更为凸显，这也就意味着突发事件产生的影响会通过内部联系引发跨地区的扩散和蔓延，其波及范围更广。

近年来，高校学生突发事件的发生对高校正常的教学秩序和工作秩序产生了一定的影响，部分事件已然成为社会各界关注的热点。由于高校关系着千万学生和家庭，对于学生突发事件的处置自然也受到了各界人士的热切关注，不管是学生家长的满意程度，还是新闻媒体的大肆宣扬，都对高校突发事件的处置造成了新的困难，这也使得高校在处置突发事件上投入的人力、物力越来越多。同时为了预防突发事件的再次发生，高校需要对基础设施做进一步的升级，对人员进行系统的培训，这也使得高校处置突发事件的成本不断增高。

进入 21 世纪以来，高校经历了连续扩招，不管是高校工作人员的数量还是学生的数量都在快速增长。高校在重视学生突发事件危机管理的同时，还存在着协调机制不完善、预警体系不完备等情况，同时高校学生工作相关岗位的管理人员变动较频繁，这就导致了突发事件处理人员不固定、不专业，部分人员的危机管理意识淡薄、处理危机能力不足等问题，这些问题都会导致高校在突发事件发生后陷入事后应对、事后处置的被动局面。

二、4R 危机管理理论

4R 危机管理理论是美国学者罗伯特·希斯在《危机管理》一书中提出的，他基于危机全生命周期提出了缩减（Reduction）、预备（Readiness）、反应（Response）、恢复（Recovery）4R 模式，即"减少危机带来的危害和影响、强化前期预防预警工作、做好应对危机的处理处置工作、注重危机过后的安抚安置工作"四个阶段是连续的，且每一个阶段工作的开展都是在前一阶段处置的基础上进行的。

（一）危机缩减阶段

缩减管理是危机管理的核心，重点在于进行风险评估。这一部分的重点是从事件发生的外部环境、内部组织、人员构成等方面展开全方位的评估，降低突发事件发生概率，减少危机处置时间，缩短风险存在周期，降低危机攻击力和破坏力。该阶段的评估和缩减工作需要贯穿危机管理的全过程。

（二）危机预备阶段

预备管理主要是对突发事件的预警和监视，通过监视，及时发现环境中存在的隐患因素，必要时候发出警报。在预备阶段，重点在于提高组织和工作人员的应急响应能力，开展预警工作。

（三）危机反应阶段

反应管理是危机管理的中心任务，重点在于决策制定的及时性和科学性，还依赖于后期严格地执行和落实。管理者要在第一时间梳理现场情况，联合多方面力量，通过互通信息、决策制定、协调处置、情况通报等多个途径应对突发事件，将危机损失降到最低，防止其进一步恶化。

（四）危机恢复阶段

危机恢复包含恢复管理与反思的双重内涵。恢复管理是在突发事件得到有效控制之后所展开的管理工作，其工作内容为整合资源，使人、财、物等方面尽快恢复如初。反思是指危机管理者需要对危机事件的处置情况进行全面总结，并在此基础上提出应急管理预案的优化建议，从而达到提高危机管理水平的目的。

三、基于 4R 危机管理理论的高校学生安全管理策略

（一）在缩减阶段的管理：理顺机制实现危机预防与消减

高校学生安全管理不能仅仅依靠学生工作部门的力量，需要构建全员参与的机制，学校各部门广泛参与、协调配合、形成合力，才能实现有效预警和消减危害的目的。甚至有时候工作外延还需要延伸到学校之外，比如与社区、公安、消防、医疗、媒体和兄弟高校等部门建立联系，寻求专业化的支持和建议，才能够实现更高的处置效率和更好的化解效果。

各学院要成立工作专班，一把手领导、靠前指挥、统一部署，各系、中心、办公室密切配合，形成全员参与、责任分明的工作机制。压实学工系统的工作责任，联合研究生导师、本科生班主任、宿管等育人力量，在适当的情况下还应调动优质人力资源，打造一个应急处置专业化团队。

在理顺协调机制、打造应急团队的基础上，学校需要建立督导检查机制，对于各部门在参与预防、监测、应急处置以及跟进处置等环节中的失职渎职行为，对于工作不到位的，依纪依规严肃追究责任，确保管理全覆盖、无盲区、无死角。

（二）在预备阶段的管理：细化管理完善危机预测与准备

目前大多数高校建立了信息中心，对于与学生相关的各类数据进行收集、整理并实现了同步推送。在

保障信息发布畅通的基础上，各部门要以数据为参考，设置不同的监测点和预警线，实现危机预测的前置化，并提高其准确程度。

在实现数据监测的同时，构建网格化管理体系能够有效提高危机甄别和干预力度。除了在学生住宿的物理空间中划分网格，还可以根据学生组织或者调动学生骨干力量有针对性地设置网格。网格作为危机管理的末梢，发挥着至关重要的作用，是工作的重要着力点。

在网格化管理体系的基础上，我们需不断完善应急管理体系架构，进一步细化权责分工，通过全面、系统地分析思考，制订科学有效的应急预案。在实际工作中，预案演练不仅可以强化学生的心理建设，还可以让他们了解在突发公共事件时应该如何应对，增强学生的防范意识。此外，校园环境以及安全设施的建设完善，也是预案需要重点考虑的内容。

（三）在反应阶段的管理：坚持以人为本科学处置与反应

在高校突发事件的应急处置阶段，需要坚持以人为本的原则，所有工作的出发点都应围绕学生的安全、校园的稳定进行，建设平安和谐的校园环境是高校育人育才的基础保障。及时响应、启动预案，需要在前期构建的协同机制之下，迅速成立工作专班，全面梳理责任链条，构建严密的安全防线，以有效控制事态的蔓延。第一步是科学设定信息通报的范围，全面收集危机的相关信息；第二步是分析确定危机的类型和成因，进行风险评估；第三步是根据评估结果，启动应急预案，研究制定危机管理流程；第四步是有序调动人力和物力资源，实施危机管理，将突发公共事件对学生和学校造成的影响降到最低。

在处理事件过程中，高校应充分运用法治思维，在法律框架下处理突发事件。这不仅使高校突发事件的管理有明确的依据，还能减少结果的不确定性与不必要的伤害和损失，降低事件处理的成本。高校应积极寻求社会协同力量，如出现群体斗殴等事件时需要公安部门协助，出现公共卫生事件时需要医院协助，出现火灾等灾害公共事件时需要消防部门协助等。

此外，在突发事件处置阶段对于网络舆情的重视程度需进一步提高，有时负面的影响会借助网络以裂变形式迅速扩散，引发一系列不可控的社会性次生后果。科学有效的应对方式就是以高校自身的渠道为主，及时、准确地发布事件最新进展，减少谣言和误解的传播。

（四）在恢复阶段的管理：常态化安全教育实现恢复与重建

在危机得到有效控制后，高校需要立即启动恢复工作，整合各种资源，尽快恢复学校的正常秩序。学校需要组织专业人员对危机事件的成因进行深入的调查和综合研判，了解事件的起因、经过和结果，为后续的反思和优化提供依据。

同时，学校需要加强对师生的安全教育，在增强个人危机防范意识的同时，提高他们自身的应对能力。通过开展讲座、培训等活动，让学生和教职工了解各种可能的危机情况，掌握应对方法，减少类似事件的发生。

四、结语

近年来，高校学生突发事件频发，对于学生安全、高校声誉和社会稳定都产生了一定的冲击力，高校的学生突发事件危机管理呈现出不同于其他领域或者组织的差异化特征，其管控模式有待进一步完善。罗伯特·希斯的4R危机管理理论，强调在危机演化不同阶段采取不同的针对性管控策略，构建了缩减阶段、预备阶段、反应阶段和恢复阶段的可操作化策略，呈现出全员参与消减、全方位动态监控、全过程管控危机和动态优化重建的优点，有助于克服现有高校学生突发事件危机管控中的盲目、随意和低效的问题，具有很强的理论基础，也呈现出很好的实践性和可操作性，有利于在实际工作中快速识别危机、有效消除或减弱不良影响。然而，在实际应用中仍需根据具体情况灵活调整策略和方法，以实现更好的管理效果。

◎ 参考文献

［1］国家突发公共事件总体应急预案，2006-01-08.

［2］［美］罗伯特·希斯.危机管理［M］.王成泽，译.北京：中信出版社，2004：88-89.

［3］张子荣.突发公共事件网络舆情的形成机制及应对策略［J］.思想理论教育导刊，2021（05）：136.

◎ 作者简介

张一飞，武汉大学物理科学与技术学院职员。地址：湖北省武汉市武汉大学物理科学与技术学院，邮编：430071。手机：15307168666。

校园霸凌事件的法律规制与防范

陈宇唯

近期，"邯郸三名初中生恶意霸凌同学致死"事件在全社会引发广泛热议，初一学生被霸凌致死的事实刺激了公众的神经，再次引起了民众对校园霸凌问题的高度关注。校园霸凌事件在中学校园频繁发生，同样在高校直属中小学校园也时常出现，而且发生在高校直属学校的霸凌事件在行为对高校本身也有着不可忽视的影响。校园霸凌事件在造成恶劣社会影响之同时，还让众多关心教育的人士对我国学校的教育质量和校园的安全管理问题产生忧虑。如何防范这类事件的出现是社会治理需要思考的问题，也是法律界讨论的热点话题。校园霸凌事件发生之后往往涉及民事赔偿和犯罪认定的若干问题，因此本文拟就校园霸凌事件引起的司法认定问题进行探讨，并从法律层面探寻校园霸凌事件的法律规制与防范措施。

一、校园霸凌的基本概念

校园霸凌是指发生在校园环境内，学生之间一方蓄意或者恶意通过肢体伤害、言语谩骂或者网络传输等一种或者多种手段直接或者间接对另一方实施暴力、威胁、欺压、恐吓、侮辱等，造成另一方人身伤害、财产损失或者精神损害的行为。该行为极大地影响加害者与被害者的心理健康和个人发展，使学生、家长和学校之间产生严重的信任危机。校园霸凌事件中的受害者可能遭受财物损害、精神损害层面的双重影响，尤其是心理健康方面的损害，往往是长期的、严重的、难以愈合的。加害者的行为若未得到及时矫正，其极有可能进一步发展成为社会暴力行为者，对社会的稳定发展产生潜在威胁。校园霸凌不仅严重侵犯个体的合法权益、降低校园的安全感和凝聚力，还可能会引发一系列的社会问题，对社会秩序的和谐与稳定造成威胁。

二、现行法律对校园霸凌行为的规制

对于校园霸凌问题，我国通过民法、刑法、未成年人保护法、预防未成年人犯罪法、未成年人网络保护条例等一系列法律法规进行规制。

（1）校园霸凌行为可能构成民事侵权。根据我国《民法典》人格权编第九百九十条、第九百九十一条之规定，人格权是民事主体享有的生命权、身体权、健康权、姓名权、名称权、肖像权、名誉权、荣誉权、隐私权等权利。民事主体的人格权受法律保护，任何组织或者个人不得侵害。若校园霸凌行为侵害了受害者的人身权益，或者因故意或重大过失侵害了受害者具有人身特定意义的特定物，造成其严重精神损害的，霸凌者应当承担精神损害赔偿等法律责任。由于校园霸凌行为实施的主体多是未成年人，根据民法侵权中的替代责任原则，无民事行为能力人、限制民事行为能力人实施侮辱、谩骂、伤害肢体、抢夺财物等民事侵权行为，造成他人损害的，由其监护人承担侵权责任。如涉及物质损害赔偿的问题，有财产的无民事行为能力人、限制民事行为能力人从本人财产中支付赔偿费用，不足部分由监护人赔偿。对此，受害者及其监护人有权就霸凌者的侵权行为向人民法院提起民事诉讼，要求霸凌者及其监护人依法承担赔礼道歉、损害赔偿等民事责任，对于未尽到管理职责的学校，也有权要求其承担相应的补充责任。

（2）霸凌者年满 12 周岁，实施校园霸凌行为造成严重后果的，除了构成民事侵权，还可能涉及刑事犯罪。我国《刑法》对故意伤害他人、故意杀害他人和过失致人死亡等犯罪行为的罪状、刑罚作出了明文规定。若以故意伤害为目的，实施校园霸凌行为，造成他人轻伤以上损害结果，构成故意伤害罪。非以故意伤害为目的，如出于戏弄、逞强、耍横等动机，过失造成他人重伤以上损害结果，可能构成过失致人重伤罪或者过失致人死亡罪，经公安机关刑事侦查、检察院审查起诉，法院依据刑事诉讼程序定罪量刑，霸凌行为人承担与其犯罪行为相适应的法律后果。

由于未成年人的辨认控制能力较弱，心理发育尚未健全，我国法律对于未成年人犯罪作出特别规定。对于年满 14 周岁不满 16 周岁的校园霸凌行为，若实施了故意杀人或者故意伤害行为致人重伤，也需要依法承担相应的刑事责任。近年来未成年人刑事犯罪率提升，为打击恶性刑事犯罪，回应降低未成年人刑事责任年龄、提高社会安全感的社会舆论，《刑法修正案（十一）》在维护社会秩序和保护未成年人权益之间寻求了新的平衡，对于已满 12 周岁不满 14 周岁的人，如果犯有故意杀人罪、故意伤害罪致人死亡，或者以特别残忍手段致人重伤造成严重残疾，且情节恶劣，经最高人民检察院核准追诉的，应当负刑事责任。刑事责任年龄的降低，为邯郸初中生霸凌同学致死被检察院提起公诉提供了有力的法律依据，满 12 周岁不满 14 周岁的未成年人依法承担刑事责任，这与当前社会成熟年龄降低的现状相适应，明确的限制条件也体现了刑法罪刑法定、罪责刑相适应的原则。

（3）霸凌行为若尚未构成刑事犯罪，但违反我国《治安管理处罚法》的，由公安机关处以行政拘留或者罚款。对于实施违法霸凌行为的未成年人，根据其年龄、社会危害性、主观恶意性等因素实施不同程度的行为矫治措施，不满 14 周岁的，一般不予处罚，而是责令其监护人严加管教。为了进一步发挥学校在预防校园霸凌事件中的管理作用，根据《未成年人保护法》，学校应当建立学生霸凌防控工作制度，明确学校的教育培训义务、霸凌行为管教制止义务以及及时向有关部门报告的义务。

综上，我国对未成年人实施霸凌行为从民事、刑事、行政等领域规定了较全面的法律条文，为学生、学校、相关部门等多方主体提供了相对明确的法律指引，对校园霸凌行为的预防发挥了积极作用。而关于校园霸凌行为的有效防范问题，则应从法律理论研究、立法体系完善、机关职责履行、社会单位协助、霸凌行为矫正等方面出发，探索校园霸凌防范机制，将事前一般预防与事后特别预防并重，关注受害者合法权益保护。

三、校园霸凌行为的防范措施

（1）校园霸凌是备受关注的全球性治理难题，应加强对校园霸凌事件防范的理论研究，借鉴全球防范校园霸凌的实践经验，提高社会和学校对校园霸凌的预防和应对能力。从一般预防入手，实际考察部分学校中部分学生的不良交往、不良触网、教育缺失等现状，对未成年人抢夺小额财产、个体孤立等典型霸凌行为，进行综合分析和梳理总结；从临界预防入手，结合司法行政的反馈，注重解决实践难题，研究对我国未成年人的网络暴力霸凌、言语暴力霸凌等触法行为的规制；从特殊预防入手，结合我国《刑法》规定和刑事执行学理论研究，研究如肢体暴力犯罪、财产性犯罪等未成年人的严重犯罪行为的事后规制问题，关注不同部门在校园霸凌预防上起到的作用。

（2）在预防未成年人犯罪和保护未成年人权益的双重理念下，构建兼顾刑事、民事、行政等多领域，具有体系性、全面性、实践性的中国特色立法体系。制定特别法或专条专章来进一步禁止校园霸凌行为，明确校园霸凌的定义、行为具体类型和相应主体的责任，对霸凌者的行为进行规制，为受害者提供权责分明的救济途径和保护方法。完善未成年人保护法、预防未成年人犯罪法及其他相关法律法规，保障公众参与立法的途径，实现法律规制体系的系统性、一致性、协调性，并根据实施结果有效地完善。

（3）司法机关、行政机关应当依法履行职责，构建校园安全保障网。完善相关部门在推进校园霸凌防范工作方面的职权配置，规范校园霸凌行为的责任追究程序，建立霸凌案件预防、举报和处理机制。从司法队伍专业化建设入手，构建具有中国特色的防范霸凌司法机制，对构成刑事犯罪的霸凌行为人依法进行审查、提起公诉，对未构成刑事犯罪的霸凌行为人依法进行个性化劝导、教育、管教，同时保障未成年人的合法权利。加大行政机关对校园触法霸凌行为的查处力度，合理强化执法力度，注重规范文明执法，关注受害者的权益保护。通过拓宽法律援助范围、提供免费心理疏导等方式确保受害者获得必要的支持和保护，尤其是对受害者名誉权、隐私权的保护，避免其遭受二次伤害。同时，教育部门应进一步推进防范校园霸凌专项治理行动工作方案实施，分阶段分目标实现工作方案，监督各单位落实加强组织领导、完善制度机制、加强师生培训、加强宣传教育等方面的具体措施。

（4）鼓励各社会单位积极参与校园霸凌行为防范，增强全社会的反校园霸凌意识。学校是高效防范校园霸凌的直接主体，倡导学校依据相关法律法规制定具体的规章制度以有效预防校园霸凌，切实采取积极应对校园霸凌的策略，加强校园内外的反霸凌宣传，全面增强师生防范校园霸凌的意识。随着霸凌手段的多样化、信息化，相关部门应督促网络服务提供单位在接受未成年及其监护人投诉、举报后及时采取必要措施制止霸凌行为，积极履行网络安全管理义务，维护被霸凌者的合法权益，防止因校园霸凌行为造成的损害扩大化。

（5）加大霸凌行为科学矫治力度，精准防范不同程度的违法犯罪。对于实施霸凌行为构成犯罪的，遵循刑罚个别化原则，依据刑事法律判处合法、合理、适当的刑事处罚，并依法执行。由于霸凌者多以未成年人为主，因此在刑罚执行中，从自由刑、财产刑等具体刑罚入手，发挥社区矫正机构的行为矫治作用，加大对涉案未成年人的帮教力度，注重犯罪心理评估和疏导，采取适当的矫正和教育措施，防止霸凌者再次违法犯罪。对于尚未构成犯罪的霸凌者，在依法采取法律规制措施后进行及时有效的心理疏导和行为矫治，关注霸凌者心理健康的恢复，发挥司法行政机关的作用，如开展普法宣传教育讲座等。

综上，校园霸凌问题的防范不仅仅是法律问题，更是需要多方协作的社会性课题。法律不是调整社会关系的唯一手段，也不是保障校园安全的唯一途径。正确认识法律在社会生活中发挥作用的局限性，提早在触目惊心的霸凌事件发生之前，实现学校预防、家庭预防、社会预防。杜绝校园霸凌难题、维护校园安全不宜过度依赖法律规制，应适当发挥多社会主体的治理作用，推进多层次多领域依法防止校园霸凌工作，提高社会治理法治化水平。

◎ 作者简介

陈宇唯，湖北珞珈律师事务所律师。地址：湖北省武汉市武昌区天鹅路6号阳光大厦4楼，邮编：430000。手机：18571898111。

校园政治安全

总体国家安全观视野下高校反邪教工作体系建设探究

代全顺　马世英　杨竹林

做好反邪教工作是平安校园建设的重点任务之一。帮助在校师生正确认识邪教的本质和危害，正确处理宗教和邪教的关系，正确看待宗教信仰问题，正确了解宗教政策，是高校党委践行总体国家安全观的必然要求。同时，做好反邪教工作是开展师生思想政治教育的生动实践，是维护校园稳定，增强师生政治判断力、政治领悟力、政治执行力的依靠力量。

一、总体国家安全观在高校反邪教工作中的指导作用

邪教活动是一种对国家安全和社会稳定构成威胁的行为，邪教对高校的渗透，也直接影响着师生的思想观念和校园的安全稳定。在高校反邪教工作中，总体国家安全观的指导作用主要体现在四个"强化"上：

（一）强化政治意识

总体国家安全观强调政治安全的极端重要性，高校通过开展安全教育，提高师生对邪教的认识和警惕性，提高他们辨别邪教的能力，增强反邪教的自觉意识，从而增强师生坚持总体国家安全观、始终与党中央保持一致、坚定维护政治安全的信心决心。

（二）强化组织领导

总体国家安全观强调国家安全工作的综合治理，高校应当在党委的统一领导下，同频共振，同向发力，建立健全反邪教工作机制，加强组织领导，形成反邪合力。

（三）强化宣传教育

总体国家安全观强调宣传教育和舆论引导的重要性，高校建立宣传教育阵地，多渠道、多形式、多手段地开展反邪教宣传教育活动，引导舆论关注和支持反邪教工作。

（四）强化法治素养

总体国家安全观强调依法治国，高校加强法治教育，提高师生的法律素养，帮助师生了解邪教活动的非法性和危害性，从而增强他们反邪教的内生动力。

二、高校反邪教工作中存在的主要问题

长期以来，高校党委重视反邪教工作，也取得了比较好的工作成效，遏制住了邪教组织意图向校园渗透的图谋。但在实际工作中，也存在一些不可忽视的问题和困难，主要表现在以下几个方面：

（一）师生识邪反邪意识不强

十八大以来，党和政府加大了对邪教活动的防范抵御力度和打击治理力度，构筑了一道坚不可摧的反

邪教的政治网和法律网。邪教及其组织的活动空间受到高压打击，其人员和活动由"地上"转入"地下"，难以用常规的渗透手段对校园开展滋扰。于是，他们利用"互联网+"、大数据、人工智能等新一代信息技术来实现他们不可告人的目的。邪教组织以新媒体为载体，实施了从"点"到"面"、从"点"到"点"的宣传策略。其蛊惑民心，破坏团结、扰乱社会的野心不死。在现实空间中，邪教组织利用高校师生外出交流学习、兼职、实习、社会实践、志愿服务等机会，以介绍兼职工作、组织交友聚会、参加所谓的献爱心活动等引诱高校师生参与其组织的活动，以关爱、慰问的形式，逐个渗透，在师生中发展成员，拉拢入会，不断扩充势力。相反，高校现有的反邪教舆论阵地，还是采用原有的惯用舆论渠道，仍然以广播、书籍、光碟、杂志、横幅、宣传栏等传统媒介形式铺开，师生的关注度不高，宣传教育效果欠佳，导致在校师生对马克思主义宗教观、科学无神论和反邪教教育缺乏足够的兴趣和意识，甚至普遍缺乏辨识邪教的基本能力，对邪教组织的认知还停留在表面上，而对于邪教组织的背后机制、社会影响等方面了解甚少，对邪教的社会危害性认识不到位。

（二）校内反邪教力量不强

目前，各高校反邪教力量的基本架构是以学校统战部、宣传部、保卫部等少数几个党委部门为主，校内二级教学单位协助而组成的纵向体系，在开展反邪教工作中习惯性地条块分割、互动性弱，致使上下级之间、部门之间缺乏默契，导致"各自为政""单打独斗""自成一家"，工作的系统性、整体性、协同性、持续性和有效性均存在一定问题，无法形成有效合力，难以集中力量对邪教及其活动构成实质性威慑。所以，从总体上看，反邪教治理仍处于"说起来重要、做起来次要、忙起来不要"的无奈局面。同时，学校有关部门与外部反邪教民间力量所组成的横向体系之间联系较少，合成化团队思维不足，这直接影响彼此间有效经验的借鉴运用和推广，甚至形成"各家自扫门前雪"的工作局面。

在高校反邪教工作实践中，还存在着队伍数量不足、结构不合理、能力相对滞后的问题。现有的反邪教工作人员多身兼数职，不能全职做反邪教工作。由于人员编制等因素，短时间内专业人才的大量补充难以实现。高校缺乏能够熟练应用新媒体抢占反邪教网络阵地，打赢反邪教信息化战役的信息技术人才；缺乏掌握现代信息传播规律及思想政治教育规律，能够自觉运用社会主义核心价值观，传播先进文化、弘扬科学精神和正能量的宣传教育人才；缺乏有激情、有能力、有担当的志愿者等。加上反邪教工作业务培训及能力提升工作开展得相对不足，制约着反邪教人才队伍建设及反邪教工作的持续高质量发展。

（三）反邪教工作的推广机制不健全

反邪教工作特色案例及健全的工作机制能够产生示范引领效应，给工作带来无形的助力。例如，"枫桥经验""武汉百步亭模式""北京朝阳模式"等，已经成为社会治理的标杆，其成功经验被全国各地学习借鉴及推广应用。但是，在高校的反邪教体系建设工作中，先进典型还有待提炼，缺乏类似的可推广工作机制，如缺少常态化的反邪教典型案例和典型经验总结表彰机制，虽然一些高校在反邪教工作中取得了积极成果，但这些案例尚未得到充分挖掘和总结，这些成功经验不能传播，限制了其他高校学习借鉴的机会，使得反邪教工作的发展陷入瓶颈。同时，对引导各地高校结合自身实际积极探索创新反邪教工作新模式、新机制和新方法的政策支持和激励不足，没有形成有影响力、专业性、特色化的总结表彰、案例研讨、经验交流平台。另外，还存在各高校反邪教体系构建工作的标准化问题，缺乏一套统一的标准，使得不同高校在反邪教工作的侧重点、方法论上存在较大差异，难以形成合力。这种标准化缺失的状况，不仅削弱了反邪教体系的整体效果，也使得对反邪教体系构建工作的评估和监管难以有针对性地展开。

三、高校反邪教工作体系构建框架

（一）高校反邪教工作体系的基本要素及其关联性

高校反邪教工作体系的基本要素应当包括法律法规（反邪教基础）、宣传教育（反邪教手段）、预防机制（反邪教策略）、管理体制（反邪教阵地）、心理咨询机制（反邪教方法）、举报机制（反邪教战术）、交流机制（反邪教合力）、处理机制（反邪教治理）等（见图1）。这些要素之间相互关联，协同作用。法律法规为其他要素提供法律依据和指导，宣传教育、预防机制和心理健康支持共同促进师生员工的反邪教意识和能力的增强。管理体制和合作交流保障各要素的有序运作，而举报渠道和处置机制则是反邪教工作的重要环节。通过各个要素的有效组合和协同作用，高校反邪教安全体系能够形成一个完整的防控体系，最大限度地确保校园的安全稳定。高校反邪教安全体系的建设是一个复杂而长期的过程，需要全体师生员工的共同努力。

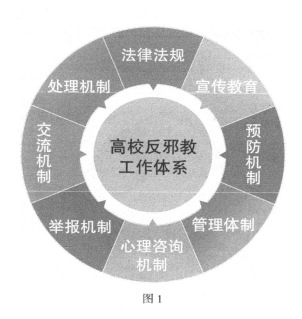

图 1

（二）高校反邪教工作体系各要素的实施方法

在法律法规方面，制定反邪教规章制度，依法打击邪教组织和邪教宣传活动；加强与执法部门的合作，共同推进反邪教工作的法治化进程。

制订宣传教育计划，通过校园宣传栏、网站、微信公众号等多种形式，向师生传递正确的反邪教知识和观念。开展主题讲座、座谈会、演讲比赛等活动，邀请专家学者、心理咨询师等参与，提高学生和教职员工的反邪教认知能力和抵制能力。开设心理咨询中心，提供专业的心理咨询和辅导服务，帮助受邪教影响的师生纠正思想，缓解心理压力。建立信息系统，加强对校园信息流动的监控，及时发现和处置邪教组织活动。加强对师生的教育培训，提高他们对邪教的辨识能力和防范能力。加强宣传，鼓励师生积极举报涉邪信息和行为，及时收集线索。设立反邪教工作的机构或部门，明确责任分工，制订工作计划和目标。加强组织协调，促进信息共享和沟通交流。参与相关行业协会和社会组织开展的反邪教宣传和教育活动。开展与其他高校、政府相关部门、学术机构的合作交流，分享经验和资源。健全处置机制，确定处置流程和标准，及时处理涉邪事件和线索，进行相应的调查、取证和处罚。

通过以上策略的实施和方法的综合应用，高校反邪教安全体系可以全面提升对邪教问题的防范能力和应对能力，确保校园的安全稳定。同时也需要持续改进和更新工作方式，根据具体情况不断调整和优化策略。

四、高校构建反邪教工作体系的对策建议

构建高校反邪教工作体系，需要高校统战部、保卫部、宣传部、学工部、研工部、网信办等部门通力合作，从思想、组织、制度、技术、服务等方面，采取有效措施，提高反邪教工作的针对性和实效性，营

造健康有序的校园环境，保护广大师生的合法权益，维护学校正常的教育教学秩序。

高校各职能部门在总体国家安全观的指导下，从思想建设、组织管理、制度保障、网络监管、法治宣传、心理辅导等多方面进行部署，增强反邪教工作的系统性、针对性和有效性（见图2）。各部门要压紧压实意识形态工作责任制，将意识形态工作具体细化靠实到具体单位和岗位。认真落实意识形态工作分析、研判、报告及通报制度，有效防范、化解意识形态领域各类风险。加强课堂、报告会、讲座论坛等意识形态阵地的管理，加强线上教学活动的监管，防止师生随意发布邪教言论。加强校园网、涉校自媒体管理，完善发布流程，加强内容审核。密切关注师生网络群组、新媒体账号等网络平台的动态。严格落实各类社团管理制度，实行社团备案管理，有针对性地解决苗头性、倾向性问题。以预防为主、宣教结合、减少发案为原则，切实增强师生的反邪教意识，构筑反邪教的"铜墙铁壁"，形成防控治理的有机链条，让邪教及其活动难以将其触角伸入校园。

图 2

统战部负责制定反邪教规章制度，全面统筹反邪教工作，主动向师生员工宣传介绍党的民族宗教政策，检查督促校内二级单位履行好意识形态责任制，将反邪教工作纳入工作考核。发挥"主动感知"作用，拓宽情报信息来源渠道，动态掌握各类情报信息。发挥校内二级单位"前哨"作用，建立覆盖面广的信息员队伍，调动教职工、学生和家长等多方力量参与防邪教工作的积极性。

保卫部负责指导和管理高校安全防范和维稳工作，预防和处置高校发生的各种安全事故和突发事件，保障高校的安全稳定。加强高校安全情报收集和分析，主动对接地方公安部门，发挥好"尖刀"作用。建立情报共享和信息互通机制，及时掌握有关高校师生的内幕性、行动性、指挥性情报线索，既要科学布防"灰犀牛"事件，又要未雨绸缪"黑天鹅"事件，严防发生"神不知、鬼不觉"的问题。

宣传部负责制定和实施高校反邪教宣传教育的总体规划和方案，组织开展各种形式的反邪教宣传活动，提高师生对邪教的认识和警惕，增强法治观念和自我保护能力。利用高校各类媒体平台，如校报、校网、微信、微博等，广泛宣传国家有关反邪教的法律法规、政策措施、典型案例等，揭露和批判邪教的本质和危害，引导师生树立正确的世界观、人生观和价值观。

学工部负责指导和管理本科生的思想政治教育和日常管理工作，防范和化解学生思想上的各种问题，维护学生正常的学习、生活秩序。加强学生的思想政治教育，将反邪教内容纳入思想品德课程、思想政治理论课程、国情教育课程等，培养学生科学合理的思维方式和判断能力，筑牢学生抵御邪教侵蚀的思想防线。加强学生的心理健康教育，针对容易产生心理问题的学生，及时进行心理咨询和辅导，防止其被邪教利用。

研工部负责指导和管理研究生的思想政治教育和日常管理工作，防范和化解研究生思想上的各种问题，维护研究生正常的学习、生活秩序。加强研究生的思想政治教育，将反邪教内容纳入研究生入学教育、导师制教育、学术道德教育等，培养研究生科学严谨的学术态度和创新精神，筑牢研究生抵御邪教侵蚀的思想防线，同时鼓励教师开设关于反邪教、谣言识别等方面的通识课或专业选修课。针对不同学科专业学生的特点，设置不同的反邪教相关课程。积极申请反邪教教育项目，引导教师开展反邪教教学研究。鼓励教师将相关案例应用于课堂教学，帮助学生认识邪教危害，并定期更新案例库内容，反映反邪教工作新态势。

网信办负责指导和监督高校网络信息安全和管理工作，防范和打击网络上的各种违法违规行为，保障高校网络空间的清朗和安全。加强高校的舆情监测与应对处置。坚持7×24小时全天候监测有关涉校涉生舆情，拓宽信息来源渠道，建好用好舆情监测预警平台，与宣传部、保卫部合作联动，紧盯新媒体特别是移动端和自媒体的舆情风险，加强会商研判、提示预警、应对处置。紧盯重要时段和节点，落实舆情处置闭环管理机制，第一时间发现、第一时间应对，遇有突发情况坚持快报事实、慎报原因，严格要求校内各单位审慎通过网站、公众号、微博、客户端等网络媒体对外发声，掌握反邪教舆论斗争主动权。

总之，高等学校要自觉践行总体国家安全观，建好校园反邪教工作体系，提升师生的识邪反邪能力，打好校园反邪攻坚战，让邪教在校园内无生存之地，让校园成为最安全的育人场所。

◎ 参考文献

[1] 薛颖. 国家安全教育观视角下高校安全治理工作路径研究 [J]. 现代商贸工业，2023，44（18）：105-107.

[2] 马智勇，张琳琳. 新形势下高校安全管理的意义、特点与方略 [J]. 高校后勤研究，2022（08）：39-42.

[3] 阮荣龙. 我国高校安全教育问题研究 [D]. 武汉：华中师范大学，2023.

[4] 姚守勤. 医学高职院校反邪教宣传教育社会实践研究 [J]. 新闻传播，2020（22）：119-120.

[5] 崔佳. 公安院校大学生防范和抵御邪教的对策 [J]. 重庆电子工程职业学院学报，2020，29（04）：80-82.

[6] 张媛，王欣. 高校大学生邪教鉴别力现状及应对策略研究 [J]. 兰州教育学院学报，2020，36（06）：49-51.

[7] 汤家玉. 思政课与大学生反邪教教育 [J]. 西部学刊，2020（06）：73-75.

[8] 王海诺，刘帅. 高校防范邪教渗透问题研究 [J]. 科学与无神论，2019（05）：47-51.

[9] 杨婷. 新时期高校反邪教警示教育现状及对策研究 [J]. 法制博览，2019（23）：76-77.

[10] 张秉楠. 新时期我国邪教治理存在的问题及对策研究 [D]. 郑州：郑州大学，2017.

◎ 作者简介

代全顺，兰州大学保卫部部长。地址：甘肃省兰州市城关区天水南路222号，邮编：730000。电话：0931-8912150。

马世英，兰州大学保卫部副部长。地址：甘肃省兰州市城关区天水南路222号，邮编：730000。电话：0931-8912157。

杨竹林，兰州大学保卫部副部长。地址：甘肃省兰州市城关区天水南路222号，邮编：730000。电话：0931-8911119。

高等教育国际化背景下的高校意识形态安全

张文忠

高等教育国际化是当前世界高等教育改革和发展的重要趋势，但它对我国高校意识形态安全带来不容忽视的负面影响。一方面，西方敌对势力利用教育国际交流与合作的机会对高校师生大肆进行意识形态渗透，各种社会思潮、理论观点在高校校园里交汇、交融、交锋，一些高校的教学、科研管理和评价体系不加批判地照搬照抄西式标准，另一方面，西方国家利用网络技术与话语权优势，对华大肆进行舆论攻击抹黑，互联网已成为进行意识形态斗争的主战场。党的二十大报告指出："坚定维护国家政权安全、制度安全、意识形态安全，加强重点领域安全能力建设。"作为社会稳定晴雨表的高校，意识形态工作亟待加强。

一、高等教育国际化已成为国家战略

2018 年 9 月 10 日，习近平总书记在出席全国教育大会时提出："推进教育现代化，要坚持对外开放不动摇，加强同世界各国的互容、互鉴、互通。要聚焦世界科技前沿和国内薄弱、空白、紧缺学科专业，同世界一流资源开展高水平合作办学，把质量高、符合需要的引进来。"国际化是建设一流大学的必由之路，现代高等教育在不断走向开放和国际化的发展过程中，也面临着意识形态安全的挑战。

二、高等教育国际化进程中意识形态安全面临的挑战

（一）理论渗透，迷失方向

从总体上讲，马克思主义理论仍牢牢占据我国意识形态主导地位，但一直受到各种社会思潮的侵蚀。特别是大学作为社会发展的灵魂高地和意识形态风向标，各种社会思潮、理论观点都会在高校校园里交汇、交融、交锋，给高校师生带来思想冲击。随着中国改革开放的不断深入和建立社会主义市场经济的实践探索，经济结构多元化、社会阶层多样化、利益诉求复杂化，思想领域出现了各种各样的社会思潮，主要包括新自由主义、历史虚无主义、消费主义等。大量在西方留学、进修、访学的知识分子学成回国，在大学、科研院所里从事理论研究、教学工作，西方价值观首先在大学里传播，引发了一些社会思潮。

1. "万能灵药"的新自由主义思潮

新自由主义以个人主义作为理论基础，极力推崇私有化、市场化、自由化。新自由主义对我国的改革开放产生了不可忽视的影响，一些人甚至把新自由主义等同于改革开放，无序引进外资、改制导致国有资产流失，不顾社会公平正义，片面追求效率，甚至抛出马克思主义"过时论"，企图用新自由主义取代马克思主义，严重危害我国的意识形态安全、动摇社会主义制度根基，新自由主义思潮对当代大学生的价值观有着非常负面的影响。

2. "居心叵测"的历史虚无主义

历史虚无主义思潮以所谓"学术溯源"为借口，利用后现代历史学的"新观点"，发现历史真相的"新史料"，发表个人独到的"新见解"，大做"翻案"文章，竭力贬损和否定革命，特别是否定中国近

现代史、中国共产党党史，进而否定中国共产党的领导，这是反马克思主义思潮惯用的手段之一。西方敌对势力通过在高校设立学术基金、访学交流、学术研讨等隐秘方式大做文章，甚至利用现代传媒"肆意歪曲中国革命、极力丑化中国共产党"。

（二）学术渗透，迷恋西洋

随着国际学术交流的日益频繁，西方学术的研究范式逐渐进入我国人文社科领域，这为我们提供了新的研究思路和视角，但以美国为首的西方国家以各种基金会等"民间组织"为平台，通过学术交流、会议资助、课题资助等各种手段渗透西方意识形态。在诸多研究项目中，有一些是涉及国民思想、社会信仰等意识形态建构的课题，往往以理性探讨的面目出现，却得出"普世价值"色彩的倾向性结论，充斥着教导、教化的意味，自觉地充当西方政府意识形态渗透的"马前卒"。一些高校、科研机构已经成为西方意识形态渗透的重点区域。

1. "精心包装"的学术话语陷阱

西方围绕中国发展问题蓄意设置"修昔底德陷阱""中等收入陷阱""塔西佗陷阱"等话语陷阱。部分学者盲目照搬西方学术概念，未加甄别就用西方理论言说解读中国实践，弱化了马克思主义学术话语的主导地位。苏联解体后，日裔美国政治哲学家弗朗西斯·福山在其文章和著作中所论述的一个根本观点就是"历史终结论"，所谓西方自由民主已取得历史的终结性胜利。冷战结束不久，美国著名国际政治学者、哈佛大学教授塞缪尔·亨廷顿提出的"文明的冲突论"认为：普世文明是以西方为典范的，是非西方国家必须效仿的文明，以中国为代表的中华文明是对世界秩序的潜在威胁，并预言中国的崛起将导致全球文明冲突。这些理论违背了人类历史与民主发展的一般规律，对当代大学生具有一定的欺骗性，是在为西方国家的和平演变鸣锣开道。

2. "生搬硬套"的西式学术标准

美国利用自己的专业强势地位，打着"学术评价"的幌子，把美式标准塑造成国际标准，部分高校教师以及留学生在美国教育的影响下和美式生活方式的熏陶下，对"美国标准"顶礼膜拜，导致一些高校的教学、科研管理和评价体系竟然只重"洋气"、不问是非，生搬硬套西方学术标准。部分高校在人才培养和用人导向上片面强调海外经历，这种"一刀切"的用人导向会助长研究者滋生西化思维。"西方承认不承认、西方赞成不赞成"不知不觉中成为一些高校教学、科研的最重要评判标准，严重缺乏民族自信的"洋八股"之风愈刮愈烈。部分期刊在选稿、编稿、用稿过程中也存在一些不良倾向，把"学术规范"推向极端，一切以西方标准为标准，热衷于用中国案例"证明"西方理论，"言必称希腊"，美其名曰"与国际接轨"。

3. "鱼龙混杂"的西方原版教材

许多高校为了彰显教育与"国际接轨"，积极开展双语教学，大力提倡和使用先进的原版教材。大学里目前使用西方原版教材较多的学科，多分布于经济管理类、社会学、心理学、新闻传播类社科专业，以及信息技术等理工类自然科学专业。部分教材几乎是不作取舍地采用美式理论，且在使用中批判和反思较少，照搬照用现象突出。西方意识形态潜移默化地影响大学生，导致"普世价值"几乎渗透和影响所有的文科专业。在哲学社会科学座谈会上习近平总书记指出："在实际工作中，在有的领域中马克思主义被边缘化、空泛化、标签化，在一些学科中'失语'、教材中'失踪'、论坛上'失声'。这种状况必须引起我们高度重视。"

（三）网络渗透，迷人心智

网络空间是现代人生存空间的重要组成部分，是大学生异常活跃和热衷的思想文化生活场域，互联网已成为影响高校师生成长成才的重要知识环境和思想舆论环境。有些境外势力借助互联网随时变换在中国舆论场的存在方式，如何掌握网络空间的话语权，是高校的重要课题。

1. "自我推销"式的思想渗透

以美国为首的西方国家在国际互联网上筑起一座西方价值观的布道高台。高校作为意识形态安全建设的主阵地，大学生成为西方意识形态渗透的主要对象，西方国家网络社交媒体通过算法可以实现对网络人群的信息挖掘、追踪和匹配，对用户的价值信心、价值倾向、价值缺陷等进行深度分析，进行精准信息推送。据维基百科报道，美国情报部门曾给予网络公司资金支持研发针对中国网民的"翻墙软件"，以规避我国国内网络防火墙的监管，为西方价值观念的渗透提供便利。中国网民一旦"翻墙"注册 Facebook、Twitter、YouTube 等西方社交软件，这些软件会自动识别出中国的 IP 地址，"算法推荐"系统会持续性地、精准地向中国网民推送关于我国的负面信息，同时推送赞美、吹捧、美化西方的"正面信息"，对高校大学生实施全方位、不间断的舆论战和宣传战，宣传他们的政治理念、生活方式和价值观念。

2. "混淆是非"式的舆论抹黑

西方反华势力强占所谓的"道德制高地"，凭借媒介优势和话语霸权，频频在网络上编织"话语陷阱"，散布对华负面舆论，丑化党的领导和攻击中国政府。Google、YouTube、Facebook、Yahoo 等都成为西方对华舆论攻击的武器。例如，在政治领域散布"一党专制"妖魔化中国，在军事领域散布"中国威胁论"抹黑中国，将经济上"共同富裕"政策丑化为"劫富济贫"，将外交上的"一带一路"倡议污名为"新殖民主义"，将科技上领先的 5G 技术误导为"安全威胁"，杜撰污蔑新疆存在所谓"强迫劳动"，将自己抗疫失败甩锅"中国病毒"等，混淆是非，颠倒黑白，频频无底线地向中国发难。

3. "内外勾连"式的策动闹事

西方反华势力妄图利用"互联网这个最大变量"来"扳倒中国"，勾结其长期培植的国内外"港独""疆独""台独""藏独"等民族分裂势力，在国际互联网上远程遥控和操纵，借助国内突发事件、热点问题、群体性事件等制造社会动荡，干扰、破坏民族团结和社会稳定。2014 年策动台湾部分团体和学生进行"太阳花运动"，破坏两岸和平稳定；2019 年诱使"港独"借"香港修例风波"发动颜色革命。

三、筑牢高校意识形态阵地的稳固根基

在中华民族伟大复兴战略全局和世界百年未有之大变局的历史交汇期的时代背景下，面对以美国为首的西方国家对我们的忧惧、阻遏、施压，我国教育领域在思想上也产生了一些模糊认识。新时代高校意识形态安全工作要守正创新，加强阵地建设和阵地管理，构筑高校意识形态安全的稳固根基。

（一）强化政治统领，筑牢高校意识形态阵地之魂

1. 坚持马克思主义的指导地位

党的二十大报告指出："马克思主义是我们立党立国、兴党兴国的根本指导思想。"马克思主义作为我国意识形态工作的指导思想，具有强大的影响力和引导力。习近平总书记明确指出，马克思主义创造性地揭示了人类社会发展规律，是科学的理论，是我们立党立国的根本指导思想，是指导我们改造客观世界和主观世界的锐利思想武器。要抓好马克思主义理论教育，深化学生对马克思主义历史必然性和科学真理性、理论意义和现实意义的认识，教育他们学会运用马克思主义立场、观点和方法观察世界、分析世界，真正搞懂面临的时代课题，深刻把握世界发展走向，认清中国和世界发展大势，让学生深刻感悟马克思主义真理力量，为学生成长成才打下科学思想基础。

2. 用习近平新时代中国特色社会主义思想铸魂育人

习近平新时代中国特色社会主义思想实现了马克思主义中国化新的飞跃，当代大学生必须做习近平新时代中国特色社会主义思想的坚定信仰者、积极传播者、忠实实践者。通过主题班会、学术讲座、专题研讨等方式学习《习近平谈治国理政》，用习近平新时代中国特色社会主义思想动员、激励学生，帮助学生理解、掌握党的最新理论成果，增强学生对中国特色社会主义的道路自信、理论自信、制度自信、文化自信。

3. 培育和践行社会主义核心价值观

在当前社会群体思想多样和价值多元的条件下，必须"把培育和弘扬社会主义核心价值观作为凝魂

聚气、强基固本的基础工程"。习近平总书记指出："青年要从现在做起、从自己做起，使社会主义核心价值观成为自己的基本遵循，并身体力行大力将其推广到全社会去。"因此，广大青年要将社会主义核心价值观转化为人生的价值准则，要用社会主义核心价值观培育人，用中华民族伟大复兴的中国梦激励人，厚植爱国主义情怀，塑造大学精神理念，实现爱党、爱国、爱社会主义相统一，不断提高青年学生的政治觉悟、道德品质。

（二）突出宣传引导，筑牢高校意识形态阵地之根

1. 坚定理论自信

习近平总书记在强调维护政治安全时就提出，要"高度重视对青年一代的思想政治工作，教育引导广大青年自觉坚持党的领导，听党话、跟党走"。一方面，高校要高度重视对广大青年大学生的思想引领和理论武装，用科学理论筑牢青年精神支柱。另一方面，高校要充分发挥人才智力高地优势，学会用中国风格的话语体系解读马克思主义中国化的最新理论成果，积极推进参与中外人文合作交流对话，围绕中国发展和全球性重大问题开展合作研究，在国际对话中提升中国话语权、掌握主动权。

2. 打造"思政金课"

思政课是落实立德树人根本任务的关键课程，要用马克思主义理论武装青年学生的头脑，引领广大学生确立正确的世界观、人生观和价值观。按师生比 1∶350 的要求建立高素质专业化的思政课教师队伍，不断提高思政课教师地位，提升思政课教师的职业自豪感和使命感，增强他们教育教学的积极性、创造性，做到政治上有高度、理论上有深度、学术上有厚度、授课上有温度，以广阔的视野、系统的理论、生动的语言把习近平新时代中国特色社会主义思想讲准、讲透、讲实、讲活。

3. 赋能课程思政

课程思政就是深入挖掘各类课程中蕴含的思想政治教育资源，解决专业课的思政教育功能缺位、思政教育与专业教学之间脱节的现象，克服不同学科之间、专业与思政之间的"两张皮"现象。专业课程既要凸显知识性，又要彰显价值性，成为课程思政建设的基本载体，发挥意识形态育人的协同互渗功能，形成协同效应。要挖掘并整合各专业教育中的思想政治教育元素，让所有课程都融入"思政味"，让所有任课教师都挑起"思政担"，不断拓展专业课程的广度、深度，有效探索构建全员、全课程的"大思政"工作体系，构建起全员、全程、全方位育人的格局。

（三）规范体制机制，筑牢高校意识形态阵地之基

当前高校意识形态工作总体平稳向好，但还需进一步完善与加强，全面构建工作责任体系、队伍体系、法律体系。

1. 层层压实责任

构建"分兵把守、各负其责"的高校意识形态工作责任制，严格明责、确责、履责、问责。明责就是高校党委要提高政治站位，把高校意识形态工作纳入党建工作责任制，与中心工作同部署、同落实、同考核，构建校内"意识形态一盘棋"新格局。确责就是高校党委书记是意识形态安全的第一责任人，要坚持负总责、亲自抓，密切关注意识形态的风险隐患，高校领导班子成员要认真履行"一岗双责"制度，推动高校党建与事业发展深度融合。履责就是高校相关职能部门落实好相应的意识形态安全具体责任，各司其职、各负其责、履职尽责、形成合力，党务工作者、辅导员、思政课教师等要扛起立德树人的岗位责任，发挥好高校意识形态工作主力军的作用。问责就是旗帜鲜明地对危害意识形态安全的言行及时查处，有责必问、有错必惩，强化意识形态工作的执纪问责制度。

2. 加强队伍建设

做好新形势下高校意识形态工作，归根结底要靠人才、靠队伍。用马克思主义科学理论体系武装头脑，全面提升高校师生开展意识形态工作的理论研究水平和发现问题、解决问题的能力，为高校意识形态安全提供人才保障和智力支持。第一，配强党委领导班子。高校党委书记、校长要兼具政治家的风范和教

育家的水平，做到政治过硬、品行优良、业务精通、锐意进取、敢于担当，承担管党治党、办学治校主体责任。第二，配优思想宣传队伍。建立一支政治强、业务精、作风硬、勇担当的高素质专业型意识形态工作队伍，做到队伍有人管、阵地有人守、工作有人干、舆情有人察。第三，配齐辅导员队伍。努力打造一支政治强、情怀深、思维新、视野广、自律严、人格正的辅导员队伍。辅导员要深入了解学生的想法与诉求，把握学生的思想脉搏，做思想理论教育的引领者，注重人文关怀和心理疏导，做学生学习、生活的指导者。

3. 发挥法治效能

法律是治国利器，维护意识形态安全也要有法可依。2020 年 7 月《中华人民共和国香港特别行政区维护国家安全法》颁布实施，迅速使香港由乱到治，成为守护香港繁荣稳定的"定海神针"，事实说明有效维护意识形态安全亟须发挥法治效能和法治力量。对于高校意识形态工作中的极端恶劣违法行为，必须做到有法必依、执法必严、违法必究，这不仅是高校意识形态工作所需，也是依法治国的应有政治担当。

（四）提高斗争本领，筑牢高校意识形态阵地之防

面对国际化背景下意识形态领域的新形势和新挑战，高校领导干部应头脑清醒、立场坚定、敢抓敢管、敢于亮剑，逐步解决政治意识上的"弱"、责任落实上的"松"、斗争态度上的"软"现象。

1. 抵制学术渗透

"学术研究无禁区，课堂讲授有纪律"是高校意识形态工作的重要原则。正确处理政治原则与学术研究的关系，在遵循学术纪律、学术规范的前提下鼓励学术探讨、学术创新，坚决守好政治底线、法律底线、道德底线，坚决防范和清除各种错误思潮等对高校的侵蚀，绝不允许出现违反宪法法律、违背党和国家方针政策、损害国家利益和危害国家安全的言行。研究制定责任清单，加强对课堂教学、学术研究、教师引进、国际合作交流等工作的意识形态管理职责，加强对课堂和各类思想文化阵地的建设和管理，严格落实论坛、讲座、学术沙龙等报告审批制度，加强对学生社团的领导，开展全程监管，配齐配强指导教师。

2. 净化网络空间

"现在，意识形态领域许多新情况新问题往往因网而生、因网而增，许多错误思潮也以网络为温床生成发酵，互联网已成为意识形态斗争的主战场。"对网络上的错误思潮和不当言论，特别是网络"大 V"、知名人物的错误言行，我们要旗帜鲜明地开展舆论斗争，要敢于斗争、善于斗争。一是占据舆论斗争"制高点"。针对网络空间中西方别有用心地散布的错误舆论，畏缩就会语塞，失语就要挨骂，要用摆事实、讲道理的方式，让世人看清其卑劣行径和丑恶嘴脸，进行有理有节有据的斗争。二是提高网络治理技术能力。习近平总书记指出："互联网核心技术是我们最大的'命门'，核心技术受制于人是我们最大的隐患。"三是提高网络法律治理能力。严格落实《中华人民共和国网络安全法》等法律法规，依法建网，限制境外资本进入关涉国家重大安全的互联网领域；依法用网，防范黑客攻击、数据窃取和个人信息泄露；依法管网，对在网上造谣惑众、抹黑党和政府的错误言行进行重点整治，依法处置。

◎ **参考文献**

[1] 习近平.高举中国特色社会主义伟大旗帜 为全面建设社会主义现代化国家而团结奋斗——在中国共产党第二十次全国代表大会上的报告 [N].人民日报，2022-10-26.

[2] 新华社.中共中央 国务院印发《关于加强和改进新形势下高校思想政治工作的意见》 [EB/OL].[2017-02-27].http：//www.gov.cn/xinwen/2017-02/27/content_5182502.htm.

[3] 习近平谈治国理政第三卷 [M].北京：外文出版社，2020.

[4] 习近平：在党史学习教育动员大会上的讲话 [J].求是，2021（02）.

[5] 习近平谈治国理政第二卷 [M].北京：外文出版社，2017.

[6] 骆郁廷，李恩.网络空间西方价值渗透及其应对 [J].思想教育研究，2021（02）：121-126.

［7］习近平在北京大学师生座谈会上的讲话［N］．人民日报，2018-05-03．

［8］习近平谈治国理政第一卷［M］．北京：外文出版社，2018．

［9］习近平新时代中国特色社会主义思想学习纲要［M］．北京：学习出版社，人民出版社，2019．

［10］习近平．在网络安全和信息化工作座谈会上的讲话［N］．人民日报，2016-04-26．

◎ 作者简介

张文忠，江苏大学安全保卫处副处长、副研究员。地址：江苏省镇江市学府路 301 号安全保卫处，邮编：212013。手机：13605280007，电子邮箱：1000008030@ ujs. edu. cn。

高校政治安全面临的形势和对策

彭　琢　杨旭朗　张　冲

习近平总书记指出，政治安全攸关我们党和国家安危，其核心是政权安全和制度安全。维护政治安全的主要任务包括：坚持中国共产党的领导，维护中国特色社会主义，坚持马克思主义的指导地位，发展社会主义民主政治，健全社会主义法治，强化权力运行制约和监督机制，保障人民当家作主的各项权利。政治安全是国家安全的根本，在国家综合安全体系中，国家经济安全、社会安全、文化安全、信息安全和国际安全的维系，最终都需要国家政治安全为前提条件，政治安全不仅关系到国家的长治久安，更与民族复兴和人民福祉休戚相关。高校政治安全是国家政治安全的重要组成部分，是高校思想政治工作的核心与灵魂，确保高校政治安全对于回答好"培养什么人、怎样培养人、为谁培养人"这个基本问题至关重要。高校是落实"培养什么人、怎样培养人、为谁培养人"的校园阵地，坚守高校主责主业，确保高校政治安全尤为重要。

一、政治安全的内涵和外延

（一）政治的内涵与外延

1. 政治的内涵

1979 年上海辞书出版社出版的《辞海》缩印本将"政治"解读为：经济的集中表现。产生于一定的经济基础，又为经济基础服务，给予经济发展以巨大影响。在有阶级的社会里，经济利益是各阶级最基本的利益。各阶级为了维护自己的经济利益，彼此之间必然展开激烈的阶级斗争。因此，阶级斗争、处理阶级关系成为政治的重要内容。政治所要处理的关系，包括阶级内部的关系、阶级之间的关系、民族关系和国际关系。其表现形式为代表一定阶级的政党、社会集团、社会势力在国家生活和国际关系方面的政策和活动。剥削阶级的政治以压迫劳动人民、维护本阶级的狭隘利益为目的。无产阶级的政治，是在无产阶级政党的领导下，用革命暴力推翻资产阶级的统治，建立无产阶级专政；在夺取政权以后，把社会主义革命进行到底，正确进行阶级斗争，正确处理敌我之间和人民内部两类不同性质的矛盾，建设高度的社会主义精神文明和高度的社会主义民主，为彻底消灭阶级、实现共产主义创造条件。

2. 政治的外延

中国传统社会一直保持了"政治"的正统内涵。"政"的右边是"文"不是"武"，这也是传统"政治"理念的一个基本内涵。"什么是政治"的问题，即政治的外延问题。"政治"的内涵与本质就是运用国家权力而进行的一切活动，它也划定了"政治"这一概念的外延，即政治在这一定义下所反映的事物和对象之范畴。政治的外延构成了政治上层建筑的全部内容，包含十分广泛而又多样的领域，它包括政治体系、政治制度、政治文化和政治决策四个基本层面。这四个层面的外延构成了政治的丰富体系。

（二）安全的内涵与外延

安全即安稳。安全的内涵是指没有受到威胁，没有危险、危害、损失。安全既是一种客观的状况，又是一种主观的感知，它指一个国家或地区的人民及其所建立的社会体制和生活状态不受客观上的实质威胁或伤害，同时主观上也无强烈的遭受威胁的持续恐惧感。正如安全是全人类生存最基本的需求一样，国家安全也是一个民族最基本的追求。

（三）政治安全是国家安全的根本

政治安全就是政治主体在政治意识、政治需要、政治内容、政治活动等方面免于内外各种因素侵害和威胁而没有危险的客观状态。简而言之，政治安全就是在政治方面免于内外各种因素侵害和威胁的客观状态。

国家政治安全的核心要义：政治安全指国家主权、政权、政治制度、政治秩序以及意识形态等方面免受威胁、侵犯、颠覆、破坏的客观状态。在当代中国，维护国家政治安全集中表现为对外保持中华人民共和国的主权独立、领土完整，对内坚持中国共产党的领导、人民民主专政、社会主义政治制度和社会政治秩序稳定、马克思主义意识形态的主导地位，这就是国家政治安全的可靠保障。第一，最基础的是维护主权独立和领土完整；第二，最核心的是政权安全和制度安全；第三，最现实的是维护国家政治秩序稳定和主流意识形态巩固。

二、当前高校政治安全工作面临的风险挑战

近年来，西方国家遏制打压我国发展已成为一种新常态，他们不愿意看到中国共产党长期执政、不愿意看到中华民族实现伟大复兴。以美国为首的西方国家对中国实施有目的、有意识的渗透从来就没有停止过，而且愈演愈烈，政治安全领域斗争复杂严峻。随着经济全球化的不断深入，国家间的交流、我国高校与境外的交流日益频繁和密切，高校成为各种思潮、多元文化的集散地，在这种时代背景下，坚决防范"颜色革命"风险，牢牢守住意识形态主阵地是高校政治安全面临的巨大风险挑战。

（一）西方国家的价值渗透

近年来，西方国家抓住青年学生可塑性强、易受影响的特点，将渗透对象从我国的国家相关工作人员转移到大学生等群体中。西方国家还通过文化精神摧毁战的方式来动摇青年学生的主流价值观。他们通过释放意识形态烟雾、设置话语陷阱、抹黑造谣中国式典型代表、过度渲染中国的阴暗面等方式不断"西化、分化、弱化、丑化"中国特色社会主义，在高校大肆输出西方的价值观，从而让青年学生对马克思主义失去信仰，对中国特色社会主义失去信念，对党失去信任，对中华民族伟大复兴失去信心。

（二）"三股势力"的影响

"三股势力"即宗教极端势力、民族分裂势力、暴力恐怖势力。高校作为意识形态领域的重要阵地，一直是"三股势力"及各种敌对势力"西化""分化"争夺渗透的重点领域。在新形势下，三股势力具有合流之势，且把目标瞄向高校的青年学生，把学生当作主体，把高校当作策源地，通过非法宣传来拉拢学生，挑唆和离间学生，利用一些群体性事件、社会热点问题制造事端，扰乱正常的教学秩序，诱导学生攻击社会主义制度，抵制甚至诋毁党和国家的各项政策，这对涉世未深的青年大学生具有很大的蒙蔽性和蛊惑性。我国的"三股势力"不是民族问题，也不是宗教问题，而是打着民族、宗教旗号下的违法犯罪行为，其本质是反对中国共产党的领导，反对中国社会主义制度，反对祖国统一，分裂祖国，破坏各族人民的大团结。

（三）身份敏感人员对学生的负面影响

有些高校的部分教师打着"学术研究无禁区"的旗号在公共场合甚至在课堂上公然发表污蔑党的历史、诽谤党的领袖、攻击党的领导、诋毁改革开放等反党、反社会主义的言论。

随着高校国际化程度的提高，越来越多的外国专家学者到国内各高校来讲学，有的境外人员打着学术交流的旗号在高校利用报告会、学术讲座活动、各种讲坛、学术讨论等场合，宣扬新自由主义意识形态、民主社会主义论、中国威胁论、消费主义论等资本主义意识形态和价值观，否定中国改革开放和现代化建设成果，攻击和诋毁党的领导和社会主义制度，导致高校师生产生政治信仰冷漠、爱国主义和集体主义观念弱化等现象，引发了信仰危机。

（四）境外非政府组织对高校的渗透

据不完全统计，中国现在已经有 7000 多家境外非政府组织，这些组织大部分为中外交流合作及社会进步作出了积极有益的贡献。但也有些境外非政府组织以慈善机构为名，对我国一些大学、青年社团等发起大量的文化活动，他们主要通过项目合作、研究计划、考察调研、召开研讨会等途径，向境内的组织机构或个人提供经费。但这些项目的内容和项目设计是由提供资金者决定的，研究成果由其利用和分享，更严重的是有些提供资金者要求项目不受中国政府监管。这些境外非政府组织涉足我国政治领域以后，经常在人权、环境、社会保障等方面对我国横加指责和干预，甚至提出了一些政治要求，想达到他们不可告人的政治目的。

（五）管理不完善

随着大学教育普及化进程的加快，校园社会化现象日趋明显，学校及周边的环境也日益复杂，这些给高校意识形态安全带来极大隐患。高校联合办学、后勤服务社会化等引发的管理类事件，校园网络诈骗、矛盾纠纷、心理疾病、自杀等治安类事件，高校食品安全等公共卫生类事件等不断增加，如果处理不当，会牵一发而动全身，引发大问题，可能危害高校的安全稳定，危害国家政治安全。

三、做好学校政治安全工作的对策

新时代能否做好高校政治保卫工作，确保学校安全稳定，事关国家的政治安全教育和主流意识形态地位的稳固，事关社会主义办学方向和立德树人根本任务的落实，必须提高站位、齐抓共治，筑牢政治安全防护网。

一是加大政治安全宣传教育，把好思想关。只有开展好深入细致的国家安全教育和社会主义核心价值观教育，大力营造安全稳定的校园文化环境和舆论环境，才能增强师生的国家安全意识，为做好校园政保工作夯实思想基础。要以习近平总书记的总体国家安全观为统揽，加强对马克思主义"五观""五个认同""三个离不开"思想的宣传教育，加强民族宗教政策的宣传，充分利用思想政治教育课堂、入学教育、班会、晚点名、党团活动、安全教育周（日）等时机开展形式多样、内容丰富的安全教育活动。教育学生拒绝非法传教和邪教，坚决与"三股势力"划清界限，牢固树立反间谍意识。特别要加强网络政治安全教育，运用专题讲座、情景再现、案例警示等方法，教育引导学生始终牢记"上网讲政治、网上有敌情、用网需谨慎"，既要防范自身被敌对势力拉拢利用，也要确保自身不犯政治性、原则性错误，具体要做到：网上谣言不可信、不可传，网络馅饼不可接、不可尝，网上猎奇不可有、不能碰，网上发声不随便、不越矩，网络跟帖不跟风、不盲从，不明邮件不轻拆、不查阅，发生问题及时报告处置，始终做政治上的清醒人、明白人。

二是强化制度管理，守好主阵地。意识形态安全是高校政保工作的重中之重，确保学校意识形态阵地安全是一项系统工程，必须强化责任意识和制度观念，守土尽责、各负其责，按制度管人、按流程办事。比如，对于各种报告会、研讨会、讲座、论坛的举办要严格履行审批手续，面向校内师生的活动要区分类别向相关单位报备，如有涉外人员、境外非政府组织、境外资金项目资助等活动，要严格把关，通过网上或网下形式向省公安厅境外非政府组织管理办公室依法备案。相关制度和规定是开展政治安全工作、确保意识形态安全的法理依据，无论是哪一级的教师、干部都要做到熟练掌握、灵活运用。

三是重视安全稳定信息收集，建好情报网。政治安全工作是一项敏感性、复杂性、隐蔽性很强的工作，关键在于下好先手棋，就是要及时准确掌握各类安全稳定信息，前置防线、前端控制、前期处置，将矛盾消解于未然、将风险化解于无形。从当前的工作情况看，在这一方面我们还有很大短板。各级都要注重建设自己的信息员队伍，按照"政治强、品行好、见事早、反应快"的标准，在各级学生骨干、宿舍舍长、社团负责人等中选拔信息员，登记造册、形成队伍。还要加强能力培训，帮助树牢忧患意识，对于有敏感思潮动向的师生、学生社团，思想激进、言辞偏激、行为消极的师生，非法组织在校活动情况，"翻墙"使用境外软件活动等，一旦发现问题苗头及时上报，确保各类安全稳定信息发现得了、报得上来、处置得快，不出现信息凝滞梗阻，争取把问题隐患解决在萌芽状态。

四是坚持以人为本，当好服务队。高校政治安全工作的主要对象是人，很大部分是要在人的头脑中祛病灶、强防线，必须要树立以人为本的服务思想，注意工作方式方法，确保工作取得实效。对于重点对象监管，要把握分层分类、精准处理的原则，对现实危害尚不突出的敏感思潮组织，密切关注动向，有效压缩其活动空间，视情况稳妥采取教育转化、整改、注销、取缔等处理措施，将风险隐患化解于无形；对具有敏感思潮的在校重点师生，密切配合相关部门，将校规校纪挺在前面，综合运用策略手段，尽力进行教育挽救；对受敏感错误思潮影响的在校学生社团、非法组织中频繁从事敏感滋事活动，严重危害政治安全的师生要深入调查，坚决处理。特别是对于一些重点关注的学生，要特别讲究工作技巧，把握思想引导与行为规诫并重，既要主动靠上去，真用心、用真心，保持经常性的接触、交流、谈心，也要采取观察行为神态、关注网上言论、关怀困难需求等方式，洞察和掌握其思想动态和利益诉求，做好化解工作。对于学生的合理诉求，能帮助解决的问题要及时解决，不能一时解决的要解释原因、安抚人心；对于不合理诉求甚至违反法律规定的要严肃说明、严厉批评，在一些师生即将滑入危险的边缘时把他们拉上来。

五是发扬斗争精神，强化担当，打好主动仗。习近平总书记强调，防范化解重大风险，需要有充沛顽强的斗争精神；在重大风险面前，主动迎战才有生路，逃避退缩只能是死路一条。做好学校政治安全工作就是防范化解学校重大安全风险，为高校加速发展、高质量发展作实实在在的贡献，也必须发扬斗争精神、增强斗争本领。一方面要与思想作斗争，解决认识不到位的问题。例如，对总体国家安全观学得不深、悟得不透，对"三股势力"的危害性认识不清，对网络政治安全事件、意识形态领域斗争视而不见，总认为天下太平、一切安好，这些麻痹大意的思想、疏忽松懈的心理迟早会酿成事端，一定要高度重视、坚决克服。另一方面是与人作斗争，解决作为、担当不够的问题。政治安全工作因为其特殊性、敏感性，工作难协调、处置难把握、结果难预料，不少人存在畏难情绪和遮掩心态，主动作为、积极担当不到位。我们要看到，政治安全问题有时候小石子能激起大波浪，有时候连着大局通着天，因此，一味遮遮掩掩、避重就轻，做老好人、和稀泥只会纸里包火、养痈遗患，出了问题谁都包不住、逃不掉。必须旗帜鲜明、态度坚决，主动作为、提前防范，对于苗头性、倾向性事件，我们要第一时间加强报告，采取强制措施，尽可能掐灭"起火点"，避免起事成势。对于造成重大影响的人，要从严从快、依法依规处置，该处理的处理、该追责的追责，绝不能高高举起、轻轻放下，否则只会搬起石头砸自己的脚。

坚持底线思维，增强忧患意识，提高防控能力，着力防范化解风险隐患，是我们共同的政治责任和工作职责，只要我们齐心协力、同向而行，就能构筑起呵护每一名大学生安全健康成长的堤坝，就能为构建高校共建、共治、共享政治安全新局面作出新的贡献！

◎ 参考文献

辞海 [M]. 上海：上海辞书出版社，1979.

◎ 作者简介

彭琢，陕西师范大学党委保卫部（保卫处、政保办公室）副研究员。地址：陕西省西安市长安区西长安街 620 号，邮编：710119。手机：13759918991，电子邮箱：pengzhuo@ snnu. edu. cn。

杨旭朗，陕西师范大学党委保卫部（保卫处、政保办公室）政保办公室正科级秘书。地址：陕西省西安市长安区西长安街 620 号，邮编：710119。手机：17792522050，电子邮箱：zbk@ snnu. edu. cn。

张冲，陕西师范大学党委保卫部（保卫处、政保办公室）副处长。地址：陕西省西安市长安区西长安街 620 号，邮编：710119。手机：15309226052，电子邮箱：zhangchong@ snnu. edu. cn。

高校信息安全问题及对策

吴 海

高校信息安全问题指的是高校校园内的信息资源出现泄露和未获授权就被使用的问题，而维护高校信息安全则要求对校园内的信息资源加以合理的保护和利用。近年来，我国高校的信息化建设飞速发展，各个高校都加紧了官方网站、教务系统、校园一卡通等信息系统建设的步伐。这些平台有的可以为校内的师生提供校园内的相关信息和服务，有的使高校能够以多样化的方式向社会各界展示自己的校园文化及校园建设成果。而且随着网络时代的到来，笔记本电脑、平板电脑和智能手机等便捷的联网设备成为每一位高校学生入学时的标准配置。也正是因为师生们接触网络的途径越来越多样、成本越来越低廉，高校校园内的信息安全问题也频繁出现，越发引人关注，对高校信息安全维护的要求也越来越高。在此，笔者将指出高校信息安全出现的主要问题，并提出相应的解决对策，以促进我国高校信息安全的建设。

一、高校信息安全面临的问题

高校信息安全面临的主要问题可以归纳为以下两个方面：个人隐私安全问题和国家信息安全问题。

（一）个人隐私安全问题

高校作为一个特殊的公共场所，是学生接受教育、教师传授知识和开展科研活动的主要场所。高校校园内的个人隐私安全问题主要涉及两个主体，一是学生，二是教师。第一，学生的隐私安全问题。学生的隐私安全问题主要是指学生的个人身份证号、银行账户和密码、校园一卡通账户等信息存在泄露的风险。不同于义务教育阶段的校园，高校校园不仅是大学生学习知识的地方，也是大学生生活的主要场所。不管是学校相关工作的需要，还是学生个人生活的需要，都有较多场景需要收集学生个人身份证号、银行卡卡号、学籍信息、家庭基本信息等涉及个人隐私的相关信息。由于校园内学生数量众多，收集学生个人信息所涉及的工作环节也较多，在这个过程中很容易造成学生个人信息的泄露，给学生带来个人隐私泄露的隐患。第二，教师的隐私安全问题。高校内的教师除了教学任务外，还普遍承担着科研任务，甚至有的学科的科研成果属于国家机密。教师一般将自己的研究成果存放于个人电脑或 U 盘中，也往往通过校园网络进行科研信息的传输。一旦教师的个人电脑丢失或电脑被入侵，都容易造成教师个人科研成果的泄露，这不仅是教师个人的损失，也是高校甚至是国家的损失。

（二）国家信息安全问题

高校中有部分学生和教师参与了与国家信息安全相关的教育和培训，他们需要高度重视对国家信息安全的维护。有些高校专业甚至直接参与了国家重大项目的研发，如我国的战机研发、芯片开发、人工智能的研究等。这些学生和教师所接触到的相关信息直接关涉到了国家信息的安全，如果出现相关信息的泄露，将直接导致我国对于这些研究的投入付之一炬，也无法使我国在这些领域走到国际前列。由于相关研究过程涉及的人员较多，如果这些人员没有信息安全保密意识，将极容易造成国家信息的泄露，为国家带来直接的经济损失和安全隐患。

总之，高校信息安全主要关涉个人隐私安全和国家信息安全两大方面的问题，如果我们不加强对高校信息安全的维护，校内师生的个人隐私，甚至国家信息和机密都将面临挑战。

二、高校信息安全出现隐患的原因

高校信息安全之所以会面临以上挑战，主要是由以下原因造成的：高校校内人员众多、师生维护信息安全的意识不强、相关技术人员的短缺以及校外不法分子的入侵。

（一）高校校内人员众多

高校校园不同于义务教育阶段的中学校园，高校校园不仅是教师传道授业解惑、学生学习知识的地方，也是教师和学生们生活的重要场所。为了给师生提供一个良好的学习和生活环境，高校的良好运转离不开众多管理人员和服务人员，如食堂后勤人员、安保人员、网络技术维护人员、图书管理人员、校医院医师等。复杂和大量的人口决定了高校信息安全存在极大的隐患，稍不注意就会导致个人信息的泄露，高校信息安全维护面临着巨大的挑战。

（二）师生维护信息安全的意识不强

师生维护信息安全的意识不强一方面在于师生对高校的信任，认为校园为自己提供了一个相对安全的环境，因为身处校园内就放松了警惕；另一方面在于不少师生认为信息泄露是小概率事件，几乎不会发生在自己身上，信息泄露的事件只会出现在新闻里。这两方面的原因共同造成了师生维护信息安全的意识不强的状况。

（三）相关技术人员的短缺

很多高校并不十分重视技术管理人员的队伍建设，当然这可能是由于高校资金有效，无法投入大量的资金。高校内的一些技术管理人员缺乏成熟的技术，也没有相关的实战经验，再加上高校相关管理和制度上的欠缺，高校信息系统在运行的过程中就存在被入侵的风险。

（四）校外不法分子的入侵

校外不法分子可以通过网页挂木马等方式攻击高校官网，这可能导致官网的访问速度变慢，或无法访问，甚至可能导致访问者的电脑中毒等后果。校外不法分子也可能入侵高校信息中心的业务数据，这里存储着大量师生的个人信息，如身份证号、个人联系电话、家庭住址、校园一卡通的账号和密码、银行卡卡号、学业成绩等。校外不法分子可能试图盗取师生的银行卡密码，直接窃取师生的存款，也可能通过不法手段获取师生的个人身份信息，用于其他非法的活动。

以上是高校信息安全存在隐患较常见的四种原因，还有一些其他原因，比如高校机构庞杂，涉及的事务众多，管理起来难度极大；高校既是师生的高校，也是市民的高校、没有围墙和校门的高校，不仅校内信息安全难以得到保障，而且对交通安全、食品安全、财务安全的保障也存在极大的难度。由于以上种种原因，高校的信息安全面临着十分严峻的挑战，需要我们制定合理的对策，以维护高校的信息安全。

三、高校信息安全问题的解决对策

面对以上高校信息安全存在的问题和产生这些问题的原因，我们必须制定合理的应对策略，以维护师生、高校乃至国家的信息安全。笔者将从不同的主体出发，分析可以采取的具体措施。

（一）从高校师生的角度出发

高校师生必须增强保护个人信息安全的意识，以防止个人信息安全受到侵害。高校师生往往对信息安全问题不以为意，有的认为信息安全并没有涉及自己的人身安全问题，不是什么大的安全隐患。事实上，这种看法是错误的。信息安全问题虽然不同于交通安全、用电安全、食品安全等显而易见的能对个人人身造成伤害的问题，但是，个人信息的泄露也会对个人造成很大的影响。师生一定要增强个人信息安全意识，如果个人信息安全受到侵害，一定要向相关部门寻求帮助。

（二）从高校相关管理单位出发

高校相关管理部门是高校信息安全的第一道防线，相关部门必须履行自己的职责，有效维护高校内的信息安全，为师生提供一个信息安全的环境。由于管理的需要，相关部门可能需要收集师生的身份证号码、银行卡卡号和开户行、个人户籍等相关信息，在这一过程中一定要做好对个人信息的保护，否则就会直接导致师生个人信息的泄露。除此之外，涉及校园网管理和维护的部门也要加强对师生信息安全的维护，防止不法分子的入侵，与此同时还要加强对师生的网络安全教育，增强师生安全使用互联网、保护个人信息安全的意识和能力。

（三）从校外相关管理部门出发

高校校园并不是一个封闭的环境，高校也不是一个完全独立的机构，高校是社会的一个重要组成部分。除了高校自身的信息安全保护，校外相关部门也是维护高校信息安全的有力防线。立法机构需要明确相关法律法规，使校园信息安全的维护有法可依，使侵犯校园信息安全的惩处有法可循；执法部门需要明确自己的职责，当接到校园信息侵害案件的报案时，要快速拿出应对策略，最大限度地降低受害人的损失。

校园信息安全问题是一个与校园食品安全、交通安全、用电安全等同等重要的问题。尤其是随着网络时代的到来，高校信息安全面临着巨大的挑战。高校安保部门在对师生进行校园信息安全教育的同时，也要促进自身队伍建设，并通过与师生们的沟通互动，及时掌握校园内存在的信息安全隐患，有的放矢地开展高校信息安全维护工作。

◎ 作者简介

吴海，武汉大学保卫部二分部政保科科长。地址：湖北省武汉市东湖南路 8 号武汉大学工学部雅各楼保卫二分部一楼，邮编：430070。手机：13507171033。

论新时代总体国家安全观之大学生网络安全意识的培养

蒋春梅　莫柳雅　马传博

本文以总体国家安全观的内容作为指导原则，客观阐述高等院校在践行总体国家安全观的过程中存在的网络意识安全问题和现状，并提出落地性、可行性建议。随着大数据、物联网、智能 AI 技术的不断融合发展，网络信息安全逐渐成为大众关注的焦点，而大学生作为最大的网络用户群体，应加强其安全意识的培养，使其符合国家安全观的新理念、新要求。

一、新时代下总体国家安全观对高校的要求

（一）时代背景

总体国家安全观涉及政治、文化、社会等十一个领域，包含了内外部安全、国土和国民安全等五大方面内容。总体国家安全观的提出，不仅是对传统安全观念的继承和发展，更是对当前复杂多变的安全形势的深刻认识和科学应对。对于高校而言，树立并践行总体国家安全观，具有重要的现实意义。首先，高校作为培养未来社会栋梁和国家精英的重要基地，其安全稳定不仅关系到学校自身的发展，更关系到国家和社会的未来；其次，随着高等教育改革的深入推进，高校面临着越来越多的内外部挑战，如校园安全管理、网络安全、意识形态安全等，需要以总体国家安全观作为指导，全面提升学校的安全防范水平和管理水平。总而言之，在高校的国家安全教育中，如何开展总体国家安全观的教育工作是极重要的环节。

（二）时代保障

高校培育大学生的总体国家安全观是国家安全的重要保障。首先，高校是培养国家未来栋梁之材的重要场所，通过在高校开展总体国家安全观教育，可以帮助学生树立正确的国家安全意识，增强国家安全责任感和使命感，为国家培养具备高度国家安全意识的优秀人才。其次，总体国家安全观涵盖了政治、经济、文化、社会、生态等多个领域，与大学生的日常生活和学习紧密相关，通过培育大学生的总体国家安全观，可以帮助大学生全面了解国家安全形势，提高防范和应对风险的能力，为维护国家安全稳定作出积极贡献。此外，随着国际形势的不断变化和信息技术的快速发展，国家安全面临的挑战和威胁也日益增多，培育大学生的总体国家安全观，有助于增强大学生的国家安全意识，提高其应对国际复杂形势的能力，使其为国家在国际舞台上争取更多的利益和话语权。新时代培育总体国家安全观是在爱国主义的基础上，让学生全面深刻理解国家安全面临的挑战，激发学生自觉维护国家安全的力量，汇集中国智慧和力量，自觉抵制危害国家安全的行为，为中华民族伟大复兴创造安全环境。

（三）时代需要

总体国家安全观的培养是高校思政教育工作的内容之一，也是强化学生公民观念、培养国家安全意识的重要途径。在全球化迅猛发展的当下，世界各国逐渐成为命运共同体，在享受全球化红利的同时，国家面临外部的恐怖主义、金融危机风险也越来越多。新时代的大学生应尽自己所能，自觉履行维护国家安全的义务，理解我们的国情和中国特色社会主义道路，认清我们国家的利益和全球和平发展的关系，在总体

国家安全观的指导下，增强责任意识、忧患意识、国家安全意识，成为有理想、有担当的中国特色社会主义接班人。

二、新时代下高校网络意识形态安全研究的必要性

青年学生是国家和民族的未来，高校是意识形态工作的前沿阵地，如今高校主流意识形态面临诸多的威胁，进行切实有效的网络意识形态安全研究也是符合国家综合性人才培养的需求。

（一）维护国家网络安全

习近平总书记说："没有网络安全就没有国家安全，就没有经济社会稳定运行，广大人民群众利益也难以得到保障。"目前网络大环境呈现出复杂多变的特点。许多不法分子妄图利用大学生侵入我国网络领域，窃取我国机密。高校在维护国家网络安全方面具有举足轻重的地位，作为培养网络安全人才和科技创新的重要基地，应该加强网络安全教育、建立网络安全团队、鼓励网络安全研究与创新、制定并执行网络安全政策、增强师生网络安全意识等。

（二）保障大学生个人群体利益

网络信息鱼龙混杂，大学生对于信息的辨识能力不足，极易受到不良信息的吸引和引导。我国网络立法处于滞后状态，大学生群体的相关个人信息无法得到有效保护，大学生群体容易遭到网络安全的威胁。进行网络意识形态安全研究能够有针对性地加强大学生群体安全意识的培养，让他们主动规避可能出现的风险。

（三）维护社会根本利益

近年来，在我国发生了多起利用大学生个人信息进行诈骗的案例，诈骗对象都是大学生或其亲属，这些诈骗行为严重威胁着社会安全。高校对大学生进行有效的网络安全素养培养，让大学生群体引导和带领身边社会群体的网络安全意识增强，由此减少社会上的网络安全威胁，维护社会根本利益。

三、新时代下高校网络意识安全治理现状

随着互联网的高速发展，高校成为教育和科研信息化的主阵地之一，高校安全保卫处的工作尤为重要，而部分高校的安全保卫工作仍然停留于较传统的早期阶段，缺乏一定的针对性和时效性。大学生群体的网络安全意识仍旧较淡薄。

（一）网络安全意识

网络空间信息的多元化与碎片化发展，使得过量信息充斥于网络空间内。大学生群体对网络安全基础知识有一定的了解，知道常见的网络安全风险和威胁，如网络钓鱼、恶意软件、网络诈骗等，但是在网络使用习惯和防范意识方面仍存在较大的不足，如不经常更新操作系统和软件、不使用复杂密码、不开启双重认定等。大部分高校师生对个人数据保护和隐私保护的意识很强，但在实际行动中仍存在一些问题，如随意下载未知来源的附件、点击不明链接等。

（二）校园危机事件

高校大学生由于缺少相对应的网络安全知识教育，身处校园环境中，社会关系单纯，对他人轻易信任，所以成为容易遭受网络安全风险的受害群体。在高校中网络诈骗屡见不鲜，诈骗人员抓住大学生群体贪便宜、想快速挣钱等心理实施诈骗，多数大学生被诈骗的钱款无法追回，对大学生的生理和心理造成严重影响。

案例 1：某高校一学生在上网刷抖音时，认识一位陌生女孩并与对方聊天，随后登录对方提供的网址操作"刷单"，随即被骗大额金钱。

案例 2：某高校一学生通过朋友圈添加了一个微信好友，被对方告知自己被抽中了幸运观众，可通过下单购买商品的方式抽奖提现。该生购物后果然抽中一部苹果手机，想要提现时被告知要先缴纳费用，该生先后向对方转账 3 次，共计被骗 2500 元。

（三）大学生"三观"取向

网络已成为当代大学生生活中不可缺少的新场域，也影响着处于拔节孕穗期的他们的价值观的培育和形成。当前我国大学生的"三观"呈现出一些不健康的问题：思想道德滑坡、拜金主义盛行、拜物主义蔓延、功利主义盛行等，他们利用网络的漏洞，在网络上肆意地挥发出自己的恶性。但是大部分大学生在网络环境中仍旧保持积极健康的状态，利用网络改变传统学习模式，拓展社会活动空间，独立地参与社会讨论，展示真实的自己。

四、新时代下的高校意识形态安全建设

习近平总书记指出："意识形态工作是党的一项极端重要的工作，事关党的前途命运，事关国家长治久安，事关民族凝聚力和向心力。"高校网络意识形态安全建设是国家安全建设的重要组成部分，也是互联网时代必须应对的挑战。

（一）发挥多元主体合力

高校应与主流媒体沟通合作，及时发布权威信息和正面舆论。积极配合相关部门打击网络犯罪行为，维护网络安全和秩序，加强与公安机关的联系和合作，及时向公安机关报告网络犯罪线索，还应积极参与相关行业协会和组织的工作，共同探讨和研究网络意识形态安全问题及其解决方案。同时，要加强校园内的巡查和监管，防止校园内发生网络犯罪事件。

（二）完善多元法治保障

网络具有开放性、虚拟性、去中心化和广延性等特点，网络主体的自由性得以张扬，但是网络不是法外之地，它是虚拟的也是现实的。高校应加强对网络行为的监管和管理，维护网络秩序和安全，加强对网络舆论的引导和管理，防止恶意炒作和谣言传播。同时，建立健全网络暴力应对机制，提高大学生的网络素养和辨别能力。建立网络道德规范，加强道德教育和宣传，引导大学生树立正确的价值观和道德观。

（三）加强多元技术支撑

目前，我国网络安全技术虽然取得了长足的进步，但仍有很多核心技术受制于人，提升网络安全技术水平迫在眉睫。高校意识形态的安全，离不开网络技术人员。因此，高校应重视网络基础设施的建设和维护，在采购网络技术设备时选择信誉高、可靠的供应商。建立完善的网络防御体系，防范网络攻击和入侵。对于外部攻击，应加强防火墙、入侵检测系统等安全设备的部署和升级，及时发现和阻断攻击行为。对于内部攻击，应加强对校园网用户的管理和监控，防止内部人员泄露敏感信息，当发现敏感词汇出现或使用不良网站时应及时阻断。

（四）构建多元执行力量

党的二十大报告指出，"全面建设社会主义现代化国家，必须充分发挥亿万人民的创造伟力"。高校应成立网络意识形态安全建设领导小组，由校领导担任组长，相关职能部门负责人担任成员，明确责任人和职责分工。领导小组应定期召开会议，研究制定网络意识形态安全建设规划和政策，协调解决相关问题。高校应定期开展网络安全培训和演练，提高大学生的网络安全技能，强化大学生责任担当意识的培

养，切实发挥思想政治理论课教学的主渠道作用，鼓励大学生主动学习国家颁布的各类网络法律法规。

◎ 参考文献

［1］丁俊博，高飞．新时代高校大学生网络安全意识培育路径探索［J］．佳木斯大学社会科学学报，2023，41（04）：131-133.

［2］张琪．关于增强大学生网络安全意识的探讨［J］．数字技术与应用，2023，41（01）：240-242.

［3］习近平．胸怀大局、把握大势、着眼大事 努力把宣传思想工作做得更好［N］．人民日报，2013-08-21.

［4］魏业蓉．习近平论网络意识形态安全及高校的实践［D］．大庆：东北石油大学，2021.

［5］荣世强．新时代背景下高校网络意识形态安全面临的挑战及应对策略［J］．教育探索，2023（08）：84-86.

◎ 作者简介

蒋春梅，重庆第二师范学院学生。地址：重庆市南岸区南山街道崇教路1号，邮编：400000。手机：18983326176。

莫柳雅，重庆第二师范学院学生。地址：重庆市南岸区南山街道崇教路1号，邮编：400000。手机：19877847953。

马传博，重庆第二师范学院教师。地址：重庆市南岸区南山街道崇教路1号，邮编：400000。手机：19111288265。

高校网络舆情现状及对策研究

胡娟秀　邓铭一

习近平总书记指出："没有网络安全就没有国家安全。"21世纪是信息化的世纪，互联网技术日新月异，对政治、经济、文化等方面产生了深刻的影响，网络安全关乎国家安全的方方面面。高校大学生是促进社会发展的新生力量，担负着维护国家安全、社会稳定的使命。高校作为我国人才培养的摇篮，是意识形态工作的前沿阵地，网络舆情的应对成为各高校稳定工作中非常重要的一环。因此，研究网络舆情现状与应对策略对保障高校的政治安全具有十分重要的意义。

一、高校网络舆情的特点

1. 舆情内容具有突发性

高校网络舆情参与主体为热情高、敏感性强、对社会热点问题关注度较高的大学生。大学生群体的个性明显，他们对大多数问题有着自己独特的见解，且文化素质较高，擅长使用多种信息终端设备。便捷的网络环境与关注问题的敏感性，导致高校网络舆情具有突发性的特征。往往一句情绪化言论或者一个噱头就能引发网络舆情。加上新媒体技术的快速发展，网络信息传播速度更快，传播范围更广泛，高效的网络信息传播为舆情信息传播提供了良好的基础环境，大学生可以随意表达自己的观点，进而导致网络舆情呈现形成突然且传播迅速的特质。

2. 舆情影响具有广泛性

互联网在进行信息传播的同时，也打破了时间、空间的限制，把信息实时地传递给广大学生。大学生生活、学习主要在校园进行，校园内人流多、密度大，舆情事件通常在很短的时间内就会传播开来，从而产生很大影响。一旦发生大学生比较关注的热点、突发事件，就会在其群体中引发大量转发和评论，从而造成"蝴蝶效应"，继而发生网络舆情危机。尤其是负面舆情，一旦形成就会在极大程度上干扰高校的教学秩序，不仅会使在校学生产生焦虑情绪，也会对社会造成不稳定因素。

3. 舆情呈现具有多样性

随着网络的普及和社交媒体的兴起，人们可以更方便、更自由地在网络上表达自己的观点并参与讨论，这在一定程度上增加了网络舆情的多样性。一是观点的多样性。高校网络舆情涉及的参与者众多，他们具有不同的教育背景、政治立场、观点意见，因此对同一个事件或话题可能会产生多种看法和观点。二是传播方式的多样性。随着智能手机的普遍使用，网络舆情载体也变得更加多样。尤其对于在校大学生而言，文字、图片已经不再是他们的单一选择，随着短视频、直播平台的出现，微信、抖音、B站等成为大学生交流的主要平台。这些平台成为舆情迅速扩散的载体，其满足了大学生们内在的信息需求，实现他们希望快速而又直接发表自己观点的愿望，让他们在舆情参与上获得更大的满足感，但同时也增加了高校应对网络舆情的难度。

二、高校网络舆情现状

1. 国外敌对势力的渗透

随着科学技术的不断发展，互联网已经成为高校大学生生活中不可或缺的一部分，从而导致互联网已经成为当前意识形态工作的主战场。各种敌对势力企图通过炮制、炒作高校热点、敏感话题，恶意歪曲舆论导向，制造舆论恐慌，挑起政治对立，对我国高校进行意识形态渗透。大学生是西方资本主义国家意识形态渗透的重点对象，他们思想自由活跃，有强烈的好奇心和自我表达的愿望，他们正处于世界观、人生观和价值观的成型期，他们社会阅历尚浅，辨别真伪的能力有限，极易被他人的言论裹挟，导致思想波动，参与讨论甚至发表过激言论，从而引发大规模舆情。

2. 高校重视网络舆情程度尚待提升

目前，部分高校对网络舆情的重视程度不够，未成立一支专门处理网络舆情的管理队伍，也未建立一套完整的舆情管控体系。一方面，部分高校网络舆情工作的人力、物力不足，在网络舆情工作责任主体上不明确，使高校网络舆情工作无法形成科学有效的信息传输系统；另一方面，部分高校的网络舆情工作缺乏实效性、专业性，使其长期处于被动局面，失去对网络舆情的掌控力，造成网络舆论进一步发酵。部分高校的舆情管理人员并没有及时浏览与本校相关的一些热点事件，如未关注本校的官网留言、公众号、贴吧和论坛信息等，也没有及时关注舆情的走向和变化。如果能够在网络舆情的形成阶段加以引导和控制，就可以将舆情不利影响控制在最小范围内。

3. 高校网络舆情应对理念相对滞后

由于大学生们思维活跃，对各类校内外热点事件关注度高，参与讨论评议的频率普遍高于社会层面，因此容易形成群体性舆论漩涡，导致一些校园事件演变为社会性的舆情大事件。在网络舆情发生后，多数高校采用的还是比较传统的思维模式和管控方式，对舆情的关注始终聚焦在"围堵"上，而疏忽或轻视了"疏导"的作用，大多采取冷处理或者"删帖"等方式来解决，并没有很好地去利用将"坏事变好"的舆情正向传播优势。部分高校在处理舆情时会采用老旧的禁言、封号等方式，这些不科学和保守的处理方式，不仅不能解决矛盾，反而容易激化矛盾，引起社会公众的不满。一些高等院校对学生网络舆情并未采取积极主动的解决手段，而是仅仅充当了网络舆情事件当中的管理者角色，没有对舆情的走向做出正确引导。

4. 高校监测网络舆情水平有待提高

校园网络监管一直以来都是应对高校网络舆情的事前控制方式，高校应通过监测所产生的网络舆情，分析其形成原因与所产生的影响，正确引导网络舆情走向，减少网络舆情所形成的负面影响，营造和谐的网络氛围。但就实际情况来看，高校网络舆情监管控制往往存在监管难与监管不到位等问题。从网络舆情特点方面分析，网络舆情的隐匿性使网民在网络上能更加随意地表达自己的情绪、态度、观点。意见相同的网民会通过网络聚集在一起进行交流，在这一过程中网民的情感和言论相互感染，从而出现公众舆情的扭曲和极端化现象，滋生出舆情发酵的温床。而在大数据时代，人工已经不足以处理如此海量、复杂且更新速度快的网络信息。高校应提高对网络舆情的监测水平，应用大数据技术实时收集网络信息、监测网络舆情、关注舆情走向、做好舆情预案，避免高校在网络舆情监测上的滞后性以及舆情进一步发酵造成更加恶劣的影响。

三、高校应对网络舆情的策略

1. 强化高校大学生网络舆情引导

习近平总书记强调，宣传思想工作"要树立以人民为中心的工作导向，把服务群众同教育引导群众结合起来，把满足需求同提高素养结合起来"。加强大学生网络舆情引导必须坚持"以学生为中心"，着力关注学生自身利益，倾听学生诉求，满足学生期待。一方面，将正面引导与负面管控结合起来。高校应积极宣传社会主义核心价值观，用主流文化影响和教育学生，坚持正确的舆论引导，提高学生的思想政治素质。另一方面，需要充分发挥思政课的引导作用。思政课是高校思想政治工作开展的主阵地，在网络宣传中需要坚定政治立场，坚持实践与理论相统一，把新媒体技术与传统教育结合起来，引导大学生坚定理想信念，明辨是非善恶，增强辨识力，从而增强对国家的认同。坚持优秀传统文化与现代科技相结合，提高大学生的文化自信和人格自信，使其自觉同虚假信息进行斗争，自觉维护国家团结和民族稳定。

2. 构建高校网络舆情监管机制

高校大学生是青年群体的重要组成部分，对其进行有效引导和管理，对党和国家的事业至关重要。在互联网技术日新月异的今天，高校面临复杂多样的网络舆情冲击，需要一套行之有效的网络舆情监管机制，对大学生进行正向的引导和管理。首先，需要建立一套网络舆情收集机制，对已经发生的舆情进行快速收集，以便及时处理，防止事态进一步扩大，收集的内容要尽可能多样。其次，需要对收集到的大量信息进行有效分析，这是找到合理办法处理问题的关键。对收集的高校大学生网络舆情进行主题分类，分析所产生的原因。最后，相关部门还应强化网络舆情的处理和沟通机制。在监测和收集网络舆情信息的基础上，对相关预警情报进行研判，遵循科学、公正、公开的原则，以制度化为保障，开展大学生网络舆情引导工作。

3. 构建高校网络舆情应急机制

在全媒体时代，要想对高校网络舆情进行积极、正确的引导，需要构建相应的网络舆情应急机制。一是要在高校内部设立网络舆情应对领导小组，确保在出现网络舆情事件时能够在第一时间做出反应，查明事实真相，并将事实真相公开，对事件的性质进行确定。二要对高校网络舆情引导工作中存在的问题进行分析，结合当今网络时代的特点，对网络舆情应急机制进行持续的优化和完善，确保能够为高校厘清舆论事件主体责任、抢占舆论先机打好基础。

4. 提升大学生群体网络素养

在当今网络时代，信息泛滥现象严重，碎片化阅读已经成为新常态，长期处于这种环境下，人们的认知能力和判断能力逐渐趋向单一化、片面化。外加一些媒体为吸引大众的"眼球"，刻意夸大其词，歪曲事实，更不乏一些别有用心之人恶意炒作"带节奏"，在一定程度上增加了人们辨别信息真伪的难度。因此，拥有网络判断力成为生存在混杂的网络世界中的必备能力。要引导广大师生学会理性看待网络舆情事件，特别是一些极端言论，要学会辨别真伪，不被网络舆论裹挟。大学生群体需要不断强化网络素养，提升对海量信息以及网络舆情的理解、质疑以及批判能力，避免被网络负面信息所误导。大学生群体要正确使用网络工具，将互联网用于辅助自身能力的提升，避免沦为被网络舆情绑架的对象。

◎ 作者简介

胡娟秀，武汉大学保卫部一分部政保科科长。地址：湖北省武汉市武昌区八一路 299 号武汉大学保卫部一分部，邮编：430070。电话：027-68766144。

邓铭一（通讯作者），武汉大学发展规划与学科建设办公室学科建设室副主任。地址：湖北省武汉市武昌区珞珈山 16 号武汉大学行政楼三楼，邮编：430071。电话：027-68754246。

校园安全管理

加强智慧消防建设　赋能高校消防安全管理转型升级

王用法　李　宁

消防安全管理是高校安全稳定工作的重要组成部分，直接影响着高校的安全、发展和稳定。当前，高校消防安全治理总体形势依然比较严峻，单纯依靠以往的传统管理观念和手段难以适应当前对消防安全的需要，需不断探索完善适应当前消防安全形势的新治理思路和模式。随着科学技术的快速发展，消防工作的科技化、信息化、智能化水平不断提升，开始进入智慧消防时代。通过智慧消防建设，有助于解决传统消防工作中存在的痛点、难点问题，大力提高消防工作水平和管理工作效能，是推进消防工作体系化、规范化的最有效手段。

一、高校消防安全管理工作存在的痛点和难点

（一）高校环境特殊，消防风险隐患多，"积极防"的能力需增强

高校自身的环境特点，决定了其消防工作的繁重性、艰巨性和复杂性。首先，高校是人员密集场所，根据教育部《2022 年全国教育事业发展统计公报》的数据，全国共有高等学府 3013 所，在学总规模 4655 万人，普通本科学校校均规模达到了 16793 人，这些人员的消防安全意识和自救互救能力参差不齐；其次，高校建筑规模大，建设年代跨度范围广，老旧建筑内的消防设施存在不足，电气线路老化等问题突出；再次，火灾风险隐患复杂且难以管控，在学生宿舍、实验室、高层建筑、食堂、图书馆等处，由于人的不安全因素和物的不安全状态，可能引发严重火灾事故。防范火灾事故发生是高校消防安全工作的重中之重，如何应对纷繁复杂的消防风险隐患，着力提高火灾防范能力是消防管理者需要深入思考的问题。

（二）高校消防设施器材数量多、种类多，"精细管"的能力还不足

由于高校体量大，建筑物多，配置的消防设施器材在数量、种类上也不在少数，涵盖火灾自动报警系统、疏散指示和应急照明系统、气体灭火系统、电气火灾监测系统、消火栓系统、自动喷淋系统、防排烟系统、灭火器、防火分隔设施等，设施器材数量可达数万件。这些消防设施器材在火灾预防和处置中能发挥重要作用。管理者需要精确了解这些消防设施器材的具体位置、使用年限、运行状态等信息，及时排查并解决故障或隐患，确保其始终处于完好有效状态。然而，依靠传统粗放的人工管理手段，面对数量巨大的消防设施器材，难免出现数据掌握不准确、问题排查不及时、疲于应对等问题。

（三）高校消防安全管理工作体量大，"任务重"的难题需破解

消防安全管理工作的专业性、系统性较强，主要包括消防安全责任落实、消防安全制度机制建设、防火巡查检查、安全隐患整治、消防设施器材维护管理、消防工作档案、用火用电用气及施工等消防安全管理、微型消防站建设、应急队伍建设和消防演练、消防安全教育培训、事故处置、消防奖惩等。高校的消防安全管理工作存在任务重、人员少的突出问题，一些高校的消防值班人员紧缺，无法满足 24 小时专人值班、每班不少于 2 人的要求，在调研了解的 5 所北京市高校中，学校专职消防安全管理人员平均仅为 2.8 人（最多为 5 人，最少为 2 人），其与学生的比例平均为 6500：1，受访的专职消防管理人员普遍感到

任务繁重、工作压力较大。

（四）高校火灾事故危害大，"响应救援"的能力需提高

高校发生火灾，将给广大师生的人身及财产安全造成极大威胁。近些年高校发生的火灾事故，不但给学校与学生带来物质上的损失，甚至导致人员伤亡的惨剧，比如，2008年11月14日，上海商学院宿舍火灾造成4名学生死亡。火灾发展迅速的特点，要求学校必须具备较强的火灾感知能力和应急反应能力，确保火灾发生后，能够第一时间发现、第一时间处置，不造成延误。这些能力的实现与维持，需要科学合理的应急预案、联动机制、应急分队的素养、火灾感知能力和科学决策技术支撑等。在这其中，火灾感知能力是前提，无法有效感知火灾就无法做到早发现、早处置。因此，对高校火灾自动报警系统的覆盖率、有效性、准确性提出更高要求。

二、智慧消防的发展趋势

国家大力实施创新驱动发展战略，这为消防工作改革创新提供了重要支撑。新一轮科技革命和产业变革正在快速推进，新旧动能加速转换，具有更高安全性的新技术、新装备、新工艺、新业态不断涌现，借助物联网、云计算、人工智能、大数据、5G等新技术，可将消防领域技术应用进行深度融合，大幅降低消防安全风险，有效提升消防安全监测预警、隐患整治、指挥决策、应急救援等能力，为消防工作转型升级赋能。2022年2月，国务院安委会发布《"十四五"国家消防工作规划》，指出要深化"智慧消防"建设，坚持科技引领，推进新一代信息技术、人工智能、新材料等前沿科技在消防领域的广泛应用，提高消防工作科学化、专业化、智能化、精细化水平。

（一）打通信息孤岛

传统的消防系统，各子系统条块分隔，数据共享困难，甚至在同一个子系统内部，不同的消防主机也会因品牌、型号的差异带来融合困难，导致高校内大量的消防数据无法进行互联互通，相互之间协调脱节。智慧消防注重顶层设计，借助物联网、5G、云计算等新技术，提供先进的解决方案，注重打通各系统间的信息孤岛，形成横向到边、纵向到底、全员参与、全要素协同的联通网络，实现系统结构、业务、流程、数据的重构。

（二）全域感知预警

智慧消防通过基础设施建设，铺设一张"网"，涵盖消防管网水压、可燃气体浓度、安全用电、感烟感温火灾探测器、消防报警主机、消控室值班等情况进行24小时实时监测，全时全域感知各类火灾事故的发生，相当于织牢织密一张安全防护网。同时，智慧消防还可根据消防大数据进行数据挖掘、分析，协助查找重大消防风险隐患，提前做好风险隐患的干预管控工作，有效控制事故苗头，变被动为主动，建立风险预警管控机制。

（三）中台集中融合

智慧消防着力打造消防"大脑"中台，消防"大脑"作为核心业务平台，其由各类感知和传输设备组成的基础资源层，汇聚各类消防数据的大数据层，为各业务应用系统提供分析服务的应用支撑服务层、业务应用层等提供支撑。中台采用大数据、物联网、AI等技术，汇聚多元数据，同时融合大数据分析、数据安全等能力进行融合分析、预知预警、辅助决策，实现大数据环境下"动态数据可用、工作流程可溯、风险隐患可控、调度指挥可视、管理形势可判"。

（四）可视集成展示

重视用户体验感受，智慧消防以大数据、地理信息、虚拟现实、物联网等技术手段为基础，通过面向

地理信息数据，3D 模型数据，应用系统数据，物联网数据的管理、采集等方式，实现消防数据资源在一个系统内的有效集成与展示，提供消防远程监控、消防档案管理、消防应急管理、消防宣传培训等业务使用模块，实现地图浏览、搜索查询、地图标绘、视频集成、通信集成等功能，并可提供浏览器、智慧决策沙盘、移动客户端等多种业务展示方式供用户选用。

三、以智慧消防助推高校消防安全管理提质增效的重点

智慧消防正在快速发展，高校应积极应用信息技术发展的优势，深化智慧消防建设，加强顶层设计规划，加大资源投入力度，加快制度机制保障，通过智慧消防建设解决高校消防安全管理中的痛点、难点，推动消防安全管理改革转型取得重大进展。

（一）完善感知系统，建立"一面网"

以降低人工管理成本为目标，以完善技术监测手段为支撑，在校园建设完善的消防信息感知系统，建立一面安全防护网络。一是对各类消防设施信号进行感知，通过安装用户信息传输装置、智能协议转换器、压力和液位传感器等设备，对消防报警主机的设施设备信息和其他设施设备信息进行采集，实时对火灾自动报警系统、消火栓系统、自动喷水灭火系统、气体灭火系统、电气火灾监视系统、应急照明与疏散指示系统、防排烟系统等进行监控。同时，还可建立多级、集中式消防控制中心，有助于解决中控室值班人员无法满足要求的问题。二是对各类消防设施的管理信息进行感知，通过二维码标签、NFC 等技术手段，配合定制 App，实现对消防设施巡查、检修、维护工作的电子化精确管理，可使消防安全管理人员及时全面地了解相关情况。三是及时感知视频监控信息，打通安防、消防之间的数据壁垒，通过安防监控对消防安全重点部位进行远程监控，实现安消联动功能，当火灾发生时自动弹出火灾区域监控画面，辅助相关人员进行早期火灾确认。

（二）强化数据治理，打造"一座池"

消防大数据的来源主要是消防物联网设备采集的信息、学校消防管理工作生成的信息等，这些信息具有数量庞大、种类繁多、动态变化的特点，相互之间又具有联系支撑的作用。因此，消防大数据的治理工作也是智慧消防建设的一个重点。一是要实现数据的动态管理，对设备信息的数据采集应具备自动跟踪变化功能，如灭火器的检修日期、消防水泵的维护日期等，应根据实际检修情况进行变化，从而使管理人员能够动态精准地掌握消防设施的运行状态。二是要实现数据的标准统一，加强数据资源规划，明确数据标准和规范，为数据接入、数据交换、数据应用、数据共享提供技术约束，确保数据治理工作规范、统一。三是要实现数据的深度分析，以用户需求为导向，通过对海量数据的深度挖掘、数据资源分类建库，强化大数据内部关联和应用，拓展应用场景，如助力消防设施器材的全生命周期管理、安消联动、火灾动态监测，通过视频 AI 技术智能识别消防通道堵塞、火焰探测、人员聚集等情况。

（三）深化业务应用，健全"一张图"

以校园地图数据为基础，以消防安全管理为主要构成，将各业务模块应用与校园地图数据深度融合，实现一张图显示、一张图监管、一张图指挥、一张图分析、一张图决策等。在空间范围上，应覆盖全校各建筑物，以及覆盖各建筑物每层内部的地理信息数据；在业务范围上，应该涵盖消防安全风险隐患排查整治、消防设施维护管理、应急处置、消防教育培训等消防安全管理全要素业务；在时间范围上，应覆盖高校消防安全管理的全生命周期。将消防安全管理结合地理空间数据、地图表达、地图服务，形成消防安全专题地图，为消防安全管理决策提供参考。比如，借助智慧消防"一张图"，强化事前控制和辅助分析手段，建立校园风险隐患清单，掌握全校火灾风险，实行分类分级管理，为火灾风险研判预警提供支持，实现从被动防御到主动防御。

（四）助力精细管理，完善"一条链"

智慧消防应帮助消防管理人员实现消防工作档案的无纸化记录，消防工作档案涵盖消防安全基本情况和消防安全管理情况，应翔实、准确、不遗漏，并根据变化及时更新和完善。对防火安全巡查检查，应依托智慧消防，建立记录完整，可追溯的，覆盖检查、整改、复查各个环节的业务模块，并实时对隐患整改进度进行跟踪，实现闭环管理。对消防应急处置，应结合实际情况建立综合和专项消防应急预案，快速实现隐患自动预警、报警及事件跟踪与处理，根据用户火灾应急处置预案的要求自动完成通知发送，全方位使用户迅速掌握警情，着力提高处警效率，并为应急处置提供信息支撑，做到应对火灾事故科学决策和事前、事中、事后全过程痕迹化监管。对消防安全进行宣传培训，应建立消防资料库，借助智慧消防，着力打造沉浸式体验为主的消防安全教育品牌，通过建设安全教育体验馆等方式，开展场景模拟、仿真体验和智能交互的多维度教育培训。

四、结语

当前高校的消防安全管理形势依然严峻，存在着消防风险隐患繁多复杂、管理工作缺乏主动性、统筹协调难度大、火灾应急救援能力不足的问题。借助物联网、云计算、大数据、5G等新技术的应用，智慧消防建设大有可为，必将有力促进高校消防安全管理工作的转型升级。通过智慧消防建设，应重点完善火灾感知系统，加强消防大数据治理，充分挖掘数据价值，建立可视化操作"一张图"，助力消防安全管理全流程业务提质增效。

◎ 参考文献

[1] 蒙东刚，周武汉，钟盛壮．高校建设智慧消防物联网远程监控系统的必要性研究［J］．消防技术，2022，8（23）：64-66.

[2] 陈则辉．关于高校消防安全管理的现状与发展的探讨［J］．科学咨询（科技·管理），2023（04）：34-36.

[3] 沈荣华．加强消防科技工作促进消防事业发展［J］．消防界（电子版），2022，8（15）：115-117.

[4] 孙旋．我国消防科技发展现状与展望［J］．安全，2020，41（02）：1-6.

[5] 吴元．物联网技术在社会消防安全管理中的应用［J］．消防界（电子版），2020，6（24）：92-94.

◎ 作者简介

王用法，中国石油大学（北京）保卫处职员。地址：北京市昌平区府学路18号中国石油大学（北京）保卫处，邮编：102249。手机：13701335902。

李宁，中国石油大学（北京）保卫处主任科员。地址：北京市昌平区府学路18号中国石油大学（北京）保卫处，邮编：102249。手机：15321313640。

对高校应急管理工作的探索研究

黄　啸

应急管理工作是国家治理体系和治理能力的重要内容和重要组成部分，事关国家的安全发展、社会的安全稳定、人民的幸福安康。高校作为教书育人的主要阵地，担负着为社会、国家培养建设人才的重大使命，同时也是社会最敏感、人群最集中的场所之一。近年来，高校实验室爆炸、食物中毒、坠楼身亡、火灾等突发事件层出不穷，高校多为开放式办学，受社会关注度程度高，加之学生思想活跃，网络高速发展，一旦发生突发事件，如果处理不够得当、及时，极易造成事态扩大，影响高校的安全稳定。因此，高校更应该加强应急管理体系建设的研究，建立校园突发事件的应急管理机制，不断提高突发事件发生时的应急管理能力，以确保师生的绝对安全、校园的绝对稳定。

一、做好高校应急管理工作的必要性

（一）做好应急管理工作是大学生健康成长的需要

应急管理工作往往伴随着突发事件的发生，一旦发生了突发事件就涉及大学生的人身安全，甚至影响生命健康，可见只有做好应急管理工作，才能确保学生们的人身安全。近年来公共卫生类、治安事件类、自然灾害类、社会政治类、心理疾病类等突发事件在高校时有发生，而当前的大学生以"00后"为主体，大多数家庭条件优越，从小娇生惯养，无论在心理上还是生理上都不够成熟，社会生活常识、安全知识、应急知识都很有限，一旦遇到突发事件便手足无措，极容易发生影响人身安全的问题，不利于其健康成长。因此，做好高校的应急管理工作尤为重要，在突发事件发生时，应急工作系统第一时间响应，应急工作程序第一时间启动，应急工作人员第一时间到位，可以避免不必要的损失，从而为大学生们的健康成长打下坚实的基础。

（二）做好应急管理工作是学校安全发展的需要

高等学校肩负新时期培养"又红又专、德才兼备、全面发展的中国特色社会主义合格建设者和可靠接班人"的重大历史使命。高校的建设与发展需要良好的安全环境。应急管理工作不仅关系到大学生的健康成长，更关乎学校的安全发展，应被纳入平安校园建设的重要内容中。近年来，关于大学生的突发事件屡有发生，如实验室爆炸、食物中毒、意外身亡……这些突发事件的发生埋下了巨大的安全隐患，严重影响了学校的安全发展。为此，高校应将应急管理工作纳入重要议事日程，不断加强对此项工作的重视程度，定期分析研判相关情况，探索研究解决方案，建立起完备的组织机构、健全的工作体系，制订切实可行的应急预案，投入必要的器材设施，进一步夯实安全发展根基，为学校的安全发展营造良好的环境。

（三）做好应急管理工作是社会安全稳定的需要

随着国家治理体系的完善和治理能力的大幅提升，社会安全形势持续向好，但偶尔也会发生一些影响社会安全稳定的突发事件，如突发的新冠疫情公共卫生事件，旅游景点踩踏事件，饭店、楼宇坍塌事件等，均影响了良好的社会安全稳定发展态势。高校作为社会的一部分，高校稳则社会稳，做好高校的应急管理工作对社会的安全稳定有极大的促进作用。

二、高校应急管理工作的现状

随着国家机构体制编制调整改革，应急管理工作的重要性不言而喻，而高校的应急管理工作也呈现持续向上向好的发展态势，但也存在一定的问题。主要表现为：一是在思想上，思想重视程度还不够高，危机意识比较淡薄，应急意识还不够完备，管理观念相对陈旧，没有跟上时代发展的步伐。二是在人员上，专业程度不够高，专业知识学习、专业技能训练、专业培训教育开展得不够多。一旦出现突发事件，如果处理得不够及时、妥当，极易带来负面影响。三是在宣教上，应急宣教内容比较单一，手段比较滞后，大学生的参与感、新鲜感不够强。四是在体制上，当前大部分高校处理突发事件多以保卫部门为主，在校园内部还没有形成多部门联动、相互配合的应急管理体制，在校园外部还没有形成与属地派出所、街道、医院等部门的联防联控机制，处理突发事件的力量比较单薄。五是在制度上，相应的工作管理制度还不够完备，制度建设还不太深入，存在一定的滞后性，不利于应急管理工作的及时开展。

三、做好高校应急管理工作的探索研究

（一）加强应急管理力量建设

应急管理力量建设是做好应急管理工作的根基，只有不断加大应急力量建设的力度，应急管理工作才能越来越好。一是要加强队伍建设。人是关键因素，要努力建设一支政治意识强、专业技术精、能力素质高的专业化队伍，为应急管理工作提供人才支撑。二是要加强应急物资保障。"巧妇难为无米之炊"，应做好常见突发事件的应急物资储备工作，如公共卫生类应急物资储备、消防类应急物资储备、高空坠落类应急物资储备、防暴类应急物资储备等。三是要加强经费保障。应急管理力量建设离不开经费的支持，高校要加大经费投入力度，并出台相关支持政策，确保应急管理工作运行顺畅。四是要加强应急预案建设。高校必须重点结合《国家突发公共事件总体应急预案》《教育系统突发公共事件应急预案》等法律法规，全面梳理校园风险点，结合实际，依法制订和完善总体应急预案、各专项应急预案和现场处置方案。

（二）加强应急管理技能培训

应急技能是处理突发事件的根本方法，只有不断提高技能本领，遇到突发事件才能临阵不慌、临阵不乱，处理起来游刃有余。一是要增强应急意识。重点学习国家各级制定的应急管理工作方针、政策、法律、法规，提高应急处置能力。二是要学好应急理论知识。定期开展业务知识学习，并进行业务考核，不断提高业务知识水平。三是要进行专业技能培训，重点对应急值守、信息报送、预案演练、事故处置等内容进行培训，提高快速反应能力。

（三）加强应急管理制度保障

没有规矩不成方圆。一道制度就是一道防线，每项工作只有在制度的保障下方能高效完成。对于应急管理工作而言，更应该建立健全各项规章制度，为有效应对突发事件保驾护航。一是要建立综合联控制度。突发事件的发生往往涉及人数多、范围广，所以只有形成多部门联动、密切配合的工作格局，才能有效应对突发事件。从学校内部来看，建立班级、年级、学院、机关职能部门、学校的五级联控工作制度；从学校外部来看，建立学校与属地街道、派出所、医院等部门的联防联控制度，形成横向到边、纵向到底的工作格局。二是要建立信息公开制度。随着互联网的快速发展，一旦出现突发事件，如果不及时、准确地公布事件发展状况，不法分子就会乘势作乱，散布虚假言论，制造舆情信息，造成二次伤害。为此，高校必须建立快速有效的信息沟通制度，利用报刊、官媒、校园网等多种渠道，第一时间及时、准确地公开事件发展情况，争取工作主动权。三是要建立应急值守制度。人是处理突发事件的关键要素，一旦发生突

发事件，相关工作人员需要第一时间到现场进行处置。因此需要建立职能部门工作人员 24 小时值班值守制度，涉及相关部门的工作人员的手机应 24 小时保持畅通，一旦遇有突发情况确保随叫随到。

（四）加强应急管理宣教工作

宣传教育工作做得好，才能进一步筑牢师生的安全思想根基，从而确保校园的安全稳定。一是要将应急管理宣教工作纳入学校整体安全教育体系范围内，制订年度应急管理宣传与教育计划方案时，要特别明确宣传教育的指导思想、时间、内容、方法步骤、责任人和要求等要点，确保落地见效。二是要利用多种形式进行宣教，充分利用互联网，积极开展"互联网+"安全教育、"云"安全教育，利用校园网、数字平台、LED 大屏，时时推送安全教育内容。三是要注重宣教效果，抓好宣教内容的针对性、时效性、重点性，抓好教育课堂的互动性、趣味性、参与性，确保良好的宣教效果。

四、总结

综上所述，高校应急管理工作是保证大学生健康成长的基础，是促进学校安全发展的基石，其重要性不言而喻。对此，高校应该不断加强应急管理工作的探索研究，从加强应急管理力量建设、加强应急管理技能培训、加强应急管理制度保障、加强应急管理宣教工作四个方面入手，从而助力学生、高校的健康发展。

◎ **参考文献**

[1] 刘成杰，齐林泉. 提高高校应急管理能力的策略 [J]. 学校党建与思想教育，2020，03（95）.
[2] 高晨. 我国高校应急管理组织机构设置现存问题及对策研究 [J]. 创新管理，2020（14）.
[3] 周金聪，林碧红. 新时期高校突发事件应急管理机制研究 [J]. 智谋方略，2020（12）.

◎ **作者简介**

黄啸，武汉大学保卫部综合办公室主任。地址：武汉市武昌区东湖南路 8 号武汉大学保卫部二楼，邮编：430070。手机：18001399866。

浅谈高校校园交通安全管理的几个问题

——以 M 大学为例

吕　杰　邓铭一

超大城市的交通安全管理问题是一个世界性的问题，超大城市中心大型高校的交通安全管理问题，更是高校安全管理面临的一个带有普遍性的重大难题。地处华中地区的 M 大学，作为国家有较强影响力的"双一流"重点建设高校，其占地面积大，道路交通复杂，又身处国家超大城市中心，经多年努力，在校园交通安全管理方面有了长足进步，但也还存在一些现实困难，需要解放思想、开拓思路，加强学习、深入研究，因地制宜、探索借鉴，不断创新校园交通安全管理的方法，努力为广大师生创造更好的校园交通安全环境，为学校的改革建设发展和不断增强师生的获得感、安全感做出自己的贡献。

受规划空间不足、承载资源有限、车辆急剧增加等一系列叠加因素影响，目前 M 大学在校园交通安全管理上还面临许多困难，校园交通也时常处于高负荷、极运转、紧平衡的"拉满"状态。近年来，在学校党委、行政部门的大力支持和重金投入下，学校及保卫部门采取了一系列新的举措，较好地缓解了交通安全管理的困难局面，使校园交通呈现出一些积极的新变化，但要适应未来校园交通安全管理工作的发展需要，还应在总体思路上、发力方向上、实现路径上进一步调整完善，具体体现在以下三个方面：

一、在总体思路上，要高点站位，全局一体，坚持"两统两分"

高校校园交通管理是高校安全管理和校园总体治理中最基本、最基础的重点管理工作之一，它事关高校发展和安全全局。因此，面对这一涉及全局的管理工作，我们必须要有系统思维、全局观念，特别要学会运用统筹的方法来思考问题，推进工作。

坚持"两统两分"，就是指统筹谋划、统一指挥，分类指导、分步推进。

（一）统筹谋划

在学校层面，把校园交通安全管理问题，放在推进学校"双一流"建设这个大棋局中来高点谋划，把它作为优化办学环境（环境育才、环境招才、环境留才）的关键指数来重点考量。将校园交通规划建设纳入学校整体规划建设版图，预先考虑、前置布局，通盘规划、一体推进。制定学校交通环境整治提升总体方案，由保卫部门牵头，相关部门协同，根据学校长、中、近期规划及发展需要，按照远、中、近期目标要求进行设计谋划。比如，根据学校外建新校区要求，在制定现有校区交通规划时，就要进行冗余设计，不能把高等级、重量级、大体量建筑规划得过满过密，要为后续拆旧布新、拓宽道路留下空间和回旋余地。而对近期建设，则重点考虑其实用性、安全性，并通过智能化运用、高效率管理来打破现有的道路、停车资源紧张之瓶颈，以期逐步改善校园交通状况。

（二）统一指挥

把一切涉及交通的管理因子统抓起来、集成打通，确保组织严密、反应迅速、步调一致、运行高效。

交通有如人身之血管，具有鲜明的一体性和关联性。通则不痛，痛则不通。一处关节点不好，很有可能引发全身的不舒畅。因此，校园的交通组织，必须树立一盘棋谋划、一体化调度、一条龙联动等集成化、大一统思维，才能有效纠正头疼医头、脚疼医脚、顾此失彼等问题。建议保卫部门要把学校大型活动的前方指挥和终端指挥联成一体，并做强终端指挥，要把终端指挥放在校园110指挥中心，与校园安全管理监控等其他平台一体化运作，以增强其在交通指挥中的全局感、通透性、掌控力。

（三）分类指导

针对不同校区、不同区域（学生、办公、教学、家属）、不同任务（重大活动、重要来宾一事一方案）、不同大门及不同主次干道，分门别类采取不同策略和措施，哪个方法有效用哪个，不搞一刀切。

（四）分步推进

按轻重缓急、分主次先后，把想做的列出来，把能做的干起来，按规划、分阶段、有步骤地逐步推进落实。

二、在发力方向上，要选准切口，重点突破，优先聚力"三从"

（一）数量从减

求解人、车、路交通之困的核心，归根结底还是一个化解供需矛盾的问题。在实际工作中，要结合学校实际，重点把握好"四控四量"：

一是严控总量。现有车辆数量不能无上限地野蛮生长，因为资源环境不允许，学校必须从严控制。主要目标就是设定发展上限，确保数量在上限范围内保持动态受控。

二是强控增量。在设定上限的基础上，对可能产生的增量进行最严格的控制，减缓增量累加导致总量触及上限的速度。

三是减控存量。对已有的存量进行清查清理，按照总体规划和最新规章要求，对不合理的存量车辆进行处置，为总量空间腾出库容。

四是调控变量。要针对形势发展进行政策性调整，把方便师生用车和适应发展需要密切结合起来，找寻适合学校自身实情、与学校发展匹配的变量调控规划手段，因时因势、合理引导。比如大力发展绿色出行，提高校内公交与校外公交的接驳便捷性、紧密度；采用各种手段和杠杆，让大家自觉自愿更多地选择不开车、少用车等。

（二）管理从严

运用法律、纪律、行政、经济、科技等综合手段从严管理。建立和完善交通违规抄告和通报、道路施工及临时占道申报、校内超速行驶处罚等一系列制度规定；建立违规强闯校门黑名单，对拒不服从管理的违停违规车辆实施处罚等；引入交警进校执法；将交通违规行为与职工考评等切身利益挂钩；利用智能化、大数据、AI等新模态管理平台进行管理技术迭代，提高从严管理的实效性和处罚的及时性、精准性等。

（三）做法从新

要利用外出学习、调研、交流等机会，广泛而充分地学习借鉴先进地区兄弟院校的一些好的典型做法，特别是涉及思路谋新、模式刷新、制度更新、管法求新、技术创新等方面的新实践、新成果，并结合自身特点，探索一些新的管法、做法、办法，以更好地适应新形势、新情况、新变化。比如在高峰时段的大门口实行前置查验，以提前对车辆进行分流；施划地面停车位，做到能划尽划等。

三、在实现路径上，既重视"全面而大"的顶层设计，也关注"具体而微"的精细管理，突出强化"四建"

（一）建立和完善指挥调度体系

设立零号台、制定呼号表、升级巡逻指挥车、成立无人机小队、建立拖车组。构筑全校域、可视化、立体式、快反应交通安全交通管理一张网，构建指挥、控制、通信、勤务完整闭环。便于掌控全局、整体调度、挂图作战、快速处置；便于把交通指挥管理的层级化和扁平化结合起来，既压实各级责任，又能实现应急突发状况下的快速反应。比如，在紧急且必要的情况下，可确保校、部领导在指挥中心（指挥车）内对突发一线的指挥权进行顺利接管，从而实现后台研判和实时指挥的协调联动，提高隔空指挥、"长臂管辖"的临场感、精准度、时效性。同时，加强全校域、全时段、全流程、全要素交通应急处突演练，练指挥、练协同、练快反、练处置，发现问题，不断改进，检验和增强指挥调度的科学性、协调性和响应性。

（二）建强一支高素质的管理队伍

队伍建设要向准军事化方向发展。队员要加强交通法规、工作纪律、队列体能、交通指挥、形象整肃等基本功训练，提升令行禁止、法度森严的气场和张力，给人以威仪感、威严感、威慑感，给师生以信任感、信赖感、安全感。注重从严管理和热情服务的相得益彰，尽力做到举止有礼、不卑不亢。要加强执勤沟通"话术"和肢体语言运用的培训。作为服务+管理的一线工作人员，必须高度讲究说话的方式方法和管理服务时的肢体形态，探索针对不同人群在不同情境下的"话术"和肢体语言表达技巧，做到交流用语精准，肢体配合精到，以畅通沟通表达，更好地取得师生员工对保卫及交通安全管理工作的理解、支持和配合。同时，建立并完善队员考评进阶、即时奖惩等制度，不论资排辈，把能力表现与职务收入挂钩，调动积极性。要大力在减人增效上下功夫，力求用数量少、素质好、薪资高的人员替代数量较多、素质一般、薪资很低的人员，走通高质高效的用人路径，从源头上解决低薪难招人，招进来不好用、留不住、留不长等问题。

（三）建构内外良性互动新机制

加强校内协作。比如，与后勤等单位共同打造严管示范路、最美示范路等；加强警校联合，及时沟通信息和举措，找准工作协同发力点、结合点和平衡点，有效防范和化解校外对校内的"挤压效应"和校内对校外的"溢出效应"，畅通校内校外双循环。

（四）建设集成化、信息化、智能化管理平台

比如，建立和完善车辆信息数据库，支持对违章等授权车辆的快速查证、及时提醒和督促整改；建设交通实时路况显示系统、校园交通广播系统、地下停车库空位导流指示系统、红绿灯系统等。同时加强与之配套的装备、设施建设。

总之，交通安全管理工作是个庞大的系统工程，涉及方方面面，需要统揽全局、统合资源、统一协调。首先，要加强规划，科学设计，全面建设，确保一张蓝图绘到底。其次，要充分发挥体制的优势，领导重视，强力助推，对校园交通安全管理工作要关注再多一点、倾斜再大一点、政策再宽一点、扶持再强一点，共同促进和推动全校师生对保卫及交通安全管理工作的更多理解和更大支持。最后，要立足当前、着眼长远，集中人力、物力、财力、精力，打好校园交通综合整治持久战、攻坚战。共同努力，上下同心，以校园交通高效能运转，护航学校高质量发展，努力开创校园交通安全管理工作的新局面，为学校建设发展再立新功。

◎ 作者简介

吕杰，武汉大学保卫部交通安全管理办公室职员。地址：湖北省武汉市东湖南路8号武汉大学保卫部一楼，邮编：430070。电话：027-68775767。

邓铭一（通讯作者），武汉大学发展规划与学科建设办公室学科建设室副主任。地址：湖北省武汉市武昌区珞珈山16号武汉大学行政楼三楼，邮编：430071。电话：027-68754246。

完善高校消防安全体系　筑牢校园安全防线

李耀鹏　毛承治

消防安全是高等学校安全管理工作的重中之重，抓好消防安全工作是高等学校安全治理能力和治理水平现代化的重要标志，是推动学校高质量发展的重要前提和基础工作，需要始终保持警钟长鸣、常抓不懈。高校由于人员密集，历史建筑和老旧建筑多，社会关注度高，一旦发生火灾极易造成重大人员伤亡和财产损失，并且给学校声誉和未来发展造成严重影响。因此，坚持"人民至上、生命至上"，不断完善消防安全体系，切实筑牢校园安全防线对高校的发展至关重要。

一、加强组织领导，压实安全责任体系

（一）严格落实消防安全责任制

依据消防法律法规和上级要求，高校党委要始终高度重视消防安全工作，明确消防安全工作组织领导体系，成立学校消防安全委员会，明确法人代表担任委员会主任，分管校领导担任副主任，保卫部门具体负责学校消防安全工作，相关部门做好工作协同。落实消防安全网格化管理，研究制定《消防安全网格化管理方案》《院系级单位安全稳定工作手册》，压实院系级单位消防安全管理责任。探索推行楼长制等制度，重点消除学生公寓、实验楼等人员密集场所的消防安全隐患。实施所有宿舍、教室、实验室、办公室、活动场地等场所的消防安全责任标牌化，将消防安全落实到岗到人。

（二）抓好消防安全工作定期研究机制

每学期召开安全稳定工作会，对消防安全等工作进行部署，与各院系级单位签订《维护安全稳定工作责任书》，明确消防安全管理职责，扎实推进校园消防安全工作全面落实。加强对学生公寓、食堂、实验室、图书馆等重点部位的安全检查，及时消除各类消防安全隐患，有效预防和减少火灾火险。每年年底对全校消防安全工作进行总结评比，对表现突出的单位和个人进行表彰奖励。

二、注重工作协同，强化隐患管控体系

（一）集中整治违章建筑等重大消防隐患

随着高等教育的高速发展，许多高校由于办学资源紧张，办学空间有限，未经规划审批和前期论证，建设了许多违章建筑或对相关建筑实施违规改造，造成校园消防安全、建筑施工安全等方面的隐患多发高发。高校校园内的彩钢板房和私搭乱建，主要用于食堂、超市、实验实习用房等，消防隐患突出。虽然短期满足了校内生产生活需求，但新建或改建建筑物不合规范、缺乏必要安全防范设施设备、人员安全意识不强等因素存在，极易使小隐患发生连锁效应和扩大反应，甚至会造成群死群伤等严重后果。进入新时代，高校要贯彻落实新发展理念和树立底线思维，下决心对违章建筑实施彻底改造，有效消除高校校园内的重大消防隐患。

（二）加强电动自行车专项整治

近年来，电动自行车数量迅猛增长，高校电动自行车保有量大幅增加，给广大师生的学习、生活带来了便利，但电动自行车的电池质量参差不齐，室内充电和违规充电现象突出，电池爆燃极易引发有重大人员伤亡的消防安全事故，并且已经成为高校消防安全管理的重要对象。许多高校研究制定了电动自行车管理方案，规范电动自行车的行驶和充电管理，限制电动自行车的无序增长。有的高校设置了电动自行车专用通道，划定了集中停放充电区，积极引导师生规范停放和统一管理，有效消除了消防和交通隐患。同时，北京市人民政府公布了《北京市单位消防安全主体责任规定》，其于2023年9月1日起施行，要求"加强本单位电动自行车消防安全管理，依照国家和本市有关标准，设置电动自行车停放、充电场所，并采取措施，制止在建筑物内违规停放电动自行车或者为电动自行车充电的行为"，并明确了相关处罚规定。省市等地方法规的公布施行，进一步为高校加强校园电动自行车整治提供了法律遵循和制度依据，便于高校更好更快地减少甚至消除此类隐患。

（三）依法管理校园危险化学品

高校承担着科技创新的重要职责，是师生开展科学研究的重要场所，危险化学品的购买和管理使用成为消防安全管理的重要内容。高校要高度重视危险化学品的管理使用，严格落实《危险化学品安全管理条例》《易燃易爆化学物品消防安全监督管理办法》等规定，结合单位实际研究制定本单位管理制度，严格危险物品的采购、运输、储存和使用管理，实现闭环管理。有条件的高校要建立危险化学品暂存室，实现危险化学品的依法管理，有效预防和减少安全生产事故。严格落实实验室准入制，加强对人员的教育培训，防止违规操作酿成安全事故。

三、加大经费保障，完善技防工作体系

（一）建设智慧消防

随着高校规模的不断扩大以及现代信息技术的发展，现代化建筑也越来越多，传统的消防安全手段难以满足现有的安全管理要求，必须转变工作方式，实现安全管理的智能化转变。近年来，许多高校依托平安校园管理服务平台建设，积极探索消防系统数字化联网，实现了联动预案管理和安消联动，做到全校消防安全系统智能化和可视化管理，大大提高了火灾事故的发现能力和快速处置能力。部分高校开展组团式分片区管理，运用现代信息技术手段，实现消防安全系统和安防、智能交通、监督检查等系统的有效联动，全面提升了安全防范的科学化水平。

（二）落实经费保障

按照消防法律法规和上级有关文件要求，消防安全经费应纳入学校基本预算经费，保证学校基本运行安全。高校要优先保障消防安全设施设备的运行和改造经费，优先保障消防安全教育与培训经费，优先保障高层公寓特别是学生公寓、实验楼等人员密集场所消防安全基本投入等专项经费的投入，以及消防设施设备日常维护和灭火器材维修维护等基本经费的投入。受新冠疫情和国内外经济形势等因素的影响，高校的办学经费普遍紧张，因此要进一步统筹校内外资源，多方筹措改善办学和修购专项经费，确保经费能落实、用得好。

四、推进监督整改，严格责任落实体系

（一）实施监督检查整改闭环式管理

高校消防安全检查是发现隐患、防范事故的重要组成部分，应建立安全检查制度，如《校园消防巡查方案》等，定期不定期开展消防安全巡查检查，对校园内的实验楼、学生宿舍、食堂、图书馆等重点部位开展消防安全隐患排查，确保消防隐患及时发现、及时消除，并做好检查记录。对发现的安全隐患，要下达《隐患整改通知单》，并由单位主要负责人签字，限期整改；学校对安全隐患实施挂账管理，要落实安全责任人和整改时限，实施安全隐患检查整改闭环管理。

（二）加大责任追究力度

为了保障消防安全责任的有效落实，高校要不断加大安全事故警示教育和追责问责力度，通过制定《安全稳定事故责任追究办法》《实验室安全责任追究与奖惩办法》等规章制度，将消防安全、实验室安全管理与评奖评优、晋职晋级、招生等挂钩，从源头建立预防和减少不稳定因素的长效机制。许多高校在发生火灾后，经过对火灾事故的调查，对相关责任人进行了相关处理，通过问责追责和警示教育，有效增强了师生消防安全意识，加强了学校消防安全管理。

五、普及全员教育，完善应急工作体系

（一）普及全员安全教育

大学生是祖国的未来、民族的希望，未来承担着国家现代化建设的重要职责，增强大学生的消防安全意识是做好消防安全工作的重要任务。高校应不断创新安全教育途径，提高安全教育实效，增强大学生的消防安全意识。例如，利用"互联网+"大学生安全教育方式，实现新生的安全教育前置；在新生军训期间，开展电子灭火器实操、烟雾逃生体验、结绳训练等培训，提高大学生的消防安全技能。采取线下线上相结合的方式开展消防安全知识宣传教育活动，线下举办消防安全知识讲座，线上利用"平安北林"微信公众号开展安全教育。在"4·15"全民国家安全教育日、"6·16"全国安全生产宣传咨询日、"119"消防宣传日、寒暑假等重要节点宣传消防安全知识，营造良好的校园安全文化氛围。

（二）常态化开展应急演练

消防疏散演练是消防安全教育的重要环节，高校应结合"一警六员"培训成果，常态化开展消防应急疏散演练。在每年的"119"消防宣传日开展高层学生公寓消防逃生应急演练，提高学生的火场自救能力。建立消防安全技能培训常态化机制，每月组织学校保安员、餐饮服务人员、公寓服务人员、校园服务运营中心商户等工作人员开展"一警六员"消防技能培训考核，进一步提高突发火情的应急响应速度和处置能力。加强微型消防站建设，每周组织消防演练，切实达到"1分钟响应启动、3分钟到场扑救、5分钟协同作战"要求。组建学生消防志愿队，加强学生消防志愿者的消防技能培训和演练，确保队员成为"见火不慌、抬手就灭"的准消防员。

◎ **参考文献**

[1] 许志伟. 新时期高校消防安全管理信息化建设研究 [J]. 现代职业安全，2023（05）：79-81.

[2] 肖振邦. 高校消防安全管理的现状及其对策研究 [J]. 内蒙古科技与经济，2022（04）：36-37，43.

[3] 庞然，王东，英启雷. 新时代做好高校消防安全管理工作的思考 [J]. 北京教育（德育），2021（Z1）：92-95.

[4] 蔡宇飞. 高校消防安全管理现状及对策分析 [J]. 消防界（电子版），2021，7（01）：120，122.

[5] 陈磊. 新时期高校消防安全管理的现状与对策 [J]. 今日消防，2020，5（09）：81-82.

[6] 李小松. 关于加强高校消防安全现存的问题以及改革措施 [J]. 智库时代，2019（22）：77-78.

◎ **作者简介**

　　李耀鹏，北京林业大学党委保卫部（处）部（处）长、副研究员。地址：北京市海淀区清华东路35号，邮编：100083。手机：13810030381。

　　毛承治，北京林业大学保卫处消防安全科科员、助理研究员。地址：北京市海淀区清华东路35号，邮编：100083。手机：15501080501。

高校实验室安全检查与隐患整改长效工作机制的探索与实践
——以武汉大学为例

石俊枝　廖冬梅　赵文芳　吴运卿

高校实验室安全工作复杂而艰巨，是教育系统安全工作的重点，也是不可逾越的红线。高校一旦发生实验室安全事故，不仅会造成实验人员伤亡，令人悲痛，同时也给学校带来了资产的损失和负面的社会影响。近年来高校实验室安全事故频发，在给高校敲响警钟的同时也给实验室安全管理水平的提升带来了新的挑战，而实验室安全检查与隐患整改是避免事故发生最重要的手段和措施。

高校实验室安全检查的内容涉及安全责任、培训教育、场所环境、安全设施、化学安全、生物安全、特种设备安全等方面。近年来，教育部高度重视实验室安全检查工作，建立了科学、专业的实验室安全检查项目指标系统，各高校不断强化检查工作，对于维护实验室安全运行起到了极大的作用。教育部从2015年起组织开展实验室安全检查，在很大程度上促进了实验室总体安全水平的提高，然而在开展的工作中仍缺乏全面、系统的工作机制，导致隐患整改不及时、举一反三不彻底、同类隐患反复出现等问题。

一、现场检查发现常见隐患概况

武汉大学共有44个教学科研单位建有实验室，涉及使用危险化学品、病原微生物及实验动物、放射源及射线装置生物、特种设备、机械加工装置、高温高压高速设备等多种危险源。2019—2022年教育部对高校实验室安全检查共发现问题主要包括化学安全隐患、安全设施隐患、实验场所及环境隐患、生物安全隐患、特种及机电设备安全隐患等方面。

（一）化学安全隐患

使用危险化学品的实验室有72%存在危险化学品方面的问题，化学安全隐患也是造成实验室安全事故的重要因素。在现场检查中发现化学品存放不规范，主要体现在：一是存放的易燃易爆化学品超出教育部的规定要求；二是危化品没有分类放置，尤其是氧化性质与还原性质等化学性质相互禁忌的化学品"共存一柜"；三是废弃化学试剂清理不及时，有的试剂标签已经脱落；四是剧毒、易制爆炸等管制危化品管理不严格，没有严格执行上锁管理，使用记录不规范。

此类隐患产生的主要原因如下：一是实验人员缺乏化学品安全知识，不了解化学品的性质，没有意识到隐患可能造成的危害；二是为了使用方便而忽略安全规定，一次性采购大量危化品，长期不清理库存化学品；三是实验室负责人对于危化品安全管理不重视，认为管理措施繁琐，影响实验进度。

（二）安全设施隐患

实验室安全设施主要包括消防设施、通风系统、门禁监控、防爆设施等。现场检查发现安全设施的主要问题包括烟感报警器、应急喷淋装置等设施缺失或者没有定期维护，实验室配备的灭火器与灭火要点不匹配，化学类实验室通风设施不能正常使用，学生不会正确使用通风橱、应急喷淋装置、灭火器等安全设施。

此类隐患产生的主要原因如下：一是实验建筑老旧，部分实验室属于老旧建筑，或者由办公楼改建而成，通风、消防等实验室安全设施建设薄弱或者不具备安全设施的基本条件；二是对于学生使用安全设施的培训不到位，没有形成定期维护的习惯；三是对于实验室风险辨识不全面，没有根据危险源特点配备灭火器等设施。

（三）实验场所及环境隐患

管理规范有序、环境整洁卫生的实验室是学生开展教学科研实验的基本保障，是做好实验室安全管理工作的基础条件。现场检查中发现的隐患主要体现在实验室空间布局不合理，没有严格区分实验区和学习区，超过75平方米的实验室没有设置两个安全出口，实验室堆放杂物多、堵塞或挤占消防通道。

此类隐患产生的主要原因如下：一是实验室面积不足，尤其是生物、化学品实验室的仪器设备、实验耗材等物品较多，学生人均使用面积远低于《普通高等学校建筑面积指标》（建标191-2018）规定的本科生人均最低标准 $6.82m^2$/生，硕士生和博士生的人均使用实验室建筑面积最低标准分别为 $12.86m^2$/生和 $14.86m^2$/生；二是实验室卫生值班制度落实不到位，没有及时整理实验室物品，与实验无关的杂物没有及时清理；三是实验室新建装修时规划设计不足，没有充分考虑到实验需求。

（四）生物安全隐患

生物实验室涉及使用一些危险生物因子，包括致病性病原微生物、转基因植物或动物等。这些生物类危险因子一旦发生事故不但会对实验人员造成危害，而且有扩散的风险，容易引起突发公共卫生安全事件。随着《中华人民共和国生物安全法》的颁布与实施，对于生物安全提出了更全面、更规范的要求。现场检查中常见的生物安全隐患主要有生物安全柜没有定期检测、生物废弃物分类不规范、存放病原微生物的冰箱没有落实"双人双锁"管理等问题。

此类隐患产生的主要原因如下：一是师生的生物安全意识还需要进一步加强，缺乏病原微生物菌毒种管理、废弃物规范处置等方面的安全知识；二是责任落实不到位，实验室负责人没有针对生物安全实验室制定有效的规章制度以约束实验人员的行为。

（五）特种及机电设备安全隐患

近年来，由于特种设备使用不规范引发的实验室安全事故时有发生，维护设备安全重在对设备定期进行安全检测。现场检查中常见的特种及机电设备安全隐患主要包括设备超期未检测、操作规程缺失、没有对使用人员进行操作培训、安全标志或防护措施缺失等方面。

此类隐患产生的主要原因如下：一是实验室实操准入培训落实不到位，使用人员对设备的使用知识和防护措施掌握得不全面；二是设备管理人员对于设备安全管理责任履行得不到位。

二、实验室安全检查工作存在的主要问题

目前，大多数高校的安全隐患排查与整改工作还停留在检查、发整改通知阶段，检查程序不规范、检查人员不专业、对于整改情况的落实缺乏跟踪、师生的隐患意识不强等问题严重影响着隐患整改效果。

（一）安全检查与整改机制不完善

部分高校没有建立实验室安全检查制度，实验室安全检查时间、频率不固定，停留在根据上级部门要求开展检查阶段；检查过程重形式、轻内容，重在记录检查内容、下达隐患通知书，没有对隐患背后产生的原因进行分析；检查结束后的整改机制不完善，对整改情况跟踪落实不到位。

（二）安全检查队伍不专业

没有形成固定的实验室安全检查队伍，临时抽调人员参加检查，检查人员没有经过专业的培训，缺乏

资质和相应的安全知识，对检查内容了解不深入；检查人员没有与实验室师生进行有效交流，不能发现深层次的隐患，对如何消除隐患不能提出专业化的建议。

（三） 实验室安全检查针对性不强

危险源安全状态是导致实验室安全事故的主要因素，目前大部分高校实验室没有建立详细的危险源清单，对危险源的标识不全，检查流于表面，忽视了潜在风险；全校性检查侧重于对实验室进行全面检查，危险源专项检查落实不到位，尤其是涉及危化品、辐射源、特种设备等重大危险源的定期、专业的安全检查缺失。

（四） "隐患就是事故" 的风险意识不强

随着科学技术的发展，由单纯技术性、物的可靠性原因导致事故的比例逐渐下降，而由人的错误操作、组织管理失误等原因导致事故的比例则居高不下。各高校不同程度地存在"重科研、轻安全"的思想，在实验室安全检查过程中也暴露出实验室人员不按照规范流程开展实验活动，不佩戴实验室防护用品，不会使用安全设施设备，对法律法规等规章制度不了解等问题；在隐患整改中，部分师生认为隐患长久存在但没有导致安全事故，从而存在侥幸心理，甚至认为检查与整改工作影响了教学科研活动的开展。

三、实验室安全隐患整改长效机制探索

近年来，我校致力于探索建立一套系统化、规范化、专业化的实验室安全检查与整改工作机制，2022年全年共发现安全隐患 264 处，全部实现闭环整改。

（一） 完善组织体系，层层落实整改责任

实验室安全管理工作实行"学校统一领导，职能部门协作监管，学院主体负责，实验室具体落实"的管理体制。学校成立实验室安全领导小组，统筹负责实验室安全检查与隐患整改工作，实验室安全管理涉及学校多个部门，需要多部门联动，保卫、基建、教学科研等主管部门共同参与、协作。学校采取定期通报的形式反馈检查情况与整改要求，严格执行隐患整改闭环销号制度，举一反三，杜绝同类隐患反复出现。二级单位负责制定隐患整改措施、明确隐患整改责任人，及时向学校反馈隐患整改情况。实验室负责人负责实验室日常隐患的整改工作，对各级检查发现的隐患应立行立改，不能立即整改的应上报所在单位，并采取有效防范措施。对于整改不及时、落实不到位的情况，联合学校纪委对相关单位和责任人进行督查、问责，武汉大学将实验室安全管理责任履职情况纳入校内巡视的重点内容，对于各级责任落实起到了积极的推动作用。

（二） 制定检查制度，完善检查整改机制

为了推进检查的规范化管理，高校应当结合自身实际制定实验室安全检查制度。武汉大学制定了实验室安全检查实施细则，建立了"日巡查、月通报、季整改、年总结"的实验室安全检查机制。学校不定期组织专家到重点部位、重点场所开展实验室安全抽查，二级单位至少每月开展一次全面自查，实验室负责人落实实验室日检制度，并建立检查台账。检查类型分为实验室普查和危险源专项检查，实验室普查侧重于实验室环境卫生、安全设施配备与维护、用水用电基础安全等方面，危险源专项检查针对危险化学品、放射源及射线装置、病原微生物及实验动物、特种及机电设备等安全状态开展定期检查，为了确保检查更专业、更有效，可借助具备资质的第三方公司的技术力量。

（三） 建立教师、学生检查队伍，推动检查专业化、常态化

实验室安全检查涉及化学、物理、生物、机械、工程等方面的知识，参与检查的人员需具备一定的专业理论知识和实践经验。武汉大学建立了一支由教师组成的安全督导组，教师督导组中包含化学、生物、

机械等相关专业的教师，有多名教师通过了注册安全工程师资格考试，具备扎实的实验室安全知识。学生协查员主要由各专业的研究生组成，研究生作为在实验室中开展实验活动的主体，对于实验室安全既有保障能力，同时也存在强烈诉求。首先，教师督导组与学生协查员相结合，由教师对学生进行系统培训和认真指导，培养一支具备专业知识的检查队伍。其次，教师和学生将实验室安全的知识带给其他的师生，以点带面加强校园安全文化理念的传播，激发师生从"要我安全"到"我要安全"的意识转变。

（四）搭建危险源动态更新的检查系统，提升检查规范化、针对性

传统的检查主要依靠检查人员对照检查项目现场发现问题、人工记录隐患、层层下发整改通知，不仅效率低下，而且实效性比较差。部分高校开发了检查系统，包括PC段和移动段，基本功能主要包括检查计划、检查审核、隐患记录管理，可以生成检查报告、整改报告、整改通知书。武汉大学搭建了基于危险源动态管理下的实验室安全检查系统，该系统有两大特点：一是根据实验室危险源匹配检查项目，助力检查人员快速发现实验室的主要风险隐患，有效提高检查实效性；二是学校、学院、实验室三级检查均可通过系统开展，各级检查主体可以自行设置检查项目，各级检查开展的情况均可通过系统获取，有效建立了检查联动工作机制。

四、结语

实验室安全检查与整改工作任务艰巨，隐患情况复杂，是实验室安全管理工作的痛点和难点。只有抓住其本质，建立完善的责任体系，加大追责、问责力度，有效利用高校学科优势建设专业化的检查队伍，建章立制形成常态化的检查与"回头看"机制，积极采取信息化手段，充分结合危险源动态变化情况，提高检查的针对性、时效性，才能促进长效工作机制的建立，进一步提升实验室安全管理与综合治理能力，从而保障师生的人身安全与校园稳定。

◎ 课题信息

2022年湖北高校省级教学研究项目：基于安全风险分级管控的实验室第一类危险源分类分级划分标准研究（项目编号：2022036）

◎ 参考文献

[1] 李响妹，陈建铭，李浩亮.高校实验室安全检查与隐患治理[J].科教导刊，2022（20）：13-15.
[2] 李培省，贾海江，赵明，等.高校科研实验室安全隐患现状调查与分析[J].安全，2022，43（09）：60-65.
[3] 李晓蔚，刘成涛，关晓琳.基于闭环管理浅谈高校实验室安全存在的隐患及整改[J].广州化工，2021，49（13）：226-228.
[4] 蔡春梅.高校生物实验室安全隐患及预防对策研究[J].科教导刊-电子版（上旬），2022（11）：280-282.
[5] 骆开军，焦林，文富聪.实验室特种设备安全管理体系的探讨与研究[J].设备管理与维修，2022（11）：13-14.
[6] 管健.校园安全隐患排查与整改机制、措施探析[J].科技风，2019（35）：203.
[7] 彭华松，沈冰洁，丁珍菊，等.多部门联动构建高校实验室EHS管理体系[J].实验室研究与探索，2020，39（09）：299-303.
[8] 宋志军，蔡美强，谢湖均.高校实验室安全检查的现实困境与应对策略[J].实验技术与管理，2021，38（10）：292-296.

[9] 郭英姿，黄开胜，艾德生，等 . 实验室安全检查研究与系统开发 [J]. 实验室研究与探索，2019，38
（10）：303-306.

◎ 作者简介

石俊枝，武汉大学实验室与设备管理处实验室安全管理办公室主任。地址：湖北省武汉市东湖南路 8
号武汉大学工学部雅各楼 217 室，邮编：430070。手机：13871137139。

廖冬梅，武汉大学实验室与设备管理处职员。地址：湖北省武汉市东湖南路 8 号武汉大学工学部雅各
楼 217 室，邮编：430070。电话：027-68772017。

赵文芳，武汉大学实验室与设备管理处职员。地址：湖北省武汉市东湖南路 8 号武汉大学工学部雅各
楼 217 室，邮编：430070。电话：027-68772017。

吴运卿，武汉大学实验室与设备管理处副处长。地址：湖北省武汉市东湖南路 8 号武汉大学工学部雅
各楼 217 室，邮编：430070。电话：027-68772016。

高校实验室安全管理的现状及改进路径

李文杰

在高校管理中，实验室管理是至关重要的，对高校的教学、科研和管理水平产生直接影响。尽管高校实验室管理工作繁琐耗时，但良好的管理不仅有益于学生的身心成长和智力成长，还有助于为社会和国家培养更优秀的人才。实验课程的重要性在于提升学生的思维创新能力、团队合作能力和动手能力，提高教学质量，促进学生的综合能力提升和全面发展。因此，加强实验室的建设和管理是目前和将来都十分重要的事情。

一、高校实验室安全管理的目的和意义

（一）目的

实验室安全管理的目的是确保高校实验室内的人员和设备免受潜在的危险因素伤害，促进科学研究和教学工作的顺利进行。具体而言，实验室安全管理的目的在于：一是保护人身安全。高校实验室常涉及各类化学品、生物材料、尖锐器具等危险物质和装置，若不进行适当管理，可能引发事故并对人员造成伤害，甚至威胁生命安全。通过有效的安全管理措施，可以最大限度地降低事故风险，并确保参与者在相对安全可靠的工作环境中开展工作。此外，还要保护设备资产的安全。在高校实验室中，通常配备了昂贵且类型繁多的仪器设备，这些设备在正常使用过程中容易被损坏或被盗。通过建立健全完善的监管机制和防范措施，能有效预防设备被破坏或盗窃，并提供维修和更新支持。二是实验室安全管理体系的科学性和规范性有助于提高科研人员的工作效率。明确的安全操作规程和流程减少了重复工作和时间浪费，并为科研人员提供了一个稳定、可靠、高效的研究环境。三是环境保护和社会责任。在实验室中，使用或产生的有害化学物质和废弃物可能会对环境造成污染。通过科学规范地处理和销毁实验中产生的有害化学物质和废弃物，可以有效地保护生态环境，避免污染的发生。

（二）意义

一是良好而完善的实验室安全管理能够有效预防事故发生并最大限度地减轻损伤后果，在一定程度上保障了参与者的身心健康。二是建立严格规范、注重细节以及具备国内领先水平的国家级示范性实验室标杆型单位将进一步提升院校在相关领域内的影响力和声誉，有助于吸引更多优秀的师生加入。三是实验室安全管理为高校科研和教学提供了一个稳定、可靠且高效率的环境。通过规范操作流程和设备使用，能够提升实验结果的准确性和可重复性，并促进创新与知识产出。四是高校作为社会中具有影响力的组织之一，应当承担起保护环境、关注公众健康等社会责任。实验室安全管理是履行这些责任的重要途径之一，在保障自身利益的同时也会对整个社会产生积极影响。因此，建立健全有效的实验室安全管理体系对于高校来说至关重要。只有通过制定明确而完善的规章制度、加强人员培训与安全意识教育以及持续改进监管机制等措施，才能最大限度地降低事故风险并保障参与者在实验室工作中的安全。

二、高校实验室安全管理的现状

（一）对实验室安全管理重视不够

在有的高校中，实验室安全管理未得到足够的重视。其中的原因主要是学校通常更注重科研成果的产出、提高教学质量或其他核心竞争力，却忽视了实验室安全工作的重要性和必要投入。也有可能是由于学校管理层对实验室安全问题的认识不足，没有充分意识到实验室安全与学校师生的人身安全以及学校的稳定发展之间的重要关系。由于对实验室安全工作的重要性未能充分认识，一些高校的实验室存在潜在的风险。高校的实验室安全管理组织结构存在问题，主要表现为职责不明确、交叉管理等情况，可能导致信息传递不畅或责任推卸现象。实验室安全管理责任缺乏明确的具体落实，无法快速有效地追究责任和进行补救。

（二）实验室安全管理规章制度不完善

目前，一些高校在建立和完善具体可行的规章制度方面有所不足。这就意味着相关操作流程、危险品存储和使用、废物处理等环节没有被明确规定，或者虽然有规定但很少进行更新和修订。不完善的规章制度可能导致操作人员违反操作程序、随意更改实验方案或使用不当设备等行为。一些大学可能没有确立明确的安全标准和指南，缺乏对实验室安全管理工作科学的评估和监督，这可能导致实验室安全管理工作的随意性和不规范性。一些高校在危险品管理方面存在漏洞，主要体现在危险品在存储和使用环节上缺乏有效的监管措施，从而引发危险品泄漏、污染等事故。同时，对废弃物处理环节，也缺乏严格的分类管理和处理程序，可能导致废弃物污染环境或引发其他安全问题。规章制度的不健全还可能导致事故发生后责任追究的不力。若缺少明确的责任规定和操作流程，发生事故时常难以追究相关人员的责任，亦难准确认定责任和惩罚，进而给后续事故预防工作带来困难。

（三）安全培训方面不足

一些高校对于实验室从业人员的安全培训并未进行充分关注，这或许源于学校资源不足、时间紧迫，抑或缺乏专业教育培训机构的支持。因为缺少系统性和持续性的安全培训措施，所以进入实验室工作岗位的新员工在知识储备、技能水平和应急处理能力等方面存在明显不足。这些问题的存在，不仅影响实验室工作的正常进行，也可能威胁实验室人员的人身安全和财产安全。

（四）缺乏应急预案和演练措施，在事故发生时无法迅速响应和处置

部分高校在建立完善应急预案和演练措施方面存在明显不足。这意味着在发生实验室事故时，相关人员缺乏迅速响应、有效处理的能力。由于应急预案不完善，一旦事故发生，人员可能会陷入慌乱，没有明确的行动指南，无法迅速采取适当措施来减轻事故后果。此外，缺乏实际演练也是一个重要问题。如果实验室人员没有参与实际的应急演练，对紧急情况处理、设备安全使用等方面缺乏充分的了解，可能导致人们在事故发生时惊慌失措，并因为错误的行动而加重事故后果。因此，高校应建立完善的应急预案和演练措施，确保实验室人员在紧急情况下能够快速响应并采取正确行动，以减轻事故后果。

（五）监督工作不到位或流于形式

部分管理人员在实验室安全管理的监督工作中，没有认真履行职责，或是监督效果不符预期，甚至只是形式上的应付，可能是由于他们对安全知识和相关要求了解不够，理解程度不深，对工作的重要性没有足够的认识，以及工作压力过大导致精力不足等原因。在实验室的安全管理过程中，管理人员可能仅仅追求对表面的检查和记录，却忽略了更关键的隐患排查。此外，可能还未建立起有效的沟通和反馈机制，使得实验室操作人员的安全问题反馈和建议无法得到及时和有效的解决，严重影响了

实验室的安全管理效果。

（六）存在安全意识不强、操作规范不严等问题

在教学过程中，实验室主要为师生所使用。然而，在实验过程中可能存在着安全意识不强、操作规范不严的问题。这些问题往往源于他们对实验室中潜在风险的认知不足，或者过于专注于研究进度而忽视了实验室安全的重要性。在工作中，教师或科研人员可能因为追求成果、急功近利而忽略了实验过程中的基本安全要求。例如，他们可能没有正确佩戴个人防护装备，没有严格遵循实验操作流程，也没有定期检查实验设备的安全状态。在多任务并行的情况下，他们可能因为工作压力大、任务繁重而分心，从而增加了操作失误的风险。这些无疑对实验室的安全环境构成了潜在的威胁。

三、高校实验室安全管理现状的改进路径

（一）普及安全环保理念，安全意识常态化

安全保护意识，是保护我们生命安全和财产安全的关键。要做出正确的行动，必须坚持正确的理念，树立正确的意识。安全问题在实验过程中不可忽视，安全意识应时刻存在于心中。学生和教师都必须积极培养正确的安全意识，深刻认识到安全事关重大，每个人都有责任维护安全环境。在日常的学习和生活中，应该牢记安全责任，让保证安全成为思想定式和工作常态。因此，应定期进行安全教育活动，以指导师生在各项活动中保持正确态度。

（二）制定好实验室安全管理规章制度

确保实验室的内部秩序和操作行为的规范化是十分重要的措施，需要制定完善的实验室安全管理规章制度。这些规章制度应该包括多个方面的内容，如进出人员的登记管理、仪器设备的使用与维修、危险品的存储与处理等。为了便于相关人员的清晰理解和严格执行，这些规章制度必须具体明确。每一项内容都必须清楚明确地阐述其要求和标准，并尽量避免使用含糊不清或有歧义的语言。此外，学校应该通过适当的途径（如会议、通知、培训课程等）向教师、科研人员、管理人员以及学生广泛传达相关内容，并提供必要的培训资料和资源支持。特别是对新加入实验室团队的成员，还需要提供专门的引导和培训。为了有效地履行和实施安全措施，需要建立相应的监督机制，如成立安全巡检组或指派专职人员负责安全检查，定期对实验室进行巡查和评估。此外，还可以设立举报机制或安全意见箱，鼓励相关人员主动反馈问题并提出改进建议。

（三）定时开展实验室相关人员的安全培训

为了减少实验室内部的潜在安全威胁，需要对实验室操作和管理的相关人员进行定期培训，不断增强他们的安全意识，从而降低实验室安全隐患的发生概率。需对实验室设备的摆放、设备操作方法、安全防护设施的效果等方面进行全面检查。如果管理人员的素质不足，检查实验室的安全隐患就会变得困难。因此，在高校进行实验室安全管理时，应该开展安全培训以提升管理人员的专业水平。同时，可以整合校内安全管理人员并组建检查小组，以此来提升安全管理工作的效果。为了保证工作的顺利进行，检查小组需要相互监督和引导。对于教师、科研人员等群体，可以通过专题讲座、研讨会、实践操作和典型案例分析等形式进行培训。通过系统地传授相关知识，结合案例分析和经验分享，提高他们在日常工作中面对风险时的判断能力和应对能力。在学生群体中，需要将安全教育内容纳入教学计划中，并定期进行针对性强的实践指导。在进行安全培训方面，我们需要根据不同群体的特点，制订具体的计划。只有通过系统性和持续性的培养，才能有效地预防潜在风险，确保实验室工作环境更加安全可靠。

（四）制定应急预案，做好平时演练

实验室安全管理的一个重要组成部分是制订应急预案。这项预案必须覆盖多种可能发生的紧急情况，

如火灾、泄漏污染物质、化学品事故等，并明确责任分工和处置流程。对于不同类型的紧急情况，必须制定相应的处置方案。在制订应急预案时，还需要明确责任分工，确定各个岗位或团队在紧急情况下承担的职责和任务，并建立有效的沟通机制以保证信息畅通。同时，需要指派专人负责协调整个处置过程，并与外部相关单位（如消防部门、医院等）进行联络和协作。制订完善且可行的实验室安全管理应急预案是确保在紧急情况下能够迅速、有序地处置事故并最大限度减少损失的重要措施。通过经常而真实度较高的模拟训练，能够增加相关人员对于处置紧急情况的方法和流程的熟悉程度，同时提升他们应对突发事件时的反应能力和判断能力。

（五）构建安全风险分级管控与隐患排查机制

为了落实安全生产法，确保高校实验室的安全、高效、稳定运行，建立起安全风险分级管控与隐患排查的双重预防机制至关重要。因此，高校实验室应该引入职业健康安全管理系统，并对实验室的危险源进行识别和控制，以确保高校实验室的安全。这种双重预防机制的建立，不仅符合安全生产法的要求，也能够有效保障高校实验室的安全。首先，根据危险源的风险等级，科学地控制风险，以预防风险的发生。其次，定期和不定期地进行安全检查，及时发现和排除潜在的安全风险，以确保实验室的正常运行。根据风险等级越高、管控层次越高的原则，制定或实施不同的风险控制措施来对重大风险进行控制；实验室安全管理员应对已查明的重大风险采取具体控制措施。

（六）实施实验室危险物品安全准入制度

实验室应该遵循安全准入制度，对放射性物品、有害生物制品和危险化学品等危险物品进行存储、使用和废弃时需要符合相应的安全要求规范。根据性质的不同，危险化学品应被分别隔离储存。对于管制品来说，需要采取双人双锁保存措施。如果易燃易爆化学品需要低温保存，应当置于防爆冰箱中。气体钢瓶和相关附件应符合国家相关的技术标准要求，管路的材料和连接必须正确，并且标识清晰。此外，气体管路必须在检验有效期内，不得出现老化或破损的情况。对于易燃、易爆、有毒气体的管路，在连接处应配备报警装置。菌毒种的保存设施和环境必须满足相应要求，并且应该临时存放于带锁的低温存储设备中。为确保病原微生物的安全存储，可将其存放在配备安全防护措施的场所和存储柜中，并安装监控报警系统。特殊设备应进行注册登记，该设备及其压力表和安全阀应定期进行检验；操作人员需持有相应的上岗证书。对于超速离心机，应满足放置和使用距离的要求；为保障工作场所的安全，对于高压、高速、高温、电磁辐射等特殊设备，需要设置安全警示线，操作人员必须持有相应证书才能上岗；同时，高功率设备的电容需符合要求；加热设备周围须保留适当散热空间，并且不能摆放冰箱、气体钢瓶、易燃易爆化学品及其他杂物。

（七）加强高校实验室的防护体系建设

首先，应加强实验室的基础设施建设，并确保防火墙、安全门和实验室安全出口符合国家安全标准。此外，实验室中电气和燃气管道的铺设，以及通风系统中设备的布置都需遵循相关规定的要求。其次，要加强对有害化学品的收购、使用、储存和处理的监管，以确保实验室化学品的安全。在生物安全方面，要坚持将生物废物转移至专业医疗废物处理机构，并要求生物实验室设备和消耗品必须经过高压灭菌处理。在辐射安全方面，除了提供防护设备和安全的工作环境外，还要加强人员培训和管理，以确保废物能够及时收集、储存和处理。最后，强化信息的保护。将实验室系统与"输入模式"系统结合，以实现管理的信息化和集约化；完善实验室监控管理体系，使得实时自我监控和及时纠正成为可能。例如，可以基于大数据技术，开发实验室安全管理系统平台。该平台构建一个安全事故数据库，用于记录以往发生的安全事故，并进行归纳和分类。一方面，依据事故后果的严重程度，将安全事故分为非常严重、比较严重、严重和一般四个级别，分别赋予红、橙、黄和蓝四种颜色。另一方面利用数据库，对实验室常见事故进行分析，以此为基础进行安全培训和技术指导。实验室管理可采用PDCA安全管理方法，将应急预案、安全培训记录和管理人员信息等全部纳入系统。

（八）管理人员要尽职尽责，确保安全措施落实到位

作为实验室管理者和监督者，管理人员在实验室安全管理方面扮演着重要角色。需时刻关注实验室安全状况，采取积极有效的措施以确保安全措施得到充分执行。管理人员应加强对人员的监督检查，在日常工作中及时发现并纠正问题或隐患。在发生火灾、泄漏等紧急事故时，管理人员要立即组织应急处置和协调相关部门及专业人员提供支援。他们需熟悉应急预案，能够有效指挥，以确保紧急情况得到及时控制和处理。只有管理人员尽职尽责，才能确保实验室安全措施得以有效执行。

（九）明确安全检查标准，实现精细化安全管理

为了在实验室的安全检查和管理工作中充分展示准确和及时的特点，必须确保安全检查标准的执行，提高检查的质量和效率。需要制定实际可行的安全检查标准，并明确各项指标参数。要充分利用现有的检查机制和操作模式，并确保检查记录详细、可查证、有物质形式的表现和可追溯性，以保证在实际操作中科学可行地推进各项标准，从而有效地履行相关指标。检查时要结合相应标准进行有序操作，确保安全检查的效果。

高校实验室的安全管理建设是一个长期的过程，要求全体师生和各部门共同配合，及时发现问题并制定有效对策，持续提升实验室的安全管理水平。为了保障人员的安全，同时履行社会责任，高校需要采取一系列有效措施来构建清晰明确的安全管理体系。这些措施包括建立奖惩监督机制、明确管理人员的职责分工，以及建立完善的信息化管理平台。通过这些举措，可以有效增强高校师生的安全意识，进而推进高校实验室的安全体系建设。

◎ 参考文献

[1] 陆春雪，张艳，雷爱华，等．高校实验室安全管理问题与对策研究［J］．教育教学论坛，2023（22）：10-13．

[2] 李玉玲．浅谈高校化学实验室安全管理问题及对策措施［J］．化工安全与环境，2022，35（46）：15-17．

[3] 杨敏芳．实验室安全管理标准建设存在的问题与对策研究［J］．大众标准化，2022（22）：85-87．

[4] 袁光辉，廖彪，谢宁．地方高校化学化工实验室安全管理问题的分析及对策［J］．化工管理，2022（04）：35-37．

[5] 蔡瑶，王霞．高校化学实验室安全管理多口径准入机制的探讨［J］．化工设计通讯，2022，48（11）：115-117．

[6] 袁廷香．高校化学实验室安全管理的强化与提升［J］．化工设计通讯，2022，48（11）：149-151，205．

[7] 涂莹．高校化学实验室安全管理的有效策略［J］．化工管理，2022（29）：77-79．

[8] 叶江海，赵臣亮，杨雅欣，等．高校化学实验室安全管理体系建设探索与实践［J］．广东化工，2021，48（18）：244-245．

◎ 作者简介

李文杰，南京大学保卫处消防科科长、助理研究员。地址：江苏省南京市鼓楼区汉口路22号南京大学保卫部，邮编：210093。手机：13913966806，电子邮箱：liwenj@nju.edu.cn。

从安全稳定的视角浅谈品质校园的建设

沈　鹏　糜琳娜

随着时代的发展和社会的进步，人们的生活水平不断提高。社会环境日益纷繁复杂，高校面临的安稳形势不容乐观。2017 年以来，医学部提出了建设"绿色、文化、特色、安全、稳定"的品质校园的目标，开启了建设中国特色世界一流大学发展新征程。保卫处是校园安全管理工作的承担者，是品质校园的建设者，维护校园安全、稳定是开展各项科研、教学、管理工作的先决条件。从安全、稳定的视角研究品质校园的建设具有现实意义。

一、安全、稳定的含义

安全，是指不受威胁，没有危险、危害、损失。习近平总书记高度关注安全问题，提出坚持总体国家安全观，走出一条中国特色国家安全道路。大到国家、小到个人，安全的重要意义不言而喻。安全包括自身的躯体和心理方面，也包括身体以外的环境。稳定，是指稳固安定。校园安全、稳定，顾名思义指的是人身、物品、秩序等在校园内处于完好、有序的状态，并且上述状态具有持续性。换言之，进入校园后人身不受伤害，财物不受损失，学习、工作等有序开展，即是安全、稳定的状态。

建设品质校园的先决因素是安全、稳定。从安保工作实践看，安全、稳定的校园体现在如下方面：校园秩序井然、案事件发案率低。

二、建设"安全、稳定"的品质校园的理论依据

品质校园首先是安全、稳定的校园。校园安全管理既需要实践经验的积累，也需要理论思想的支持。建设安全、稳定的品质校园，就是要预防、控制、减少校园案事件的发生，防患未然。根据犯罪预防理论，对那些产生犯罪动机的人以及犯罪人，可通过一定的方式对他们可能作案或经常作案的区域和场所，进行预防犯罪的相关设计，从而建立一种特定的犯罪预防环境，在犯罪易发区或高发区，通过减少犯罪的机会而预防犯罪。基于这一思想，安全技术防范（通常简称为技防）行业逐渐兴起。在现代社会，运用信息科学技术，实现预防、发现、监控、制止违法犯罪、重大治安事件、安全事故和自然灾害的方式被广泛应用于社会公共管理领域。

三、建设"安全、稳定"的品质校园的措施

建设安全、稳定的品质校园，需要找到校园的不安定因素，并采取针对性措施，消除风险、隐患。有效的校园安全管理措施来源于对校园案事件特点的准确把握。

（一）利用大数据分析、研判，进行案事件预警及预处置，消除校园不安定因素

在安保工作实践中，笔者收集、整理了 2005 年至 2017 年期间医学部安防监控中心登记的校园案事件记录，提取案事件信息，利用 SPSS 软件，制作数据库，分析校园案事件特点。数据库设计了发案时间、

地点、性质等 21 个变量，收集数据 1145 个。

1. 利用 SPSS 数据库技术，梳理近年案事件数据，分析案事件的发案特点

（1）丢失类案件、交通类案件是校园案事件的主要类型。

笔者整理了近年来安防监控中心的案事件查看监控录像记录，统计如表 1 所示：

表 1　　　　　　　　　　　**2013—2017 年案事件查看监控录像记录**

案件（件次） ＼ 年份	2013 年	2014 年	2015 年	2016 年	2017 年
丢失类案件　丢失钱包、挎包（含手机）	20	27	17	16	34
丢失类案件　丢失自行车、电动车、三轮车	37	53	58	34	31
丢失类案件　丢失笔记本电脑	4	4	2	10	8
丢失类案件　丢失银行卡	0	0	0	1	1
丢失类案件　丢失其他物品①	19	29	25	59	52
丢失类案件　合计	80	113	102	120	126
车辆纠纷案件	16	22	33	20	24
人员走失案件	3	3	7	3	4
其他类案件②	13	7	34	43	36
各类案件合计	112	145	176	176	190

从表 1 中可以看出各年查看监控录像的校园案事件数量逐年上升，反映了安防监控系统在校园安全事件处理中发挥的作用越来越大。表中数据表明，丢失类案件是校园发案的主要类型。此外，随着家庭用机动车越来越普遍，车辆纠纷类案件成为校园安全事件的另一重要类型。保卫处在校园停车场安装了交通标识牌和交通反光镜，增补了高清摄像机，有效减少了交通类案件的发生。2016 年、2017 年，此类案件呈现下降趋势。

（2）校园案事件发生的热点时段与区域。

笔者将数据库中的发案类型与查索进行月份交叉制表，如表 2 所示：

表 2　　　　　　　　　　　**发案类型×查索月份 交叉制表**

发案类型	1月	2月	3月	4月	5月	6月	7月	8月	9月	10月	11月	12月	合计
丢失钱包、挎包等	7	6	10	11	11	16	8	10	12	17	10	16	134
丢失自行车、电动车、电动车配件	13	7	28	28	38	29	36	27	45	39	19	18	327
机动车剐蹭、被划、被砸、被轧、被撞	22	16	13	5	15	17	16	15	13	15	26	16	189
丢失银行卡、现金	0	1	1	1	0	1	0	1	0	0	1	0	6
丢失三轮车、摩托车	0	0	0	0	1	0	1	1	1	0	1	1	6
丢失其他物品	16	3	18	18	25	31	19	15	21	24	16	18	224
流氓滋扰	1	1	1	4	1	2	3	3	6	0	4	2	28

① 其他物品指的是衣物、鞋子、洗漱用品、书籍等价值较低的物品。

② 其他类案件指的是北大医学部在实际安保工作中偶有发生的上访、火情火险、寻衅滋事等案件，因其数量较少，故整合统计。

续表

发案类型	查索月份												合计
	1月	2月	3月	4月	5月	6月	7月	8月	9月	10月	11月	12月	
丢失笔记本电脑、电脑	2	1	3	5	1	7	8	9	5	3	2	4	50
人员走失	5	2	2	1	9	2	3	0	3	1	3	5	36
物品损坏	3	4	2	4	2	1	1	4	3	0	3	1	28
发现假币	0	0	0	1	0	0	0	0	0	1	0	0	2
打架斗殴	0	0	0	0	1	0	1	0	2	0	1	2	7
被骗财物	0	0	0	0	1	0	1	1	2	1	1	0	7
发现邪教等非法宣传品	0	0	0	0	0	0	0	0	0	1	0	0	1
人身伤害	0	0	2	0	1	0	0	0	0	1	0	0	4
丢失手机	3	3	2	6	7	4	3	2	0	2	7	9	48
配合办案	0	0	1	1	1	1	0	3	0	0	0	1	8
计算机等被非法入侵	0	0	0	0	0	0	0	0	0	0	1	0	1
入室盗窃、盗窃	0	1	0	0	0	1	0	0	2	0	1	0	5
丢失证书	0	0	0	0	0	0	0	0	0	0	0	1	1
其他	2	2	4	0	4	3	3	1	2	3	2	3	29
丢失工作资料	0	0	1	0	0	0	0	0	0	0	0	0	1
发生火情	0	0	0	1	0	0	0	0	0	0	0	0	1
丢失首饰	0	0	0	0	2	0	0	0	0	0	0	0	2
合计	74	47	88	86	120	115	103	92	118	107	98	97	1145

由表2可以看出，5、6月和9、10月是校园案事件的多发时期。5、6月临近学期结束，考试周、毕业季接踵而至，学生的学业负担相对较重，疏于防范，不法分子乘虚而入。9、10月，暑假后开学、新生报到，校园内人流量、车流量较大，不法分子利用新生阅历浅薄、思想单纯的特点，趁机作案。

此外，笔者将发案地点和案件数量进行交叉制表，排列出发案数量居于前十位的地点，依次是5号楼内、留学生公寓西侧、5号楼前及周边、24号楼外、3号楼、药学院路口、26号楼东侧、北门、社区西南门、2号楼西侧路口。

2. 研判校园案事件特点，调整或采取安保措施，防患未然

通过数据统计、分析，判断校园案事件发案特点，采取针对性措施。例如，针对丢失类案件，通过加强安全宣传教育，提醒师生增强自我防范意识，妥善保管财物；针对交通类案件，实地勘察交通设施设备是否齐全、标识标线设置是否合理；对于校园案事件高发区域，加强巡逻、巡视，适当增补安防监控设备，用科技手段预防违法犯罪。

（二）建设智能化安全管理服务平台，实现部门联动、信息共享，优化管理，提高效率

以安防监控系统为依托，建立智能化安全管理服务平台。目前，医学部的安防监控系统在重点防护部位设置了入侵报警。遇有突发案事件，系统可以自动接收异常信息、发出报警信号并弹出相关图像，为指挥、值守人员提供发案地点及周边的环境图像。指挥、值守人员据此调动巡逻人员，前往现场查看、处置，采取针对性措施消除隐患。

未来，智能化安全管理服务平台将整合智能交通、消防报警、出入口控制等子系统的功能，同步获取、显示图像信息，根据管理者需求提取人员、车辆等数据，实时反馈校园安保状况，为建设安全、稳定

的品质校园提供技术支撑。

（三）加强安保队伍建设，为品质校园提供原动力

安全保卫力量是品质校园的建设者、维护者。建设品质校园需要挖掘、调动校园一切力量参与到安全保卫工作中。借鉴网格化管理模式，保卫处建成了以保卫处、保卫干部为核心节点，并将各学院、学系、科室，楼长、层长、各房间安全员纳入安保队伍的安全网格，同时，通过定期组织安全会议、联络检查巡查、督促整改落实，加强了网格内人员的相互融合，推动建设平安网格，进而向全校辐射。

保安队员是建设品质校园的重要安保力量之一。保安队伍建设需要坚持思想引领与业务培训相结合，通过提升保安队伍的整体素养、业务能力，改善保安队员的餐饮、住宿环境，创造便利条件、学习机会，增强保安队员对医学部的归属感和认同感，对北大医学、"双一流"建设的使命感和责任感，并落实到实际安保工作中。

（四）多措并举，进行安全宣传教育

建设品质校园，需要将安全、稳定的理念与常识普及到在校师生中。安全宣传教育是预防校园案事件发生、减少违法犯罪、避免损失的重要手段。保卫处重视校园安全宣传教育工作，通过讲座培训、横幅展板、实操演练、模拟演习等方式开展校园安全教育。为了扩大安全宣传教育的覆盖面，提高师生的参与度，保卫处着力打造平安校园安全宣传品牌。以"4·15"全民国家安全教育日、"119"消防宣传日为依托，创新宣传形式，建设小型安全体验馆，融合模拟体验、平面宣传、培训讲座等多种手段，开展系列主题宣传活动，形成独特安全宣教品牌。

此外，将安全宣传教育纳入学生教学评价、考核体系，是建设品质校园的重要手段。安全宣传教育不仅可以起到预防犯罪的作用，在坚定学生理想信念和政治立场、引领学生思想意识和行为举止方面，发挥重要作用，从而在思想深处触动学生，帮助其树立正确的人生观、价值观、世界观，有助于学生顺利完成学业。

借助新媒体手段，提高安全宣传教育的实效性。新媒体具有传播速度快、覆盖面广的特点，保卫处推出官方微信公众号，将新媒体手段应用于安全宣传教育。通过结合社会、学校热点，采取师生喜闻乐见的形式，拓宽宣传渠道，建设互动平台，扩大宣传覆盖面，提高师生参与度。

四、结论

综上，笔者认为，建设品质校园，安全、稳定是两项先决因素和前提条件。保卫处作为校园安全管理工作的实施者，研究校园案事件特点，有针对性地采取安保措施；加强队伍建设，壮大校园安保力量；运用安防技术，建设安全管理服务平台，加强人员、部门联动；创新安全宣传教育形式，打造校园安全宣教品牌，是推动品质校园建设的重要途径，是将"三全育人"理念落实到"管理育人、服务育人"的重要举措。

◎ 作者简介

沈鹏，北京大学医学部保卫处处长、讲师。地址：北京市海淀区学院路 38 号北京大学医学部保卫处，邮编：100191。电话：010-82801554。

糜琳娜，北京大学医学部保卫处办公室主任、助理研究员。地址：北京市海淀区学院路 38 号北京大学医学部保卫处，邮编：100191。电话：010-82801554，手机：18101358857。

对高校交通安全管理的若干思考

黄　啸　梅永胜

　　高校承担着为国家培养人才的神圣任务，而高校的交通安全关系学生的人身安全、关涉高校的安全稳定、关乎社会的长治久安，其重要程度不言而喻。为此，更应该加强对高校交通安全管理工作的思考，通过抓安全管理不断夯实校园交通安全的根基，为学生营造良好、安全的学习、生活环境，为平安校园建设打下坚实的根基。本文基于加强高校交通安全管理的重要性，阐述了当前高校交通安全管理工作的现状，从加强交通安全组织领导、加强交通安全宣传教育、加强交通安全制度建设三个方面提出了相应思考，以期能为高校更好地完成交通安全管理工作提供参考。

一、加强高校交通安全管理的重要性

　　随着社会的飞快发展，高校内的机动车辆数量、助力电动车的数量呈现出与日俱增的特点，另外高校多为开放式校园，社会车辆为了避免交通拥堵借道穿行校园的情况时有发生，这些都给校园的交通安全工作带来了巨大压力和安全隐患。有的高校已经出现过交通安全事故，严重威胁了师生的生命安全，一旦发生了交通安全事故，无疑不利于学生的健康发展，更不利于高校的安全稳定。为此，我们应该不断提高对高校交通安全管理工作的思想重视程度，不断加强对交通安全管理的探索思考，为大学生的健康成长、生命安全保驾护航。

二、高校交通安全管理的现状

　　一是师生对校园交通安全的思想认识还不足，主要体现在如下几个方面：首先对交通安全教育的重视程度不够，无论是从教育形式还是从教育内容上来看，普遍存在着内容不够新颖、不吸引师生的注意力的问题，没有能够引起师生的特别关注。其次，从教职工层面来看，有的教职工不遵守交通安全规则，存在车辆超速、逆向行驶、随意鸣笛等问题；从学生层面来看，有的学生在校内行驶不注意观察道路交通状况，边走边玩手机，在机动车道三五成群结伴而行，甚至嬉笑打闹，对交通安全抛之脑后。二是高校交通安全的责任体系还不够健全。学校的职能部门对交通安全非常重视，但到二级学院、到班级、再到师生个体的重视程度越来越低，存在上热、中温、下凉的现象，没有形成人人抓交通安全、人人管交通安全，齐抓共管的良好生动局面。三是交通安全管理的制度还不够完善。主要是奖惩制度还不够完善，发没发生交通安全问题都一样，没有建立起明确的奖罚分明制度，培训制度还不够理想。虽然说有培训，但师生的参与热情不够高，培训效果打折扣。四是设施老化和不足。校园现有的交通资源无法满足急速增长的车辆通行需求，尤其是停车矛盾突出，"停车难"问题是校园管理的难题。高校的交通安全设施（如红绿灯、人行横道、减速带、照明灯等）维护不足或老化，不能有效地保障师生的安全。校园内部缺乏足够的机动车和非机动车停车位，导致车辆乱停乱放现象严重，增加了校园安全隐患。五是科技赋能运用不够广泛。虽然现代科技手段能显著提高校园交通安全管理的效率和效果，但部分高校在交通安全管理中运用的科技手段仍然有限。六是校外交通安全问题。高校的交通安全管理不仅仅局限于校园内部，许多学生和教职工居住在校外，日常通勤路线可能穿梭于繁忙的交通路段。这些校外路段的交通安全管理往往超出高校的控制范围，需要与地方政府和社区紧密合作。

三、加强高校交通安全管理工作的相关思考

（一）加强组织领导，形成工作合力

高校的交通安全管理工作是一项长期性、复杂性、艰巨性的工作，涉及点多、面广，必须处于坚强有力的组织领导下，才能将交通安全工作抓得越来越好，助力于校园的安全发展。为此，学校构建了学校、机关职能部门、二级学院三级组织领导体系，将交通安全管理工作纳入党委的统一领导，指定分管安全的校领导全面负责、全方位抓管，定期召开形势分析研判会，及时通报交通安全情况，明确下一步工作目标和任务；机关职能部门要牵头抓总，明确标准，定期开展交通安全检查、交通安全宣教，及时完善制度，确保校园的交通安全；二级学院要积极配合，主动作为，教育广大师生主动遵守学校交通安全规定，认真落实学校交通安全相关指示精神，确保人人知悉。通过层层压实安全责任，层层传导安全压力，层层落实安全要求，汇聚全体师生力量，打造共建、共治、共享的交通安全管理工作格局。

（二）加强安全宣教，营造良好氛围

高校交通安全事故的发生是不特定性的，要想减少甚至避免交通安全事故发生，筑牢广大师生的安全思想根基很重要，宣传教育就是非常有效的举措、手段。一是利用新生开学的安全教育时机，邀请相关专家入校进行集体授课，抓好入学安全教育的黄金时期，打牢大学生的思想根基。二是利用电子显示屏、企业微信、数字平台等多媒体手段，定期推送交通安全事故案例，不断营造良好安全氛围。三是发放《交通安全事故案例集》，利用学生召开主题班会的时机，对典型案例进行剖析，让交通安全走进学生的生活。四是组织交通安全有奖知识竞赛，不断调动师生参与交通安全宣教的积极性，做到将交通安全宣教寓教于乐，寓教于学。五是定期举办校园交通安全教育活动，如安全驾驶宣传、行人安全讲座、非机动车辆骑行培训、模拟紧急情况演练等，以增强师生的安全意识。利用校园媒体（如校报、校园网、公众号、社交媒体）普及交通安全知识和信息，让交通安全知识深入人心，让安全意识、能力与行为习惯"行于人人、融于时时、化于事事、见于处处"。

（三）加强制度建设，夯实安全根基

任何工作在制度的约束下，方能行稳致远。一是研判制度。学校定期召开交通安全分析研判会，及时发现、通报交通安全隐患，建立工作台账，按时整改，适时组织安全检查回头看，确保工作整改见效，落地落实。二是属地联席制度。与属地交管部门积极建立工作联系，定期进行工作会商，了解交通安全相关消息，邀请相关人员入校开展交通安全工作，充分发挥交管部门的作用，形成齐抓共管的安全局面。三是奖惩制度。将交通安全纳入学校平安校园建设考评体系，对出现交通安全问题的相关单位和个人要进行追责问责，对无交通安全问题的单位及时表扬先进，做到奖罚分明，树立起鲜明的工作导向。四是安全检查制度。职能部门要定期到一线进行安全检查，发现问题及时整改，深入查找发生问题的原因，做到举一反三，为下一步学校的交通安全工作打下良好的安全根基。

（四）优化交通设施，改善出行环境

校园道路交通是否便捷，交通标识是否清晰易懂，关系着师生员工的日常出行安全。瞄准学校安全发展所需、师生所盼，坚持把改善校园交通环境作为"惠师生、抢机遇、促发展"的重要内容，努力创建师生员工满意的校园交通环境。一是对校园内部道路进行优化，设置或改善人行道、自行车道，并确保校园路面上有清晰的交通标志和路面标线。二是增设交通安全设施，如红绿灯、人行横道、减速带、照明灯和监控摄像头，以保障行人和骑行者的安全。三是扩建或优化停车场所，减少无序停放带来的安全隐患。

（五）运用科技赋能，提升治理水平

随着信息科技的不断进步，智能化产品层出不穷，信息化手段在高校安全管理中发挥着越来越重要的作用。利用信息化手段可以提升校园的安全管理效率，加强校园安全防范，保障学生和教职工的安全，充分运用大数据分析，可以助力校园交通高效管控。一是利用智慧交通系统和大数据分析来监控和管理校园交通流量，预测和减少校园道路交通拥堵情况。通过安装监控摄像头提高监管能力，及时发现和处理交通违规行为，定期对超速、违停情况进行短信提醒和教育处理。二是联合相关职能部门开发和推广使用与交通安全相关的移动应用程序，将繁琐的按键化操作变成可视化、三维图形化操作。高校应紧跟时代发展潮流，主动适应新形势，加强技术引领，实现数字化转型，让智能科技管理真正成为推进高校信息化管理变革、提高服务质量、提升管理水平、促进学生成长成才的重要手段。

（六）加强部门联动，提高群防能力

持续深化加强"警校联动"，有效整合属地城管、应急管理、消防救援、街道等部门的力量，汇聚优势资源；会同派出所开展实时线上安全信息通联、定期线下例会磋商，召开警校联席会议，及时解决急、难、险、重问题，化解突出风险隐患，构筑维护校园内外安全稳定的统一战线，建立"无障碍、零延时"的信息互通工作机制。一是共同制定和实施校园交通安全改进计划。鼓励学生、教职工和社区成员参与交通安全管理的讨论和活动。二是建立快速高效的交通事故响应和处理机制，确保事故发生时能够及时提供救援和支持。三是定期对校园交通安全管理措施的效果进行评估，根据评估结果调整和优化策略。

四、总结

综上所述，高校交通安全管理工作是学校安全发展的重要保证，能够为学校教学、科研的顺利开展提供强有力的安全支撑。对此，高校应该不断加强对交通安全管理工作的思考研究，不断加强组织领导、安全宣教和制度建设，为广大师生的人身、财产安全及高校的健康发展添砖加瓦。

◎ 参考文献

[1] 杨文娟. 高校校园交通安全问题及对策 [J]. 高校后勤研究，2019（05）：43-44.
[2] 戴宇超. 高校校园内交通安全管理的对策分析 [J]. 科技资讯，2021（28）：112-113.
[3] 林仕颖. 新形势下高校校园交通安全管理浅析 [J]. 科技风，2021（04）：155-156.

◎ 作者简介

黄啸，武汉大学保卫部综合办公室主任。地址：武汉市武昌区东湖南路8号武汉大学保卫部二楼，邮编：430070。手机：18001399866。

梅永胜，武汉大学保卫部综合办公室秘书。地址：武汉市武昌区东湖南路8号武汉大学保卫部二楼，邮编：430070。电话：027-68773764。

校园内外卖骑手规范管理初探

张国庆

随着外卖行业在校园内的蓬勃发展，校园内的外卖骑手数量与日俱增，给校园的交通秩序、环境卫生以及师生安全带来了一定的隐患。因此，我们从校园内外卖骑手安全管理的必要性和意义出发，分析研究对外卖骑手和电动车进行管理的具体办法，探讨校园内外各方面在外卖骑手管理中的协同机制，以期为校园营造一个安全有序的外卖配送环境。

一、对校园内外卖骑手安全管理的必要性和意义

（一）必要性

近年来，随着外卖行业在校园内的发展迅猛，骑手数量不断增加，他们的存在给人们的校园生活带来便利的同时，也产生了一些安全问题，如一些骑手存在违规骑行、乱停乱放电动车等与师生发生碰撞、电动车起火等，这些都可能影响校园的正常秩序，甚至危及广大师生的人身、财产安全。同时，骑手自身在工作中也面临各种安全风险，需要采取管理措施加以规避。作为负责任的主体，学校有义务对校园内的外卖骑手实施安全管理，维护校园的正常秩序，保护广大师生的切身利益。加强对这一特殊群体的监管，是学校不可推卸的责任。

（二）意义

（1）校园是学生学习的重要场所，保持安全、有序的校园环境有利于学生专心学习。部分外卖骑手为了赶时间，骑车时存在违规行驶、超速等违章行为，给师生的人身安全带来隐患。对骑手实施安全管理，可以有效规避各种安全隐患，避免发生骑手与师生碰撞等安全事故，维护校园的正常秩序。骑手进出校园过于频繁，如果不加以合理管控，容易造成噪声扰民、乱停乱放等问题，影响校园的环境秩序。

（2）高校作为高等学府，应该彰显文明有序的社会形象。骑手的不文明行为会给校园带来负面影响，加强管理可以将这一问题扼杀在萌芽状态，有利于学校向社会大众展现负责任的良好形象，提高校园的社会声誉。

（3）安全管理措施的落实可以最大程度地避免因骑手违规行为而引发的伤害事故，保护了骑手和校园成员的人身权益。同时也能确保食品在运送过程中的卫生状况，维护师生的权益。

（4）校园与外界社会不能割裂，需要建立良性互动。对外卖骑手进行适度管理，可以避免矛盾冲突，促进校园与社会的和谐共处。通过管理措施的实施，骑手将学会自觉遵守校园秩序，培养良好的社会公德。这不仅体现了学校的社会教育功能，也为社会输送了更多有责任心的公民。

二、完善对外卖骑手、电动车的管理办法和管理协同机制

（一）对外卖骑手的管理办法

1. 设置准入门槛

主要是从两方面着手，一方面要确保骑手拥有合法身份和达到法定年龄，另一方面要针对校园内的骑手进行背景调查，包括犯罪记录和信用情况的审核，只有经过核准的人员才能进入校园从事相关工作。

2. 加强培训

重点是提供必要的培训，包括交通规则、安全操作等方面的知识培训，另外鼓励或要求骑手参加相关的证书考试，如交通法规考试。

3. 岗前指导和安全培训

一是在骑手上岗前，提供详细的岗前指导和培训；二是强调安全意识和行为规范，如佩戴安全头盔、遵守交通规则等。

4. 定期健康检查和体检

一是设立定期健康检查和体检制度，确保骑手的身体健康；二是对有慢性疾病或健康问题的骑手进行必要调整和管理。

5. 严格纪律和行为规范

一是制定明确的行为规范和纪律制度，明确骑手的责任和义务；二是对违规行为采取纪律处分，如警告等。

（二）对电动车的管理办法

1. 对车辆的审核

一是对电动车进行审核登记，确保其符合相关法规要求；二是禁止使用改装电动车和超速电动车。

2. 安全用具的配备

一是强制佩戴安全头盔，确保符合标准；二是鼓励安装安全警示灯、反光标识等。

3. 车辆维护和保养要求

一是强调对电动车的日常维护和保养，二是定期对车辆进行安全检查。

4. 交通规则违规处理

一是加强交通规则的宣传和培训，二是对违规行为进行处理。

5. 安全巡逻和监控措施

一是加强校园安全巡逻，及时发现安全问题；二是设置监控摄像头，监测骑手的行为；三是建立举报机制，鼓励校园成员举报违规行为。

（三）制定和完善对校园内外卖骑手管理的协同机制

1. 学校与外卖平台的合作

与平台建立合作关系，共同制定管理标准和流程；定期召开会议，分享信息、解决问题。

2. 学校内部各部门的配合

教育、安全、交通等部门紧密合作，形成联动机制；各部门共同宣传政策，增强安全意识。

3. 与交通管理部门的联动

与交通管理部门建立沟通渠道，共同解决交通问题；定期举行联席会议，协商交通管理难题。

4. 学生和教职员工的参与和监督

鼓励学生和教职员工参与相关活动和讨论；设立代表，参与管理决策和监督。

三、对未来的展望和面对的挑战

（一）展望未来，对校园内外卖骑手的管理将面临一些新的发展趋势和挑战，主要体现在以下几个方面

1. 管理模式趋向数字化和智能化

随着信息技术的发展，未来可借助大数据、人工智能等手段，实现对外卖骑手的实时监控和高效调度；通过电子证件、电子围栏等技术，可以自动识别外卖骑手身份，控制其进出权限，提高管理精准性；但这也对学校的数字化建设和技术应用能力提出了更高要求，需要加大投入。

2. 管理重心向源头环节延伸

未来不仅需要加强对校内外卖骑手的管控，还需要与外卖平台公司加强协作配合；加强对入校外卖骑手的审核、教育培训，避免违规违章行为从源头滋生，但这需要校企双方建立长期沟通协调机制，加强联防联控，从而给管理工作带来新的挑战。

3. 管理理念趋向人文关怀与共建共治

对于外卖骑手的管理不应止于简单约束，更要体现人文关怀，保障其合法权益；在管理过程中，要广纳民意，听取不同利益相关方的意见和诉求，形成共建共治格局；但在利益博弈中如何平衡各方利益，避免矛盾冲突，仍是一大挑战。

4. 监管执法力度加大

随着管理意识的增强，未来对违规违章行为的监管力度也将加大；可建立长效惩戒机制，与行业"黑名单"联动；但如何把握好执法尺度，仍需探索。

5. 社会共识达成难度加大

随着外卖骑手数量的不断增加，各方主体对其管理的态度和诉求也会越发分化。但如何在校内外、校企之间达成基本共识，统一认识和行动标准，是一大挑战。

不难看出未来对校园外卖骑手的管理将呈现数字化、协同化、人文化的发展趋势，但也将面临技术、理念、执法等多重挑战。学校需要与时俱进地完善管理机制，与各方通力合作，共同化解管理难题。

（二）新技术的发展有利于对校园外卖骑手的管理，主要体现在以下几个方面

1. 提高监管能力，维护校园秩序

利用大数据分析、人工智能视频监控等技术，可以实时跟踪骑手行驶轨迹，识别违规行为，保障校园道路秩序。通过物联网传感器、电子围栏等，可控制骑手进出权限，防止其非法入侵。结合无人机、机器人等新设备，可减少人工巡查的次数，提高监管效率。

2. 优化调度流程，提升服务质量

基于大数据和 AI 的智能调度系统，可自动分配线路和时间窗口，缩短骑手的等候时间。运用 5G 远程操控等技术，可实现对骑手的远程指导，提高取送效率。通过增强现实等技术，骑手获取 3D 导航路线，缩短寻址时间，减少逗留时间。

3. 加强安全防护，保障骑手权益

骑手可配备穿戴设备，在发生事故时自动触发报警，以获得及时救助。通过人脸识别等身份认证技术，可防止假冒外卖骑手的别有用心的人士进入校园。利用区块链等信任系统，可保存骑手的工时记录，维护其合法权益。

4. 完善培训机制，强化安全意识

运用 VR/AR 等虚拟仿真技术，可对骑手进行安全教育培训。通过在线学习平台和微信小程序，骑手可便捷地获取安全知识和规范。基于大数据分析，可了解骑手的违规热点，有的放矢地加强提醒教育。

（三）潜在挑战

新技术的应用成本高昂，校园需加大信息化建设投入；跨平台、跨系统的数据整合是难题，需完善统一标准；数据隐私、系统安全等风险需妥善解决，制定相关管理制度；技术变革对传统管理模式产生冲击，需持续完善与创新；规则设定需与时俱进，避免技术滥用和管理过度问题。

总之，新技术在很大程度上可助力对校园外卖骑手的规范管理，但同时也带来诸多技术伦理、成本投入、变革转型等挑战。校方需审慎把握新技术应用的度，注重价值导向，形成长效管理机制，最大限度地发挥新技术的促进作用。

◎ 作者简介

张国庆，武汉大学校园 110 联动指挥中心职工。地址：湖北省武汉市武昌区东湖南路 8 号武汉大学保卫部三楼，邮编：430070。手机：13517280000。

新时代背景下以校地共建模式推动高校平安建设
——以江西农业大学为例

臧一昊　陈裕鹏　万江文

随着社会经济的快速发展和社会改革持续推进并迈入深水区，我国高校平安建设面临新形势与新挑战。新时代背景下中央及各级党委政府对高校平安建设提出了新任务和新要求，但由于各种社会因素、自身职能属性、历史遗留问题、高校自身转型等诸多原因，高校平安建设呈现出复杂多样性。以校地共建模式推进高校平安建设成为必然选择，这是维护校园和谐、社会稳定和政治安全的一项基础性工作，是推进高校科学发展、提高人才培养质量的根本保证。本文基于江西农业大学在平安校园建设方面的实践与探索，阐述校地共建工作过程与成果，尽可能丰富平安校园建设理论，为其他高校平安校园建设提供可借鉴经验，并带来一些工作上的启示。

一、高校与属地共用道路改建的必要探索与实践

高校与属地共用市政道路的科学合理规划事关社会发展需要，是创建和谐平安校园的基础，是切实维护高校师生人身安全的必要保障。江西农业大学与南昌市合作共建平安校园是实现高校高质量发展的必然选择，地方政府通过听民声、惠民生，对管辖区域内的高校发展提供保障、协同创新民生工程，助推高等教育安全稳定的发展环境是高校发展的外部必要条件。

（一）校地共建平安校园的必要性

1. 高校平安建设工作是高校与属地政府的重要政治任务

党的十八大以来，党和国家高度重视安全工作，在党的十九届五中全会和"十四五"规划纲要中明确提出"统筹发展和安全，建设更高水平的平安中国"。党的二十大要求我们贯彻总体国家安全观，统筹发展和安全，全力战胜前进道路上的各种困难和挑战。习近平总书记多次指出，人民安全是国家安全的基石，保护人民生命安全和身体健康可以不惜一切代价。基于总体国家安全观的高校平安校园建设，是平安中国的重要组成部分，是国家稳定、人民幸福的基石，是党和国家提出的重要要求，是高校与属地政府的重要政治任务。

2. 校地共建平安校园是高校高质量发展的必然选择

大力保障师生安全，是创建安全和谐校园的重要指标，对高校综合建设有着重要意义，保障高校的安全发展环境，是政府确保高校安全稳定工作的必然要求，也是校地战略合作框架内的重要组成部分。

（二）校地共建平安校园的可行性

1. 校地共同推进方志敏大道民生改造工程，践行高校平安建设新理念

方志敏大道是南昌市"十横十纵"干线路网中重要的"一横"。该市政道路途经江西农业大学校园，长约1.4公里，将学校分为南、北两个校区，每日有高达8次的上下课高峰，3万多名师生和住户横穿该道路。仅在2010年至2011年间，该路段发生7起交通事故，造成1死6伤。基于该道路的巨大安全隐患，为彻底解除客观条件下师生的人身安全遭受的重大威胁，经江西农业大学党政主要领导充分调研论

证，于 2009 年正式启动方志敏大道的改造工程。

2. 校地共建平安校园取得巨大成功

经过前期校地双方充足论证，南昌市将方志敏大道列为"胡子工程"重点项目之一，总投资 8.23 亿元。方志敏大道改造工程事关社会经济发展和南昌市文明城市创建，既要保证南昌市现代化交通发展需要，又要高标准高要求保障江西农业大学的教学科研秩序与环境安全，一直备受社会各界关注。

2022 年 4 月 30 日方志敏大道全线正式通车，成功改造为隧道下穿式的双向 6 车道"民生路"与"安全路"，南昌市实现了梅岭高速路口衔接交通要道"一横"的现代化，江西农业大学南北校区整体化的设想成为现实。通车后的方志敏大道地上校园绿化面积为 14274 m²，区域内不仅有园林景观，还有 6 个供师生群众活动的广场，总面积达 5755 m²。同时，该场所也成为园林、园艺等相关学科的教学科研基地，形成了独特的绿化、文化、生活化与科教的校园安全中心地带。

二、新时代高校民生工程建设新要求与新任务

党的二十大明确要求要提高公共安全治理水平，坚持安全第一、预防为主、完善公共安全体系。社会治理体系现代化是总体国家安全观的重要内容，也是高校与属地政府共建、共治、共享，提升社会治理效能，畅通和规范师生群众诉求的必然选择。总体国家安全观赋予校地共建平安校园新要求与新任务。

（一）以人民安全为宗旨，建设校内农贸新市场

高校客体结构复杂化是制约高校平安建设的重要因素，在高校与社会发展深度相融、共同发展的时代背景下，以人民安全为宗旨，建设现代化公共基础设施，离不开校地共建模式。

1. 校地合作统筹建设校内农贸市场

2017 年 6 月江西农业大学与国家级新区赣江新区管委会签订战略合作框架协议，在共建创新平台、社区共建等方面实施全面合作。同年 8 月，江西农业大学将存在巨大安全隐患（人身安全、卫生安全、消防安全）且师生群众反映问题强烈的老破小农贸市场整体搬迁至新建农贸市场，该市场是属地政府批准且按农贸市场规范建设和监管的民生项目，也是在江西农业大学党委制定的"新老集贸市场建拆管统筹"策略下实施的一件重要民生工程。

新农贸市场占地面积为 1800 余平方米，摊位 56 个，门面 15 间，经营类别多样化，市场外配建停车位 44 个，其他各类配套设施齐全。新农贸市场的投入使用，极大地满足了师生群众的生活需要，使得人民群众切实获得了安全感、幸福感与满足感，在教育界及社会面反响较大，获得一致好评，是江西农业大学高质量平安校园建设的重大成果之一，是南昌市校地共建平安校园的成功典型案例。

2. 校地共建完善高校服务民生职能的启示

高质量平安校园建设是新时代平安中国的内在要求，是维护社会稳定、促进人才培养的必由之路，然而现实情况是高校主体工作存在短板，尤其是民生领域短板最为突出。因高校更多是服务于教学与科研，其职能范围受限，在师生群众生活方面的安全建设能力水平相较于政府有很大不足。

高校要清醒地认识到这一点，在师生群众"急难愁盼"的公共基础设施建设方面主动作为，及时向属地政府反映民意民心、明确现有基础设施存在的巨大安全隐患，在规定的程序框架内让政府深刻认识到解决高校师生群众当下所遇难题的重要性，以及民生安全工程建设在高等教育发展中的紧迫性，在有相关明确政策和专项经费的支持下由校党政领导与校各级相关单位共同推动校地共建民生工程是实现高质量平安校园建设工作的必然举措。

（二）校地共建人居环境，增强高校"服务社会"功能

高校平安建设范围不仅是教学科研范围，还包括生活在校园区域的教职工、人民群众与部分租房学生等群体，因常住人员成分、年龄结构、生活习性等情况复杂多样，使得高校师生群众的安全保障与现代化生活设施建设受到严重影响，甚至停滞不前，这种客观现实导致高校平安校园建设面临重大挑战，高校安

全稳定受到各种因素制约，高校"服务社会"功能薄弱的问题凸显。

1. 政策机制逐步完善赋予人居环境建设新机遇

2020 年 7 月，国务院办公厅印发《关于全面推进城镇老旧小区改造工作的指导意见》，提出重点改造 2000 年年底前建成的老旧小区，要改造和建设文化休闲设施、体育健身设施，有条件的楼栋加装电梯等。2021 年 3 月—2022 年 10 月，《中华人民共和国国民经济和社会发展第十四个五年规划和 2035 年远景目标纲要》《国家新型城镇化规划（2021—2035 年）》与江西省印发《关于进一步加大力度推进既有住宅加装电梯工作的通知》等文件陆续颁布。各级政府一系列文件的颁布为高校平安校园建设带来新任务与新挑战，也为校地共建解决高校师生群众生活难题带来新机遇，为高校实现高水平"服务社会"功能提供可能。

2. 校地共建提升高校常住居民的生活质量

第七次全国人口普查结果显示，截至 2020 年，我国 60 岁及以上人口和 65 岁及以上人口分别为 2.6 亿人和 1.9 亿人，分别占总人口的 18.7% 和 13.5%。全国老龄人口占比逐年走高，高校人口老龄化发展趋势不容乐观。2021 年印发的《关于加强新时代老龄工作的意见》对着力构建老年友好型社会提出了明确要求。

江西农业大学的教职工及家属中老龄化人口占比较大，但校内许多楼栋未安装电梯，这是江西农业大学历史遗留问题的一部分。截至目前已为农学院拾禄楼加装电梯一部，为校园居住区域楼栋加装若干部，获得师生群众的高度赞誉。因电梯加装工程是一个综合性因素极强的社会民生难题，接下来的加装工作依然任重而道远。

同时，江西农业大学的文化休闲设施、体育健身设施等建设共同推进，陆续开展了美丽校园、生态花园、幸福家园建设，在拆除老旧建筑物的同时，建设生态休闲游园 9 处，新增加绿化面积 50000 平方米，建设室外生态篮球场 3 处、羽毛球场 8 处，增设停车位 420 余个，增加健身休闲器材 42 件，增加休闲座椅 90 余张，增添校园景观文化石 76 块。各项为民办实事成果成功转化，高校"服务社会"功能与服务供给能力得到极大的改善与提升。

三、高等教育发展困局——"校中村"

建设高质量平安校园应贯彻落实习近平总书记关于安全生产的重要论述和指示精神，将高校平安建设与"以立德树人为根本，以强农兴农为己任"相结合，树牢安全发展责任观，把校园安全融入"双一流"大学建设发展全过程，为高校攻克"卡脖子"问题解除障碍是高校与地方政府共同面对的国家战略任务与现实挑战。

（一）"校中村"的由来

校中村是我国高校快速发展下的特殊产物，是在高校扩建过程中被纳入建设用地范围的自然村落。校中村由原来的农村转化而来，在地域上处于校园边缘，在经济形态上已经从农业转型为城市产业，但在社会组织、管理体制上仍然延续原来的农村体制而相对独立。因此，校中村在空间形态或文化交流方面都容易导致一些校村矛盾。

"三家村"（黎家、郑家、朱家）是位于江西农业大学校园内部的三个村庄。校中村问题始于江西农业大学前身——共产主义劳动大学，当时的"三家村"所在区域全部被划拨为国有土地，因其办学独特性，随着时代的进步与发展，演变为如今的重大历史遗留问题。

（二）江西农业大学"校中村"现状

"三家村"是跨越半世纪的典型"校中村"，一直是学校无法管、政府未接管、村民无组织的三不管状态，目前占地 209 亩，住户 157 户，人员身份均为城镇居民。另外位于校内 20 世纪 70 年代建设的芭茅岭老旧小区进入危楼行列，整体环境卫生差，小区内的居民违建乱搭现象严重。校中村的稳定与和谐严重缺失，同新时代社会主义新农村建设严重脱钩。高校学生、社会人士与当地居民混居，治安责任处于真空。整体无规划、村庄内部交通无建设、环境破陋、居住卫生条件差、治安复杂，这些是校中村最显而易见的问题。

校中村无法绕开的问题还有用水用电问题，无规划，无标准，自建自用，线路管道建设混乱，存在巨大安全隐患，同时，所有水电费用由江西农业大学承担，无节制地过度浪费使用成为常态。校中村的存在属于高校无法解决的历史遗留问题，严重制约了高校平安校园建设与高质量特色农业大学的发展。

（三）"校中村"阻碍高等教育正常发展

校中村在社会服务、安全管理、环境治理、交通安全、师生群众人身安全等方面存在很大隐患，给平安校园建设带来巨大挑战，严重阻碍了高水平特色农业大学的发展，也给江西省完成脱贫攻坚任务、执行乡村振兴战略、解决国家农业高科技"卡脖子"问题与江西省高等教育发展全局带来不利影响。

（四）高校与政府合作互利共赢

2019 年"三家村"搬迁项目以"政府主导、属地负责、学校配合"的模式正式启动。各项民生工程在 2020 年—2023 年 4 月得以顺利推进，省重点民生项目"三家村"搬迁项目基本完成，村民生活有盼头、有希望，其生活质量得到极大提高。紧随其后，芭茅岭老旧小区完整拆除，江西省高校老旧小区改造先行模范试点成功启动，其他违建乱搭情况基本完成清理。

江西农业大学获得更广阔的发展空间，师生群众的学习、工作与生活环境得到极大改善。学校连续11 年荣获江西省平安建设先进单位，多次荣获"江西省平安校园"称号，被授予"全省高校平安校园示范学校"荣誉称号，获得"江西省抗击新冠肺炎疫情先进集体"荣誉称号，获得"2021 年全国高校平安校园建设优秀成果研讨展示活动"三等奖，获得全省平安校园建设工作优秀成果一等奖，平安校园建设取得重大成果。

在执行江西省重点民生项目期间，江西农业大学相继与南昌市、南昌市经济技术开发区签署战略合作协议，在乡村振兴战略、重大现代农业技术攻关、创新型人才培养、技术成果产业转化等方面深入合作，在乡村振兴、科教兴国、服务"三农"等多层面、多领域上取得丰硕成果，为校地共建模式的实践创新和理论探索注入新活力与新内涵。

四、校地共建平安校园的组织架构

校地共建推动高校平安校园建设需要借助政府部门及有关单位的支持，它们合力为高校综合管理提供更全面的保障。高校与其所处区域内的公安、政法、消防、工管、经发、城环、街道等政府部门开展互动合作，实现优势资源联享共用，以重点部位为抓手，深入推进校地共建平安校园，强化校园及其周边治安综合治理工作。此外，高校与地方共建联动，需要参与共建的各个单位、部门各负其责、综合防治，切实履行共建责任。

江西省委省政府、南昌市委、市政府与南昌经济技术开发区管委会在江西农业大学重大民生工程中给予了全面的支持，合力构建联合行动工作组，切实保障各项民生工程顺利启动、建设与完成。其组织架构情况如图 1、图 2 所示：

五、平安校园建设：有政策不坐等，初心不改，不忘使命

自多项政策颁布后，在政府的支持下，江西农业大学各项重大民生工程陆续开建并完成。江西农业大学党委以党建为引领，弘扬"扁担精神"新内涵，以立德树人为根本，以强农兴农为己任，结合深入开展各项主题教育活动，积极启动校地共建模式推动"三家村"整体搬迁、电梯加装、校园老旧小区拆除与现代化改造等重大民生工程，并争先探索新时代高校绿色文化休闲与体育健身设施建设，在先进理论的

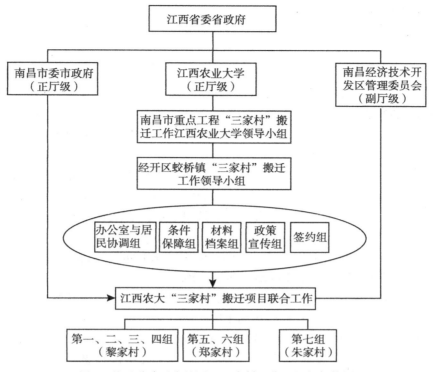

图1 校地共建平安校园"三家村"搬迁组织架构图

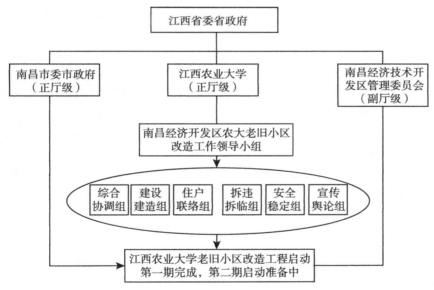

图2 校地共建平安校园"老旧小区"改造组织架构图

指导与党组织的坚强领导下交上了一份平安校园建设的满意答卷。

六、结语

江西农业大学的高校与属地共用道路改造升级、"校中村"搬迁、校内住宅加装电梯、老旧小区拆违拆临及改造等重大民生项目，是适应新时代高校发展新任务的举措，在校内师生及属地人民的期许中，校园安全环境实现了跨越式发展，其建设成果使得师生群众的幸福感、安全感与归属感大幅提升。本文通过对江西农业大学平安校园建设中重大工程的历史背景、推进过程及成功经验进行归纳总结，以期为其他高校平安校园建设提供借鉴和参考。

◎ **参考文献**

[1] 张善红，王宝堂，刘学会，等．高校平安校园建设的调查与对策研究——以S学校为例［J］．价值工程，2017（36）：237-239.

[2] 葛凯，童政权．新时代地方高校高质量平安校园建设路径探究［J］．中文科技期刊数据库（全文版）社会科学，2022（12）：131-134.

[3] 于伟，王金龙，王文刚，等．"一体三分"构筑高校多点办学背景下平安校园建设新格局——以北京科技大学昌平校区为例［J］．中国现代教育装备，2022（09）：166-168.

[4] 习近平．高举中国特色社会主义伟大旗帜 为全面建设社会主义现代化国家而团结奋斗［N］．人民日报，2022-10-17.

[5] 国家统计局．第七次全国人口普查公报（第五号）［EB/OL］．http：//www.stats.gov.cn/sj/tjgb/rkpcgb/qgrkpcgb/202302/t20230206_1902005.html，2021-05-11.

[6] 何得桂，王伟涛．积极应对中国人口老龄化挑战的治理创新［J］．老龄科学研究，2023（11）：34-43.

[7] 江西农业大学农大新闻．【巨变焕新颜六】"口袋"公园、运动场提升师生幸福感［EB/OL］．https：//www.jxau.edu.cn/bb/b1/c50a113585/page.htm，2023-02-27.

[8] 何格．探索校中村微介入式改造策略——以华侨大学厦门校区校中村为例［J］．中外建筑，2018（07）：87-90.

[9] 孟志广．浅析开放街区式住区规划策略［J］．上海城市管理，2017（26）：59-63.

[10] 彭嘉勋，成平．以校地共建模式推进平安高校建设［J］．知识文库，2019（02）：211.

◎ **作者简介**

臧一昊，江西农业大学保卫处政保科副科长。地址：江西省南昌市经济技术开发区志敏大道1101号，邮编：330045。手机：15170057652。

万江文，江西农业大学保卫处处长。地址：江西省南昌市经济技术开发区志敏大道1101号，邮编：330045。手机：13576916579。

陈裕鹏，江西农业大学保卫处副处长。地址：江西省南昌市经济技术开发区志敏大道1101号，邮编：330045。手机：13607919408。

高校学生非正常死亡的赔偿机制研究

袁　锋

当前，全国高校学生的非正常死亡事件呈现多发、突发的特征，尤其是现在大学生多为"00后"，从总体上看有心理问题的学生比例常年保持高位，他们的心理比较脆弱，容易受到各种环境因素的影响而做出错误选择，这是高校学生非正常死亡事件发生的主要原因。

学生非正常死亡是一件不幸的事情，任何人都不愿意看到。但是，在事情发生后，如何更好地进行善后处理，尽量避免发生社会性事件，这是高校管理方所必须面对的问题。

一、非正常死亡的含义

法律上的非正常死亡是一个与正常死亡相对的概念。正常死亡是指由内在的健康原因导致的死亡，如病死或老死。非正常死亡则是指由于正常死亡以外的外部原因所导致的死亡，包括火灾、溺水等自然灾害致死或工伤、医疗事故、交通事故、自杀、他杀、受伤害等人为事故致死。

根据《湖北省高校学生非正常死亡事故（案件）应急处置办法（暂行）》，高校学生非正常死亡指的是凡在读普通全日制高校的学生，因高坠、溺水、中毒、触电、猝死、缢亡、交通安全、消防安全等事故，以及因治安案件和刑事案件造成的非正常死亡。

二、学生非正常死亡的赔偿

在几乎所有的高校学生非正常死亡事故中，学生家属都会要求学校予以赔偿，那么学校是否应该赔偿呢？

在《民法典》《教育法》《高等教育法》《学生伤害事故处理办法》以及各省推出的《高校学生非正常死亡处置办法》等相关法律法规中，比较明确地规定了，对学生非正常死亡的赔偿应该基于过错责任原则，即如果在事件中确定学校确有过错，就应该按照过错的大小和程度来承担相应的责任，进行赔偿；如果学校没有过错，则不应该赔偿。

在实践中，绝大多数学生非正常死亡事件是由于学生自身的原因或其他外部因素导致的，学校在管理上存在错误应该赔偿的情况是比较少见的。

但是在实际情况中，一方面出于人道主义因素，另一方面也考虑到死者家属可能采取一些非理性的方式争取赔偿，有可能会影响学校的声誉和正常的教学秩序，大多数高校管理方还是作了让步，对死者家属进行了赔偿。随之而来的会带来以下问题：

（1）这些赔偿数额可能明显过高，对以后类似事件的处理产生了十分不利的影响，在实践中确实有这种"水涨船高"的现象。

（2）赔偿缺乏依据，在法律法规上没有明确规定，学校在具体操作中自由发挥，导致不同高校在不同情况下赔偿数额有很大的区别。

（3）赔偿的来源不清晰，大多来自学校的运行经费，导致学校的运行经费不足，服务质量下降；或来自学费，导致学校的教学经费不足。

三、赔偿方式

《学生伤害事故处理办法》第二十三条规定："对发生学生伤害事故负有责任的组织或者个人，应当按照法律法规的有关规定，承担相应的损害赔偿责任。"第二十六条规定："学校对学生伤害事故负有责任的，根据责任大小，适当予以经济赔偿，但不承担解决户口、住房、就业等与救助受伤害学生、赔偿相应经济损失无直接关系的其他事项。学校无责任的，如果有条件，可以根据实际情况，本着自愿和可能的原则，对受伤害学生给予适当的帮助。"在各省颁布的《高校学生非正常死亡处置办法》中也有类似规定。由此可见，对非正常死亡学生的赔偿只限于经济赔偿，不涉及任何其他形式的赔偿。且此赔偿是基于学校有责任的，如果学校没有责任，可以在有条件、自愿、可能的前提下进行一定的补偿，但是理论上学校也是完全可以以无责为由拒绝赔偿的。

在我国，高校学生非正常死亡的赔偿方式并没有明确的法律法规规定。以下是一般情况下可能涉及的赔偿方式：

（1）法律程序。当高校学生发生非正常死亡时，家属可以通过法律程序来要求赔偿。他们可以寻求法律援助，提起诉讼，并通过人民法院来解决赔偿事宜。

（2）学校赔偿。学校可能会根据其内部规定提供一定的赔偿，包括但不限于生活补助、医疗费用、丧葬费用等，这通常需要家属与学校进行协商和沟通。

（3）保险赔偿。一些高校可能为学生购买了意外伤害保险或其他相关保险，家属可以通过保险公司来申请相应的赔偿。

需要注意的是，具体的赔偿方式和程序可能因地区而异，建议家属在面对这种情况时尽快寻求法律援助，并咨询相关部门以获取准确的信息和指导。

四、赔偿范围

我国目前对学生非正常死亡的赔偿范围主要由《侵权责任法》和相关司法解释规定。以下是一般情况下学生非正常死亡的赔偿范围：

（1）侵权责任法。根据《侵权责任法》，学生非正常死亡的赔偿范围包括死亡赔偿金、丧葬费、抚恤金等。赔偿金额应当综合考虑死者的年龄、收入、家庭情况等因素确定。

（2）司法解释。最高人民法院发布的《关于审理人身损害赔偿案件适用法律若干问题的解释》中规定了对学生非正常死亡的赔偿范围和计算方法。根据解释，赔偿范围应当包括经济损失赔偿、精神损害赔偿等。

（3）学校赔偿。学校根据内部规定对学生非正常死亡提供一定的赔偿，包括但不限于生活补助、医疗费用、丧葬费用等。

（4）保险赔偿。学校可能为学生购买了意外伤害保险或其他相关保险，家属可以向保险公司申请，保险公司根据事由和合同条款的规定给予相应的赔偿。

很明显，在我国的各项法律法规中对学生非正常死亡的赔偿范围及标准并无明确规定，仅提出"适当"和"协商"之类比较模糊的词语，这给各地高校确定赔偿金额带来很大难度，不确定性非常大，有赔偿金额无限扩大的趋势，给高校的正常运转带来一定的威胁。

五、改善赔偿机制的建议

1. 整合现有的法律、法规，构建完善的法律制度

虽然相关法律对大学生非正常死亡的赔偿作出了一些规定，但是，它们都比较笼统，没有具体的操作性。因此，要对现有法律、法规进行整合，才能进一步健全大学生人身损害赔偿制度。

2. 建立健全大学生非正常死亡司法救助制度

在大学生非正常死亡案件中，其家庭成员经常得不到有效的法律救助。可通过国家财政拨款，设立法律援助基金，建立一支专业的律师队伍，为大学生非正常死亡案件提供免费、便捷的法律援助。在此基础上，也应加强对大学生非正常死亡案件的调查与研究，并从中吸取教训。

3. 大学生非正常死亡个案处置机制的构建

在对大学生非正常死亡案件的处理中，应当充分尊重和维护当事人的正当权利。应当遵循"谁主张、谁举证"的原则，任何单位或者个人都不能干涉。同时，学校在处理大学生非正常死亡案件时，必须遵循"公开、公正、及时"的原则，以事实为依据，以法律为准绳，切实保护大学生的合法权益。

◎ 参考文献

[1] 张海燕，董海涛. 高校学生非正常死亡事件应急管理机制研究 [J]. 法制博览，2018（32）：32-34.

[2] 刘洪洋，闫亮亮，王英国. 高校大学生非正常死亡事件应急处置研究 [J]. 高校辅导员，2017（01）：58-61.

[3] 刘媚. 学校事故研究综述 [C]. 第二届全国教育实证研究专题论坛，2016.

[4] 张晶，黄发友. 法律责任视野下的高校学生非正常死亡事件处理研究 [J]. 湖州师范学院学报，2011（06）：94-97.

[5] 罗吉娟. 勤工助学大学生人身损害责任问题研究 [J]. 法制与社会，2017（03）：190-191.

◎ 作者简介

袁锋，武汉大学保卫三分部治安科科长。地址：湖北省武汉市珞喻路129号武汉大学信息学部保卫三分部治安科，邮编：430070。手机：13277058000。

高校商业网点火灾的预防与对策

——以 W 高校为例

吴勇勇

高校校园内超市、餐饮、快递等商业服务网点的大量进驻，在给广大高校学子和教职工带来便利的同时，也带来了一些如治安、秩序、消防等安全管理问题，特别是商业网点火灾预防问题，已经日益成为校园消防安全管理的重点，越来越多地受到高校管理部门的重视。2017 年 7 月，西安某高校一商业店铺起火，火势引燃周边商铺，致多人受伤。2018 年 11 月，武汉某高校路边小吃店商户违规操作，导致操作间烟道起火，浓烟滚滚，引起用餐学生的大规模恐慌。2023 年 5 月，浙江杭州某高校快递点突发火灾，幸好现场安装了火灾自动报警系统和自动灭火系统，消防员赶到后及时处置，才未造成人员伤亡和较大损失。这些发生在高校商业网点的火灾事故，必须引起高校安全管理部门的高度重视，要采取有力措施，以确保校园消防安全和高校的平安稳定。

一、高校商业网点现状

高校校园服务功能已经逐渐从单一的为学生提供学习和基本生活保障向多元化方向发展，小超市、小吃店、理发店、快递点等商业网点挤满校园道路两边。不可否认，它们为广大师生的学习、生活提供了很大便利，但同时也进一步压缩了高校自身的空间。特别是对于 W 高校这样历史悠久的学校，本身就处在寸土寸金的城市中心，已无扩容的空间，加之这些地段往往建筑老旧、防火等级低、救援通道窄，给"安身"在此的商业网点的火灾预防工作提出了很大挑战。特别是在日常管理上，还存在多头管理、消防安全管理责任归属不明确等问题，这些给商业网点的火灾预防工作带来了隐患和风险。以 W 高校为例，目前校内商业网点大多分为两部分：一部分是学校的公房，包括学生宿舍架空层、家属区一楼成排门店等，这些由学校统一管理，消防由后勤部门或者保卫部门负责，包括网点的灭火设施配备、人员消防培训、日常消防检查等；另一部分就是校内家属区，特别是一楼住户开设的小超市、菜鸟驿站、美容美发等店面，由社区及物业进行管理，亟待进行有针对性的梳理和改进。

二、高校商业网点消防隐患

（一）职责分工不明确，权力配置缺乏"科学性"

以 W 高校为例，高校在校内网点管理方面主要有两种方式：一是部分高校已将各后勤部门进行了整合，成立了大后勤部门对其进行统一管理，管理方包括网点管理办公室、保卫部；二是由后勤集团对网点进行日常管理，保卫部负责其消防检查等工作。至于教学区与家属区相融合的高校，通常由物业公司统一管理家属区内商业网点。不管是第一种方式还是第二种，都不可避免地出现多头管理的现象，"谁主责、谁副责"的消防安全责任制在实际工作中难以明确，从而出现责任死角，即两个部门都觉得这个地方应该是对方管辖，不是自己管辖，发生火灾后互相推诿，甚至因对消防法条款解读不一致导致管理标准混乱，阻碍了校园消防安全工作的有序开展。

同时，网点经营者大多认为自己只应服从与其签订相关合同的主管部门管理，对于其他部门"干预"消防工作，网点经营者认为自己没有配合的义务。特别是家属区网点这一问题更加严重，其经营本身就是住户自发行为，加上历史遗留问题，房屋产权不明晰，社区虽然由街道和学校双重领导，但管理权限有限，重视程度有限，专业知识有限，导致进驻的物业更是难以开展工作。

（二）配套设施不完善，改造建设缺乏"匹配性"

W 高校历史悠久，经过几个阶段的大建设、大发展，校园空间日益狭窄。比如校园内的道路等基础配套设施规建基本上源于建校初至 20 世纪五六十年代，是以当时校园的需求和社会发展水平进行建设的。一些电路还是根据当时年代而设计的，规划、负载都无法满足现今生活要求。很多网点经营者为了图省事会进行飞线充电、使用大功率电器。很多网点的硬件设施配备不到位，空间狭小，安全出口处、疏散通道上长期堆放货物，存在一定的火灾隐患。

（三）安全教育不重视，预防处置缺乏"前瞻性"

高校网点经营者在与学校签订合同时，大多会签订一份关于消防的安全责任书，上面明确了其在学校应该遵守哪些规章制度。可能一开始他们还按照要求去做，可当经营一段时间后，因为控制成本、心存侥幸等原因，相关规定没有得到严格遵守和很好落实，如家属区的商业网点存在居住与经营混为一体的现象。在实际工作中还发现有一些经营者为了省钱省事，擅自加设隔层住人，破坏原有消防设施，导致许多网点是前面经营、后面仓储、隔层住宿，更有甚者会在店内生火做饭，常年以店为家，"三合一""多合一"现象普遍。社区、物业对这部分网点没有切实可行的管理办法，检查整改等一系列消防安全制度落在虚处，致使一些商业消防安全管理工作仍然存在失管漏管现象。一旦发生火灾，后果不堪设想。

另外，网点经营者对接受消防安全教育不重视，懂得消防安全知识常识和法律法规的人员不多，比如我们在组织网点经营者进行消防演练时，一些受训人面对火情显得手足无措，有的甚至连灭火器都不会使用，就更谈不上去扑灭火灾和帮助他人逃离火场了。大多数经营者对消防法规不熟悉，如不了解"三合一""多合一"，等等。

三、校园商业网点火灾预防的对策

防止火灾发生的关键，是做好火灾的预防。如何预防？怎样预防？这是摆在高校商业网点消防安全管理工作者面前的一个课题。作为学校消防安全管理的主管部门，我们认为，必须着眼学校整体发展需要，以更好地为师生服务作为落脚点，从落实主体责任、完善配套建设、加强教育宣传等几个方面入手，形成一个体系，常抓不懈，在不断探索中发现问题、解决问题，从而达到预防火灾的目的。

（一）提升行政管理的"权威性"，明确管理主体

不管是以哪种方式对商业网点进行管理，首先要明确管理部门。从签约到入驻，从入驻到运营，从运营到管理，只能由一个部门进行负责主管，避免多头领导，按照"谁主管、谁负责"的原则，统筹安排相关工作。比如在网点入驻前的改造施工中，既要考虑实际需求，又要重视其是否存在火灾隐患，是否有升级的空间，能否应对日益提升的消防要求和标准。要坚决杜绝只单方面重视满足师生日常生活、学习的需求，而盲目地进行扩建、加盖的违规行为，确保消防各项指标达到规定要求。对于家属区商业网点，学校相关部门应主动作为，积极与业主进行沟通，该关停的关停、该整改的整改。对于沟通无果又不符合消防相关要求的，应及时与街道、城管联系，三方合力坚决予以取缔，对于拒不配合的相关人员可以依托学校相应法务部门进行解决，从法律层面和事故源头上消除火灾隐患。

（二）提高校园设施的"应用性"，合理建设规划

一要强化规划引领，紧紧围绕建设"双一流"大学的目标，充分考虑师生多元化的消费需求，把商

业网点布局置于学校规划中进行综合考量，把"方便、快捷、就近、实惠、安全"的理念贯穿其中，尽快完善编制专项规划，纳入学校控制性详规。二要着力在校内做"减法"，按照"缺什么、补什么"的原则，补齐校园功能短板，把商业网点布局与开展违章搭建专项整治活动有机结合起来，做到拆建并举、先立后破、稳妥有序，充分满足师生的生活需求。对现有的商业网点要进行彻底清查，邀请相关消防部门进行指导，对存在火灾隐患的网点，积极与经营个体协商，按照先整改再经营的原则，确保安全。

（三）加强宣传教育的"实用性"，营造舆论声势

做好高校的商业网点消防工作，最根本的一条就是要全面增强经营者的消防意识。要着重抓好如下几点工作：一是加大消防法规的宣传力度，营造一种浓厚的教育氛围，把宣传贯彻《消防法》及有关法规作为学校宣传工作的一项重要内容，从学校可持续性发展的高度抓紧抓好消防法规的宣传工作。二是抓好学习教育环节，把消防法规作为网点经营者安全教育的一项重要内容，做到常抓不懈，形成常态。还可以进一步考虑把消防知识考核列为入校经营的必要条件，落实到竞标、装修、经营中去。三是根据实际情况，组织消防演练，提高广大经营者的"四种能力"，即检查火灾隐患的能力、扑救初期火灾的能力、组织疏散逃生的能力、消防宣传教育的能力。四是会同社区、城管部门对家属区商业网点不定期进行检查，必要时可协调消防部门进校对拒不配合的网点经营者出具"消防安全整改责任书"，以制度带教育，确保校内消防安全。

◎ 参考文献

[1] 贾应然．关于大学校园消防安全知识普及方式和渠道的思考[C].天津市电视技术研究会2010年年会论文集，2010.
[2] 汤湘江．浅谈如何做好学校的消防安全工作[C].安全责任重在落实——第四届吉林安全生产论坛论文集，2010.

◎ 作者简介

吴勇勇，武汉大学保卫部一分部校卫队队长。地址：湖北省武汉市武昌区珞珈山街文理学部保卫部一分部102室，邮编：430072。手机：15827444083。

少数民族学员校园安全管理的路径与实践

——以武汉大学为例

朱 莹

少数民族专业技术人才特殊培养工作是党中央、国务院着眼于加强民族地区人才队伍建设作出的重要决策和部署，是贯彻落实习近平总书记关于加强和改进民族工作重要思想的有力举措，是新疆、西藏、内蒙古、四川等地人才工作的重要组成部分。做好这项工作，确保少数民族学员校园安全对感情融通、政治稳定、人才培养、维护国家长治久安等方面具有重大意义。

一、少数民族专业技术人才特殊培养工作情况

长期以来，国内有北京大学、清华大学、武汉大学等国内著名高等学校、科研院所参加了此项工作，对少数民族技术人员开展为期一年的"一对一导师制"培养，为广大少数民族专业技术人才，特别是基层人才提供了进入国家最高学府深造的机会，取得了丰硕的成果，建立了基层专业人才与国内专家的长期学习合作机制，有的学员还和导师共同开展项目研究，为基层集聚创新资源、突破关键技术、优化产业结构、培养急需人才发挥了重要作用。

武汉大学积极服务国家发展战略，发挥重点综合性大学学科优势，认真贯彻落实人社部工作部署，自2007年开始接受少数民族专业技术人才特殊培养项目（以下简称"特培项目"）学员。学校领导和相关职能部门从思想上高度重视此项工作，从各方面给予最大的支持和关心。16年来，我校已为特培项目培养学员358名，为促进新疆、西藏、内蒙古三地以及部分涉藏州县的经济发展、社会稳定和民族团结贡献了武大力量，圆满完成各项工作任务。

二、做好少数民族学员校园安全管理工作的重要意义

（一）确保少数民族学员校园安全是贯彻落实服务国家少数民族专业技术人才培养工作的必然要求

新疆维吾尔自治区从1992年就启动了新疆特培工作。2009年经国务院批准，人力资源部和社会保障部、财政部、国家民委、科技部、教育部、农业部、卫生部七部委下文，对少数民族专业技术人才制定了特殊人才培训方案。主要满足培养少数民族专业技术人才需求，培养造就一支高素质的少数民族专业技术骨干队伍。因此，确保他们的校园安全对于这项重大工程的实施是必须做好的一项保障工作。

（二）确保少数民族学员校园安全是贯彻落实党和国家民族政策、实现民族团结的重要举措

高校是培养人才的重要场所，学生来自不同的地区和民族，文化背景和价值观也各不相同。在这样一个多元化的环境中，确保校园安全可以为各族学生提供一个平等、和谐的学习和生活环境。同时，高校也是思想交流和学术创新的重要平台，来自各地的学生在此共同学习和生活，促进了不同民族之间的交流与

融合，激发学生的创新思维和创造力，校园安全有助于构建和谐的社会氛围，推动各民族共同发展。此外，安全的校园环境为少数民族学生提供了良好的学习条件，有助于他们充分发挥自己的潜力，成长为各领域的专业人才，为少数民族地区的发展作出贡献。确保少数民族学员的校园安全，有助于培养具有高度责任感和社会担当的人才，他们的成长和发展对于社会的稳定和进步具有重要影响。

（三）确保少数民族学员校园安全是贯彻落实党的二十大精神的具体体现

党的二十大报告强调，"从现在起，中国共产党的中心任务就是团结带领全国各族人民全面建成社会主义现代化强国、实现第二个百年奋斗目标，以中国式现代化全面推进中华民族伟大复兴"。不断推进中华民族共同体建设，是实现中华民族伟大复兴的应有之义，要深刻领会中国式现代化的中国特色和本质要求，全面建设社会主义现代化国家，让中华民族共同体牢不可破。由此，少数民族学员的培养需要得到更大程度的重视，必须坚持不懈把党的二十大精神和习近平总书记关于教育的重要论述学深悟透，确保党的二十大精神和习近平总书记关于教育的重要论述在少数民族专业技术人才培养工作中落地生根、取得实效。加强管理与服务，确保少数民族学员在校园内的安全，为促进少数民族社会稳定和民族团结提供人才保障和智力支持，具有重要的意义。

三、少数民族学员校园安全管理的路径与实践

少数民族学员管理项目参照教育部中西部高等学校青年骨干教师国内访问学者项目进行管理和服务。继续教育学院负责日常管理，各办学单位负责具体业务学习和工作。学习档案等统一纳入教育部高等学校师资培训交流武汉中心备案。为确保特培学员进校后快速融入学校，尽快开展学习和科研工作，我校从住宿安全、生活安全、班级安全管理等方面入手，做好校园安全管理工作，精心组织，不断提高服务水平。

（一）通过开学第一课抓好思想安全

少数民族学员是推动当地经济发展的优秀骨干，培养好少数民族专业技术人员队伍，对坚定少数民族学员理想信念、开展爱国主义教育、进行国家安全教育、维护民族团结至关重要。长远来看，这部分少数民族学员也将是建设少数民族地区的中坚力量，对我国全面建设小康社会和社会主义现代化国家发挥积极作用。他们的思想安全是安全管理的重中之重。因此，在开学第一课，我们就对少数民族学员开展安全稳定与民族团结、国家复兴专题宣讲，讲明"国家安全是民族复兴的根基，社会稳定是国家强盛的前提。各族人民亲如一家，是中华民族伟大复兴必定要实现的根本保证。中华民族大团结是有效应对境内外敌对势力各种渗透、破坏、颠覆活动，维护国家主权、安全和发展利益，确保社会主义现代化建设各项事业顺利进行、确保国家长治久安的重要保证"等理论要义，引导少数民族学员自觉"铸牢中华民族共同体意识，构建起维护国家统一和民族团结的坚固思想长城，实现好、维护好、发展好各民族根本利益"。

（二）签订安全责任书

为了维护学校正常的教学和生活秩序，保障自身的人身及财产安全，每位少数民族学员都要签订安全责任书。安全责任书的内容包括：在政治方面需热爱祖国，拥护党的领导，坚决拥护和贯彻执行党的路线、方针和政策，维护国家安全；在法律方面需严格遵守国家法律、法规和学校的相关规章制度，绝不违法乱纪；在师德师风方面需加强师德师风建设，营造优良的师德师风氛围，树立人民教师的新形象，为人师表，不做任何有违教师身份的事情，保持崇高的道德情操，维护教师的崇高形象；在校内交通安全方面需严格遵守交通法规；在生活方面需保持良好的个人生活习惯，不酗酒、不赌博、远离毒品，确保自己的人身及财产安全；在学习科研方面需自觉遵守教室、图书馆、体育场（馆）等公共场所的管理规定，服从管理人员的管理，以维护公共场所的正常秩序，维护自己的人身及财产安全；在日常纪律方面需严格遵守请假制度，未经请假或请假未获批准，不得擅自离校，严禁到江河湖泊等自然水域游泳等。通过签订安全责任书，能更好地压实各级少数民族学员安全管理的责任，确保各项安全管理工作能落实落地。

（三）强化住宿管理安全

我们在了解民族政策和生活习惯的基础上，合理安排住宿，尽量安排同民族同语言的学员住一间房。学校为少数民族学员提供了良好的生活居住条件，安排学员入住培训公寓，两人一间，内设独立卫生间、衣柜、书桌，提供 24 小时公寓值班、24 小时热水和 WiFi，并配备专用的微波炉、冰箱、洗衣机等。加强宿舍门卫值班，及时做好安全提示，如不让陌生人进入、离开宿舍关门、夜间减少外出、平时注意防火防盗防电诈、管理好水电气、不使用大功率电器、不在宿舍及室内抽烟等，确保学员住宿安全。

（四）注重信息及学习资源安全

学校为少数民族学员申请开通了图书馆线上资源访问权限，举办专题讲座，不仅加强其信息资源的安全意识的培养，还邀请图书馆资深研究馆员为学员讲解如何使用图书馆资源，使其遵守图书馆规定，合理使用图书馆电子资料库资源。

（五）加强班级管理安全

学校为少数民族学员配备了专门的班主任。入校后，班主任按照学校访学进修学员各项管理规定开展工作，组织学员选举产生班委会，指导班委会开展工作。通过武汉大学非学历教育学员管理服务平台对学员进行管理，以信息化的方式提高管理效率。日常请销假、讲座通知、信息发布、健康打卡、教学测评、信息收集等均在服务平台上完成，确保班级管理安全。

（六）抓好实验室安全管理

注重做好课前安全教育和课中安全提醒，我们要求少数民族学员要在导师指导下进行实验及科研工作，严格遵守校内实验室管理的规定，增强安全防护意识。不仅要注意危化品管理、生物安全、仪器安全及试剂管理、辐射防护安全、废弃物处理，还要学会紧急应对，并有针对性地开展安全演练活动，防患未然。

（七）加强心理健康教育

根据以前的经验总结，我们发现有部分少数民族学员来校后，由于环境陌生、人员陌生、生活不习惯、学习压力大等因素，导致心理上存在很大的健康问题，调理心理状态需要很长一段时间。因此，我们重点加强对他们进行心理健康知识的宣传、心理问题的识别、心理危机情况的干预、心理健康的辅导等多方面工作，确保少数民族学员的心理健康，最终达到协同育人的目的。

总之，多年来，我校坚决贯彻落实高校"立德树人"根本任务，依托百年名校优势学科和办学资源优势，以"服务、指导、引领"理念为行动指南，凝心聚智、集思广益，尽心尽力做好少数民族学员的规范管理和细致服务工作，不断探索改进人才培养模式和安全管理方法相协调、相配合、相促进的实践方式，确保他们在校期间稳得住、学得好、人安全，为促进少数民族学员全面发展、各民族团结进步作出了贡献。

◎ 作者简介

朱莹，武汉大学继续教育学院培训三部职员。地址：武汉大学信息学部继续教育学院综合大楼305室，邮编：430071。手机：13307185126。

高校实验室危化品安全管理探讨

徐华君

众所周知，安全是根本，是教育事业不断发展的前提，也是学生成长成才的基本保障。实验室在教学和科研中发挥着重要作用，而它又是高校安全事故的高发场所，所以说实验室安全是学校安全建设工作中的关键环节，是高校完成人才培养计划的必要因素。随着我国教育学科人才规模不断扩大、水平不断提高，实验室的教学和科研活动更加频繁，很多学院和医化类专业开设了实验实训课程，很多教学都要在实验室里面完成，而在实验的开展过程中，势必会用到一些有毒、有害、腐蚀性试剂和易燃物质，有时因为实验需要还要使用明火。不仅如此，在开展实验的过程中，涉及的化学品种类也越来越多，某些实验室的储存条件也达不到要求，种种现状导致安全方面的问题也越来越突出。

一、危化品存在的主要危害

（一）火灾、爆炸

实验室涉及的危险化学品种类很多，常见的有三氯甲烷、苯、乙醇、丙酮等有机易燃液体。这些危险化学品一般沸点比较低，易挥发，有易燃易爆等特点，如果储存不当，稍有泄漏，能与空气结合，形成爆炸性混合物，遇到点火源或产生静电火花时会发生火灾或爆炸事故。并且这类危险品随着温度的升高，蒸发速度加快，当蒸气与空气结合，达到一定浓度时遇火源极易发生燃烧爆炸。易燃液体还具有流动性和扩散性，大部分黏度较小，易流动，有蔓延和扩大火灾的危险。

（二）中毒和窒息

一般来说，易燃易爆的危险化学品在容易引起爆炸的同时，还具有易挥发的特点，易形成有毒蒸气；有些是受热、遇水会放出有毒烟雾，长时间吸入会对人体的器官造成不可逆的损伤，或可能引起吸入性麻醉导致死亡，如甲醇、乙醇、甲醛、苯、三氯甲烷、乙酸乙酯、石油醚等。这些物质对人体的内脏器官和神经系统有毒性作用，例如三氯甲烷对人体的肝、肾都有毒性，也是一种致癌剂。甲醛本身具有毒性，同时它也是一种致癌剂。另外，部分实验室设有惰性气体气瓶间，存有氮气、氩气、氦气等惰性气体钢瓶，这些气体在正常气压下无毒，当空气中的惰性气体浓度增高时，氧分压降低就会导致人的窒息。

（三）化学灼伤

实验室还常常会使用到一些腐蚀性危险化学品，常见的有盐酸、硫酸、硝酸、高氯酸、氢氧化钠这些强酸强碱类化学品，它们在医类专业和化学专业中会经常被用到。在实验过程中，如果人员操作不当或者容器发生泄漏等都可导致腐蚀性物质外泄，若操作人员不慎接触，可能导致皮肤大面积灼伤，并且盐酸、硝酸还有很强的挥发性，会损伤人体的眼睛和食道等器官。

（四）生态环境的污染

在危险化学品的生产、使用、储存、销售和运输的各个环节，直至作为废弃物进行处理的过程中，由于人员操作失误或处理不当，有毒有害的危险化学品不仅会对人类的健康造成损害，还会对生态环境造成污染，主要体现在生产废物的排放，如化学污染物以废水、废气和废渣的形式排放到环境中。在危险化学品的生产、使用、运输和储存过程中，由于操作失误或突发性事故，也会致使大量有毒有害物质外泄，造成重大污染。危险化学品对生态环境造成污染，其影响不是一朝一夕的，有的持续长达几年或者几十年，甚至几百年，不仅会影响我们这一代人，甚至会影响我们的子孙后代。危险化学品对生态环境的污染也是最容易被忽视的，所以我们必须重视起来。

二、实验室安全管理措施的建立

（一）合理布局实验室场地

目前一部分高校存在储藏危化品的实验室使用面积不足、用房空间有限、实验室布局不合理、人员活动空间和储存危化品的空间不能有效区分、通风和水电及消防等配套设施跟不上等问题。基于这些问题，我们需要对实验室场地进行合理规划，充分考虑实验室的布局情况和电力负荷情况。及时对实验室固定资产进行维修或报废，清理和优化实验室的空间，合理安放新购置的仪器设备，评估各个实验仪器的影响因素，保证仪器的安全状态，定期检查消防设施能否正常使用。另外要充分利用实验室空间，使其总体布局科学合理，人员活动空间和存放危化品的药品库保持独立性，保证实验室安全通道的畅通，为实验室营造舒适的氛围和开阔的视觉效果。

（二）加强师生安全教育和培训工作

安全是教育的根本，加强安全教育的目的是让教师和学生走进实验室之前能够具备安全意识，提高自我保护能力。安全教育同时也是安全文化的重要抓手，安全培训是学生以后能顺利适应工作岗位的基本保障。可以通过以下措施实现安全教育和培训：（1）开设安全课程，将其作为必修课列入学生的培养计划。（2）实验课程教学涉及教学质量和安全两大问题。大多数学生在实验过程中能掌握基本操作技能，认为只要掌握了基本的操作步骤就够了，往往忽视了一些安全方面的注意事项。如果学生仅能掌握操作技能，可能做不到对实验心中有数，也就无法防患未然。针对开设的实验项目，要求学生提前查阅所用实验物品的物理、化学性质，尤其要注意其危险性、取用规范和应急措施等方面的内容，有条件的高校可以购买虚拟仿真实验系统。在虚拟仿真化学实验平台上，学生可进行实验预习、操作练习、模拟实验，也可以在题库中进行安全知识、实验室管理制度、课程知识、通识等方面的习题练习和考核，这样就可以在实验的过程中做到心中有数，遇到问题能及时处理。（3）要严格开展安全教育教学活动，学校成立实验室安全教育平台，根据各实验课程指定学习内容，通过考核后的学生方可获得选课和进入实验室的资格。学生进入实验室前必须接受指导教师的安全教育培训，包括实验室安全守则，实验室安全制度，仪器使用方法，仪器设备损坏、丢失及事故赔偿处理规定等。（4）开设小班进行教学，超过15人、低于30人的班级必须有2名教师同时参与教学，其中1名教师可以是熟悉实验内容及实验室安全管理规定的实验室教师。（5）定期邀请安全工程师、消防员、督导员等专业人员进行安全排查和开设安全讲座，对授课教师和学生讲授紧急情况下的疏散和逃生技巧、消防设备的使用方法、急救方法等知识，并将其列入学生的劳动课必修项目，并进行演习考核。

（三）开展管理人员安全培训

实验室工作人员的管理水平和安全意识是实验室工作得以顺利开展的保障。高校应重视管理人员的职业道德教育，做好业务培训，完善员工考核制度。提供岗前、岗中培训指导，根据管理人员的特点和实际情况以及专业的不同进行分类培训。重视实验室硬件建设，帮助管理人员解决实际工作中遇到的问题，同时还要建立一套科学的绩效方案，对人员实行岗位考核，奖惩分明，助其提升业务能力。重视实验室安全工作，肯定实验室安全管理人员的工作成果，调动其工作积极性，开展全方位、多层次的培训，鼓励管理人员参与提升实验教学水平、安全操作、维修保养和管理等方面的专业培训，支持其参与各大院校实验教学研讨会和社会实践活动，不断提升管理人员的自身技能和专业素质。

（四）做好化学试剂安全管理

实验室化学试剂一般可分为无机试剂类、有机试剂类、指示剂类、强腐蚀氧化剂类、标准物质等。对化学试剂进行科学的分类存放和有效管理是安全的基本保障。可采用以下措施提高化学品分类、管理和使用的规范性：（1）对实验室化学品进行科学分类，如易燃品、酸、碱、腐蚀品、有毒品、放射性物质、氧化剂和有机过氧化物等危化品，必须存放在危险品安全柜中，由专人管理，科学存放，并贴上警示标签。（2）实验室应设立单独的危化品室。目前很多高校存放危化品的场所缺少避光措施，危化品面临阳光直射等问题，很容易引发安全事故。要严格控制其温度、湿度、通风状况和光照情况，做好通风、防潮、防挥发、防氧化、防降解、防腐蚀和防爆防燃等安全管理，可以在源头上杜绝安全事故的发生。（3）建立电子危化品库，对分类危化品建立电子台账，定期盘点，对其出入库进行严格管理。剧毒试剂及危化品应实行双人双锁管理制度，并做好领用登记。（4）管理人员要准备好与危化品有关的使用要求和注意事项，使用者在领取乙醚、浓硫酸等危化品前，必须先阅读使用要求和注意事项，签字后方可取用。（5）对于研究人员的新制样品，须尽量掌握其物理、化学性质，评估其火灾危险性、环境危害性、人体危害性等并在标签上注明，做到妥善保管、尽快处理。（6）实验室排放的有害物质，如废水、废气等都要进行规范处理，达标后方可排出，以免对环境造成污染。汞、铅、镉、铬等重金属物质，应尽量按需配置，避免随意废弃，污染环境。其余废弃试剂，按含剧毒化学品废物、含有机溶剂废物、无机固体试剂、有机酸、含重金属无机溶剂废物等进行分类，统一收集，贴上标签，由有资质的企业统一集中处理。

（五）建立安全管理制度

严格遵守实验室各项规章制度、危化品管理制度和实验室应急预案的规定，所有人员进出实验室要按实验室要求做好出入登记和使用仪器设备登记，由实验室管理人员不定期检查、监督、落实。同时，与时俱进地完善实验室安全管理各项规章制度，以保障实验室环境的安全。保持实验室环境的稳定、清洁，实验室需配备通风橱，有机溶剂操作必须在通风橱内进行，不定期地对实验室进行通风，每天至少通风3—4小时，安装排气管道，消防灭火器材要定期进行检查，保证能随时使用。安全使用实验室的电、水、火、气，不得违规操作。高压气瓶应妥善保管，远离火源、热源，避免暴晒及强烈振动，并对其进行固定、隔离放置。使用实验室设备前要确认仪器设备状态完好，电器设备要保证良好的散热环境，远离热源、易燃物品。使用电器设备时，应保持手部干燥、清洁。

三、结语

实验室安全是高校教学的重中之重，是维持正常教学的根本，也是学校财产安全和师生人身安全的基本保障。实验室安全管理措施不是针对哪一方面的，虽然各条款侧重点有所不同，但其最终目的是一致的。实验室安全管理措施也不是针对某一项风险的防范举措，它是由多项安全方案共同构成的，是一项系统工程，最终目的是抵制或消除各类灾难性风险，预防各种安全事故的发生。构建实验室安全管理机制，能够提高实验室安全管理的效率和水平，减少不必要的财产损失，更好地保障教学工作的顺利开展。

◎ **参考文献**

[1] 陈六平. 关于当前实验室管理及实验教学中的若干问题 [J]. 实验室研究与探索，2009（01）：152-156.

[2] 陈晶晶. 高校实验室安全管理评价体系的研究 [D]. 上海：华东理工大学，2013.

[3] 汤营茂，缪清清，钱庆荣，等. 高校实验室危险化学品安全事故应急处置能力提升的探讨 [J]. 实

验技术与管理，2020，37（04）：277-279.

［4］朱丽娟，高琳．浅析化学实验室如何加强安全管理［J］．实验室科学，2007（03）：162-163.

［5］朱平平，冯红艳，金谷，等．大学化学实验安全教育和管理的创新与实践［J］．大学化学，2017，32（12）：48-52.

◎ 作者简介

徐华君，汉族，湖北黄冈人，黄冈职业技术学院医药学院教师，主管药师，本科研究方向：药学。

安全教育与队伍建设

高校安全教育现状及对策研究

肖娟娟

安全是一切工作、活动的基础和前提，是关系国家和人民的人身、财产等切身利益的头等大事，没有安全，一切都是空谈。高校是大学生集中学习和生活的重要阵地，青年大学生肩负中华民族伟大复兴的历史使命，这就要求高校必须加强青年大学生的国家安全、消防安全、交通安全等一系列安全教育，不断增强高校师生的安全意识和防范处理能力，在保障安全的前提下最大限度地发挥高校育人功能。

一、高校安全教育的重要性

1. 安全教育是维护国家安全和利益的需要

当前，我国正面临百年未有之大变局，国际局势波谲云诡，国内经济社会发展的不确定性、不稳定性因素增强。我国所面临的环境更加复杂多变，境外敌对势力的活动越来越频繁，对我国政治、经济、安全等方面构成严重威胁。境外敌对势力通过传播西方的政治经济模式、价值观念等向我国青年大学生输入西方文化，通过金钱收买或打着学术交流、访学参观等旗号刺探或窃取我国机密，利用网络技术企图对我国进行政治操控和经济影响。青年是祖国的未来，大学生更是祖国的希望，因此高校的安全教育特别是国家安全教育关系着国家的安全和利益。

2. 高校开展安全教育是国家法律法规的要求

高校安全工作一直是党和国家高度重视的一项工作，国家在法律层面对高校安全教育工作进行了规定和要求。《中华人民共和国教育法》《高等学校学生行为准则（试行）》《高等学校校园秩序管理若干规定》《普通高等学校学生安全教育及管理暂行规定》《高等学校内部保卫工作规定（试行）》《消防法》等法律法规，既规定了学校在安全教育管理中的职责，也明确了大学生在安全教育管理中可以行使的权力和应该履行的义务，将高校安全教育工作上升到了法治层面，充分体现了安全教育工作的重要性。

3. 安全教育是高校健康运行和发展的重要保障

近年来，高校发展带来的多元化培养、多校区模式给校园安全保卫工作带来了很大挑战。一是学生增多，相应的后勤服务人员增多，有的校园内还常有工程建设项目，导致校园人员数量增多、构成更复杂，发生安全隐患的群体和场所增多；二是教职工车辆越来越多，学生的电动车辆或机动车辆增多，校内交通面临较大压力，交通安全隐患增大；三是现在很多高校都实行开放式管理模式，校外人员可以通过预约等方式进校，校园内人员类型复杂多样，矛盾和隐患发生概率增加；四是发达的信息网络也带来了网络安全问题，网络暴力、网络诈骗等事件层出不穷，师生的网络安全意识亟须加强。近些年，高校安全事故频发，在很大程度上影响了高校教学科研工作的开展，只有不断加强师生的安全教育，才能尽可能减少上述因素带来的不利影响，保证校园和师生的安全，为高校健康运行和发展保驾护航。

二、我国高校安全教育现状分析

1. 安全教育体系不够完整

第一，安全教育的对象更偏重学生，对教职工的安全教育重视不够。目前高校安全教育大多面向学生开展，面向教职工开展的安全教育较少，同时很多教职工认为安全教育的主要对象应是学生，安全知识自己都懂或者学不学意义都不大，经常出现教职工对安全教育培训会参与率不高或中途退场、实验室安全培训中教师安排学生参加自己却不参加等现象。第二，安全教育的内容不够全面，主要为消防安全、治安安全、实验室安全等，国家安全、网络安全等内容涉及不多，同时，实验室安全教育多流于表面，不同类型实验室安全教育的针对性不够。第三，安全教育的形式单一、不连续。当前高校的安全教育形式主要为短期授课，大多在新生进校时、全民国家安全教育日、安全检查前后等时段安排相应内容的专题报告，报告的丰富性、教育的体验感不足，师生参与的积极性不高。第四，安全教育的师资匮乏。当前我国高校开展安全教育主要是邀请公安、消防等管理部门的人员、校内保卫部门人员、学工老师或辅导员等进行讲解，相对来说报告的专业度、精彩性、实操性还有待提高，无法从真正意义上提高师生的防范能力。

2. 安全教育保障不够完善

第一，安全没有成为师生学习和工作的硬性要求，如很多高校并没有设置学生的安全教育必修课，教职工入职时也没有设置安全教育考核环节，教职工的各种考核中也没有涉及安全教育内容等。虽然各个高校都将安全放在首位，但是并未将接受安全教育作为师生的强制性要求，这必然导致师生认为安全教育是选做内容，仅嘴上重视而实际行动却不积极或流于形式、疲于应付。第二，未建立师生安全教育的考核机制，如何在学生的学业评价和教职工的岗位考核中体现安全教育内容，也是保证安全教育落实落地取得实效的重要举措。第三，安全工作的精力和财力投入不足，相对来说，人才引进、科学研究、学生培养等是经费投入的重点领域，在安全工作领域投入的精力和财力都不够，因此高校还有建筑消防设施不到位、实验室安全设施不齐全等现象存在。

3. 安全文化形势不够理想

第一，安全工作确实重要，但当前不少高校对安全工作的认识还不够到位，出了事非常重视，不出事就放松警惕，认为安全事故不会发生在自己身上，存在侥幸心理。第二，部分高校更重视专业教育，安全教育不够全面、流于形式，安全教育还停留在消防、治安、交通等人身、财产安全方面，对国家安全、网络安全、心理健康等的重视程度和教育开展还不够。学术规则的导向性使得教师更专注于科研成果的产出，在学术规则中未将安全放在第一位，导致在开展科学研究时，师生不能做出正确的安全选择、对实验前的安全评估不足等。第三，以检促改、以改促建的文化尚未形成，很多高校在接受安全检查时突击准备，虽然在检查结果反馈后能及时整改，但安全意识不到位导致"静态整改、动态反复"的现象频频出现，全员安全文化的形成异常艰难。

三、增强高校安全教育工作实效的对策建议

1. 构建全方位安全教育体系

构建覆盖全体师生、涵盖全部安全知识、贯穿全部阶段的全方位安全教育体系，以解决参与主体不全、教育内容片面、教育阶段短暂的现实问题。将安全教育作为全体教职工和学生的必修课程之一，明确师生的安全主体责任，使广大师生意识到参加安全教育既是自己的权利，也是自己的义务。将安全教育的内容从消防安全、治安安全、实验室安全等向国家安全、网络安全拓展，更加有针对性地对不同实验室开展安全教育，更加重视师生的心理健康安全教育，使安全教育的内容涵盖安全的各个维度、各个方面，帮助师生牢固树立总体国家安全观和大安全观，保障高校的安全和稳定，进一步保障国家的安全和稳定。将安全教育从在具体的时间段开展延展到在全时段持续开展，采取必修课、专题讲座、实操体验相结合，定期和不定期相结合的方式，将安全教育工作融入师生学习、工作的具体实践中，让安全教育工作入脑入心，促进师生在学习、工作和生活中自觉遵守安全规范、自觉践行安全理念。

2. 构建全流程安全教育保障体系

构建师资专业雄厚、课程科学合理、考核机制完善、投入持续充分的全流程安全教育保障体系，以改变安全教育专业性不强、不受重视、硬软件设施不到位等现状。引进和培养一支专业化、职业化的安全教

育教师队伍，并不断加强其专业能力和素质的培养，奠定好安全教育工作的基础。设置涵盖国家安全、消防安全、治安安全、实验室安全、网络安全、心理安全等内容的必修课程体系，分别在不同学年开设，保证学生每年都能参加相应安全课程的学习，保证安全教育的系统性和连续性。将安全教育作为教职工入职教育课程的必修内容之一，且教职工每年必须参加相应的安全教育学习，保证安全教育的全覆盖和经常性；形成严格的安全教育考核机制，学生必须完成安全课程的学习并通过考试方能获得相应学分，安全课程的学分是获得学位的必修学分，从考核的终端使全体师生加大对安全教育的重视程度。保证持续、充分的安全工作投入，每年列支必要且充足的安全工作专项经费预算，加强基础设施的经费投入，确保教学科研场所的基本安全，确保安全教育能够落到实处。

3. 营造全覆盖安全文化氛围

营造全员真正重视、全员切实践行的安全文化氛围，以解决安全工作"上热、中温、下凉"的现实问题。建议将安全因素摆在所有教学、科研等工作的第一位，作为所有工作开展的基本前提，从制度层面促使师生高度重视安全。建立长效安全检查机制，经常开展检查，做好安全隐患整改的跟踪检查，避免"静态整改、动态反复"现象，让检查真正成为保持安全常态的有力抓手。实现安全教育形式的多样化，除了安全知识的讲授、安全技巧的操练外，还可以通过拍摄安全小视频、安全征文、安全观影、安全图片展等形式营造安全教育的良好氛围，让安全教育时时刻刻处于师生的身边，走进师生的心里，使全体师生实现安全意识的思想自觉和行为自觉，安全教育工作方能行稳致远。

◎ **参考文献**

[1] 刘萍．"三全育人"视域下地方高校安全教育现状与路径研究［J］.高教论坛，2023（06）.

[2] 徐涛．高校安全教育的现状分析及对策建议［J］.西部学刊，2023（04）.

[3] 黄溪发．总体国家安全观视域下的高校国家安全教育路径探析［J］.湖北开放职业学院学报，2020（01）.

[4] 蒋婷婷，侯涓，陈霞．对高校校园安全文化建设的研究［J］.才智，2022（26）.

[5] 覃红．"互联网+"背景下大学生安全教育探析［J］.学校党建与思想教育，2019（09）.

◎ **作者简介**

肖娴娴，武汉大学土木建筑工程学院副院长。地址：武汉大学工学部土木建筑工程学院，邮编：430072。手机：18986000581。

高校实验室安全教育规范化体系建设研究

侯　毅　林耀虎　王庆华

高校实验室安全是学校教学科研的基本前提，是履行人才培养、科学研究、社会服务和文化传承职责使命的重要保障。随着教育事业的深入发展，高校不断加大实验室安全技防、物防投入，使得实验室的软硬件条件得到显著改善。人作为实验室的主体，是实验室安全事故产生的首要因素。研究表明，实验室安全事故 90% 以上是人员缺乏安全意识、缺少安全技能、安全操作不规范等因素引起的，因此，研究规范化的实验室安全教育体系具有现实意义。通过规范化的实验室安全教育，培养安全意识、掌握安全知识、学会应急技能、消除安全隐患、规避安全风险是实验室安全管理的有效途径。

一、实验室安全形势分析

（一）外部因素

个别社会企业超经营许可范围经营，尤其是危险化学品等高风险领域，加之行政监管力度不够、源头把控不严、校园环境开放，高校师生很容易绕开监管流程直接购买到危险化学品等高风险物品，成为高校安全管理的薄弱环节，安全隐患突出。

（二）内部因素

1. 人员结构复杂

高校人才培养更加重视理论与实践的结合，实验室教学科研活动日渐频繁，参与实验室活动的师生不断增加。同时，对外合作交流活跃，科研任务增多，校外单位人员、项目聘用人员和交流访问学者、外国留学生进入实验室，人员流动性强，实验室人员构成复杂，各类人群的安全知识水平和能力参差不齐。

2. 危险源众多

高校学科门类众多，实验室科研教学内容广泛，进而为完成必要的教学科研活动而带来的危险源众多。除压力容器、压力管道、高压气瓶、起重设备、大型机械、电梯、易燃易爆化学品、有毒化学品、加热装置、放射源及射线装置等本身的危险性外，还有实验过程中人的不安全行为、设备故障以及环境变化等带来的危险。

3. 实验场所分散

高校现有的实验室基本是按照各学科专业发展的需要，根据课程安排和科研活动需求建立的。同时，高校办公用房紧张，导致各实验室场所较分散，甚至多校区分布，实验室场所被分割得较小、较细，实验室危险源也随场所分布广泛，往往使管理难度增大。

二、实验室事故原因分析

高校实验用房紧张、设备和人员密集，老旧建筑物的水、电、气等系统不符合实验室安全标准，以及长期存在重科研、轻预防的问题，这些都会导致实验室事故发生。随着信息技术发展和自媒体资讯日益发达，实验室安全事故时常见诸公众视野之下。究其事故原因，除了实验设备自身的安全防护问题外，安全素养不足是导致事故发生的主要成因。主要表现在以下几方面：

1. 安全意识淡薄

安全意识淡薄主要表现在安全责任不落实、安全培训缺失、安全投入不足、安全管理不到位。高校实验室师生经常口号喊得响，但安全责任不明确、落实不到位；安全教育培训走形式，甚至逃避安全教育，思想上不重视；对存在的安全隐患视而不见，不投入足够的人力、物力、财力进行隐患整改；存在侥幸心理、凭经验操作，想当然地认为操作安全，麻痹大意，进而导致实验操作风险失控。

2. 安全知识不足

部分实验人员对相关领域的管理要求缺少基本常识，包括对化学药品、试剂特性、分类方法、存放和使用要求等掌握不足，存在易燃易爆化学品与氧化剂混放现象；对不同实验设备的风险点、安全注意事项和操作规程不熟悉，仪器设备未定期保养和维护，在进行加热、高速等实验操作时不采取防护措施，存在随意操作行为。

3. 安全技能缺乏

部分实验人员不能熟练掌握实验设备的使用方法、安全操作规程、突发事件应急处置流程，学习了安全知识，但缺乏动手能力训练，不能有效使用各类现场急救方法、现场安全防护设施和个人防护用品，缺少自我保护能力，未能充分将所学知识融会贯通地运用到实验室安全风险的辨识、分析、评估和处置中。

三、安全教育现状分析

1. 缺少统一规划性

没有把安全教育完全纳入实验室管理工作中，即使开展安全教育，也是零敲碎打，致使实验室安全教育一直没有主渠道。实验室安全教育的时间、内容、教材、教师、教学效果等，都没有统一的规划和计划，安全教育资源和力量比较分散，专项教育和通识教育布局不合理，各单位安全教育力量良莠不齐，缺少系统的安全教育体系。

2. 内容缺乏新颖性

内容未与时俱进地及时进行补充、更新和调整，存在安全教育内容多年不变，陈旧过时以及针对性、时效性不强的问题。此外，内容以文字语言为主，多样性不足，缺乏图片、视频、事故案例等具有视觉冲击力和声像并茂的内容，难以激发学习兴趣。

3. 教育形式单调

传统的安全教育主要采用专题讲座等属于口号式、开会式、填鸭式的课堂灌输模式，形式单一、老套，缺乏吸引力，缺少参观、座谈、演讲等与课堂讲授相结合的形式，难以达到实际效果。

4. 教育缺少针对性

未针对不同类型、不同岗位的人员分类别、分层次开展"有的放矢，按需下方"的个性化教育培训，不具体、不生动，起不到入脑入心、增强安全意识和提升技能的效果，特别是用身边的典型事故案例进行正反两方面的安全教育不够。

5. 教育缺少体验性

传统的安全教育模式没有以被培训对象为中心，未能充分通过实践与思考相结合的方式使被培训对象获得知识技能，提升事故预防能力。实践表明，采用视、听、体验相结合的三维立体式安全教育模式的教育效果将更加显著。

简言之，当前的实验室安全教育难以满足新形势下的安全教育需求，开展实验室安全教育规范化体系建设具有重要现实意义。

四、安全教育规范化

（一）构建原则

实验室安全教育应坚持"防范为重，教育为先"理念，以"人人讲安全、人人学安全、人人懂安全"为目标，坚持"凝聚师生共识、部门协作联动、课内课外一体、全方位无盲点、全过程不断线"的工作原则，突出针对性、全程性、全员性、全时性特点，多措并举建成"师生全员覆盖、方式立体多元、互动体验实战"的安全教育规范体系，使得实验室安全教育成为实验教学科研中的必要环节和准入依据，为师生的安全素质和实验能力培养提供坚强保障。

（二）规范化措施

1. 教育内容系统化

安全教育应涵盖安全意识培养、安全知识讲解、制度规范学习、实验环境熟悉、安全风险识别、实验仪器设备操作、个人安全防护、突发情况应急处置和警示教育案例等各方面内容，培养安全意识和安全能力，以保障自身和他人的安全。

2. 教育方式科学化

在采取传统安全教育方式的同时，应积极拓展新型安全教育方式，丰富安全教育形式。一是采取以事故说法等方式剖析典型实验室安全事故，做到举一反三，严防类似事故。二是通过经常性的应急演练锻炼扑救初起火灾和疏散逃生能力。三是通过安全体验馆的场馆建设，大力开展应急培训和体验式安全教育。四是通过微博、微信、客户端、微电影、小视频、动漫、小游戏等新媒体方式持续传播安全知识、弘扬安全文化。

3. 通专教育相结合

实验室安全教育内容要兼顾通识性、基础性和专业性要求，还应根据实验室存在的安全风险和危险源类别，有针对性地开展特种设备、气瓶、危险化学品使用安全，危险废弃物收集，机械安全，用电安全，生物安全等专题性安全教育，做到每门实验第一节课和每节实验课课前有针对性地开展安全教育。

4. 安全教育体验化

创建安全教育基地，运用多媒体演示、游戏互动、拓展体验等方式，开展体验式实验室安全知识教育和技能培训。集科学性、参与性、实用性和趣味性于一体，运用新技术和新成果，提高了体验项目的科技含量和场景逼真度，使师生通过切身体验强化安全意识，规范安全行为，积极开展从单向讲授向互动体验转型的有效探索。

5. 线上线下相结合

通过信息化建设在线上构建视频教育资源平台和基于移动互联方式的知识分享平台，开展实验室安全在线学习和考试，并融入安全小游戏，增强师生安全学习的在线体验。抓住人员入校和重要主题日等特殊时间节点，开展线下专题讲座、应急演练、安全检查和现场咨询活动，强化安全氛围营造，提高师生的避险逃生技能。

6. 教育效果可评估

抓住关键节点开展实验室安全教育，通过课内教学、课外活动相结合的方式提高安全教育全员性，通过互联网、移动网络等新技术提高安全教育互动性，通过安全体验、应急演练的方式提高安全教育实践性，通过知识竞赛、安全知识考试、体验培训、实操演练、交流讨论等方式考核评估学习效果，确保师生达到实验室的安全准入条件。

（三）规范化效应

通过规范的实验室安全教育体系构建和实施，确保相关人员进入实验室前全面了解实验室的整体环境和安全风险点、掌握基本操作规范，尤其是高温、高压、高速、低温、真空、强磁、辐射、高电压等特殊环境及条件下的仪器设备使用方法，以丰富相关人员的实验知识，增强其实践能力，为实验的顺利开展提供保障，助力培养具有安全意识和能力的人才。进而，不断推进现有实验室安全教育模式由传统的宣贯模式向体验式互动学习模式转变，建立实验室安全教育工作长效机制，提升教育内容的针对性和实效性，形成实验室安全教育的辐射效应和浓厚的实验室安全文化氛围。

五、结论和展望

实验室安全教育规范化体系建设是一项长期系统工程，关系高校实验室安全管理和校园生产安全，是保障实验室安全的有效预防手段和可靠抓手。实践证明，构建科学合理的实验室安全教育体系不仅对实验室安全生产管理起到显著效果，同时还能积极地提升实验教学的质量、提高学生的实验素质。实验室安全教育还需要进一步研究如何利用信息化技术和手段增强安全教育的体验性、互动性以及锻炼师生的实际操作能力，全面构建集学习、考核和实训能力培养于一体的安全教育规范化体系。

◎ **参考文献**

[1] 王杰. 高校实验室安全管理体系探索 [J]. 实验室研究与探索，2016，35（08）：148-170.

[2] 朱菁萍，刘红军，冯志力，等. 探索实施"一三三管理模式"提升实验室安全管理成效 [J]. 实验技术与管理，2016，33（10）：3-6.

[3] 孙晓志，李春鸽，张社荣. 天津大学实验室安全体系的建设与实践 [J]. 实验技术与管理，2016，33（09）：8-11.

[4] 顾昊，曹群，孙智杰，等. 实验室安全教育体系的构建及实践 [J]. 实验室研究与探索，2016，35（04）：281-283，292.

◎ **作者简介**

侯毅，北京航空航天大学副研究员。地址：北京市海淀区学院路 37 号北京航空航天大学安全保卫部，邮编：100191。手机：13810728941。

高校安全教育初探
——以北京大学医学部为例

沈　鹏　糜琳娜

安全教育是高等教育的一个重要内容，直接或间接地影响高等教育的水平和效果。高校安全教育是校园安全管理的基础环节，其重要意义无须多言。如何使安全教育入脑入心，并外化为安全行为是高校保卫部门探索的重要课题。笔者结合北京大学医学部安全教育实践，探索安全教育的有效途径，以期对校园安全管理工作有所裨益。

一、高校安全教育的含义

习近平总书记高度关注安全问题，提出坚持总体国家安全观，走中国特色国家安全道路。大到国家、小到个人以及各行各业、社会各个方面都离不开安全。安全，是指不受威胁，没有危险、危害与损失，是人生存发展的外在条件和环境的良好状态。教育是指影响人的思想、行为的社会实践活动。安全教育指的是通过影响他人的思想、行为，实现消除危险、危害与避免、减少损失的目的而进行的社会实践活动。因此，高校安全教育的含义是：针对在高校内工作、生活的人开展的旨在树立安全意识、防范安全风险、实施安全行为的活动。高校安全教育是高校安全工作的重要组成部分，在维护校园安全稳定方面发挥了重要作用。

二、高校安全教育常见途径

高校安全教育是高校保卫部门的重点工作。以北京大学医学部为例，保卫处高度重视安全教育，坚持以增强广大师生的安全意识、提高其防范能力为目标，注重安全教育落实，坚持线上宣传与线下教育并重，力争安全教育既要"入眼入耳"又要"入脑入心"。在线下宣传方面，保卫处在"4·15"全民国家安全教育日、"119"消防宣传日、安全生产月等节点悬挂宣传横幅、制作展板；组织开展安全讲座、参观体验、实操演练、发放宣传品等系列现场宣传活动，扩大宣传的覆盖面和影响力；在学院的大力支持下，推动安全教育进课堂，为学生讲授安全课；与学工部门协同配合，定期参加学生信息发布会，及时发布安全提示、安全信息。保卫处实行安全辅导员制度，保卫干部深入学院担任班级安全辅导员，参与学生宿舍建设，加入学生微信群，促使安全理念渗透到学生的生活、学习中。除线下安全教育外，保卫处努力开辟线上安全教育阵地，2017年10月申请开通"平安北医和谐校园"官方微信公众号，向师生员工推送安全信息，拓宽宣传渠道，建立师生互动平台。截至2023年10月，"平安北医和谐校园"官方微信公众号拥有关注人数接近13000人，累计发布推文400余篇。从2020年起，保卫处联合学工部，引入"北京大学医学部安全教育学习平台"，将安全教育前置，新生在入学前须完成安全必修课12课时、选修课20课时，并参加考核测试。新冠疫情暴发后，腾讯会议、金山会议、Class-in等平台开放了免费公共空间，即使在严防严控的居家阶段，仍以线上授课突破时间、空间限制，安全教育的触角可以延伸至各个地域的师生。

三、高校安全教育的困境

安全教育是一个传递安全知识、树立安全意识、形成安全行为的过程。这三个环节是逐步递进的关系。相对而言，传递安全知识较容易实现，高校保卫部门通过线上线下多渠道宣传，比较容易实现安全教育的"入眼入耳"。"树立安全意识""形成安全行为"则往往成为高校安全教育的难点和痛点，换言之，安全教育难以"入脑入心"。以北京大学医学部为例，校园常见发案类型数量如表1所示：

表1 校园安全事项统计表（单位：起）

事项 \ 时间	2019 年	2020 年	2021 年	2022 年
火情火险	11	12	6	3
找回失物	116	53	175	206
电信诈骗案件	9	12	8	7

从表1中可以看出，火情火险和电信诈骗案件的发生数量自2020年以来逐年下降，从一定程度上反映了师生员工的危险行为呈下降趋势，与社会大环境密切相关的电信诈骗案件发案平稳，稳中趋降。2020年暴发新冠疫情后，人们在一定程度上受到了防控的限制，居家办公、通过网络获取信息的时间增加，依托于网络、电话等手段的电信诈骗，不受时空限制，呈现上升态势，诈骗手段和方式契合社会热点而不断翻新，高校不可避免地受到影响。就医学部而言，保卫处及时研判诈骗案件的态势，在各学院的支持配合下，在学生中普及安装"国家反诈中心"App，深入学生宿舍，逐人发放安装说明，现场指导。尽管社会大环境中的电信诈骗类案件数量上涨，但北京大学医学部发案却呈下降态势，体现了安全教育产生的良好效果。

目前，高校安全教育的困境在于，虽然在宣传教育方面投入了大量的人力、物力，师生员工也接受了安全教育，但仍有一些安全事件发生，即可能做到了"入眼入耳"，但未真正"入脑入心"。

四、探索安全教育"入脑入心"的有效途径

安全教育是防范犯罪行为的重要手段，安全教育"入脑入心"的比例越高，教职工、学生的安全意识越强，校园发案率往往越低。结合医学部安保工作实际，笔者认为推动安全教育"入脑入心"的有效手段有以下几种：

一是深入师生员工，了解其真正安全需求，找出安全教育的疏漏环节。在互联网时代，个体所面对的信息量是庞大的，受到时间、精力的限制，对个体有吸引力的信息往往是满足其现实需要性的信息。安全教育的内容只有契合师生员工的需求，才容易被其关注、接受。反之，则容易被忽略。以北京大学医学部为例，保卫处目前采取的深入师生员工的方式有设立安全网格联络员制度、召开学生信息发布会、设立安全辅导员及微信平台互动留言等，旨在了解师生员工的安全需求和感受，收集意见、建议；及时向师生员工发布安全信息，让其了解身边发生的案件，提高警惕；在与师生互动的过程中，及时发现、排除风险隐患，帮助师生员工解决安全难点问题，从而提高安全教育的针对性和有效性。

二是安全教育的形式多样化、趣味性需要增强。寓教于乐、寓学于趣的方式同样适用于安全教育。安全教育不同于文化知识教育，其中很多属于纠正性、禁止性内容，枯燥的说教、单一的形式，难以被接受，趣味性、体验类活动相对容易获得较高参与度。现代社会发展迅速、日新月异，在安全教育中融入诸如3D、VR等技术，可以增加体验的逼真程度，使体验者获得良好体验；开展安全主题活动，通过微电影、微视频、技能比赛等形式，广泛吸纳师生员工参与，覆盖更多人群。

三是大力推动安全教育进课堂。俗话说"分、分，学生的命根；考、考，老师的法宝"。在安全教育

过程中需要适当采取强制性手段，比如把安全课程纳入教育教学体系和成绩评价体系，促使在校学生加强安全知识学习，经过反复强化记忆的考核过程，学生会下意识地将安全知识内化为安全行为。例如，在2020年下学期，保卫处和学工部一起引入安全教育平台，要求新生入学前必须完成一定课时并通过考核，考核结果将通报至各学院，这能在一定程度上迫使新生重视安全教育，客观上增强了新生的安全意识。对于学校内部各单位，可以把安全教育活动的组织、开展、职工参与度及安全类案事件发生情况纳入部门、个人的绩效考核评价标准中，从而发挥各内部单位在安全教育过程中的主观能动性。

四是安全教育要契合社会安全形势。高校是社会的重要组成部分，高校保卫部门开展安全教育要密切关注社会整体安全形势，结合社会热点、敏感时间节点进行。当社会面上某类案件突出高发时，高校保卫部门需要多加关注、加大教育力度，避免产生该类案件的防范薄弱点，甚至出现社会上违法犯罪行为向高校渗透、倒灌的现象。对于社会上新出现的违法犯罪手段和形式，我们要提高警惕，并及时向师生员工发布相关信息，提醒师生员工注意防范。国家设立了多个安全日，如"4·15"全民国家安全教育日、"119"消防宣传日、"122"全国交通安全日等，在这些重要时间节点期间社会上的安全氛围浓厚，保卫部门相应地开展安全教育，能有效地引起师生员工的重视，安全教育的效果往往比较好。

五是安全教育要一以贯之、常抓不懈。安全教育不同于整治安全隐患，其效果往往是内隐的，即使外化为安全行为，也不容易被直接关注到。另外，安全意识的形成也不是一蹴而就，而是需要时间的积累，但就影响效果而言，安全教育促使行为人树立安全意识，其影响是深远的。因此，在安全教育过程中，不要过于追求短期效果，而是应当多关注受教育者的接受程度。高校保卫部门应始终将安全教育作为工作重点，周密布置、常抓不懈，切忌急功近利、急于求成。

总之，安全教育是高校的安全管理工作的重要组成部分。探索安全教育的有效途径和方式，有助于引导师生员工实施安全行为，消除高校的安全隐患，降低案件发案率，维护校园环境的安全稳定。高校保卫部门工作者要不断探索安全教育的内容和形式，以期收到事半功倍、防患未然的良好效果。

◎ 作者简介

沈鹏，北京大学医学部保卫处处长、讲师。地址：北京市海淀区学院路38号北京大学医学部保卫处，邮编：100191。电话：010-82801554。

糜琳娜，北京大学医学部保卫处办公室主任、助理研究员。地址：北京市海淀区学院路38号北京大学医学部保卫处，邮编：100191。电话：010-82801554，手机：18101358857。

高校教师培训中的风险防控探索研究

万胜勇

高校师资培训是高校师资队伍建设的一个重要组成部分，在多方位、多方向、多层次改善教师的授课水平和科研能力等综合素质能力提升方面具有非常重要的意义。传统的教师培训主要是各高校自行组织或者教育行政部门组织的，随着教育政策的改革与发展，且现在国家也倡导全民终身教育，为了能迅速让高校教师学到新知识、新理论、新方法、新技术、新原理，现在许多高校针对部分高校教师在教学、科研工作中所遇到的缺乏经验、方法局限或视野不够开阔等问题，开展教师培训工作，内容涵盖教学法、教学技能、教学竞赛、科研选题、项目申报、开展科研工作、论文撰写、申报课题、申请专项、申报基金等，这无疑是市场机制与行政管理体制的一种冲突。既然有冲突，那就会存在一定的风险，我们在工作中一定要首先了解师资培训的风险点及可能会出现的问题，进行研究并规避，加强管理，积极应对，确保师资培训既提高了培训质量，又提升了教师的素质，还规避了风险，取得多赢的局面。

一、教师培训中加强风险防控的重要性

党的十八大以来，百年未有之大变局和世纪疫情叠加，世界进入动荡变革期，面对风云多变的国际形势、复杂敏感的周边环境、艰巨繁重的改革发展稳定任务，以习近平同志为核心的党中央坚持底线思维，增强忧患意识，提高防控能力，着力防范化解重大风险，保持了经济持续健康发展和社会大局稳定。2021年2月20日，习近平总书记在党史学习教育动员大会上指出："我们要抓住建党一百年这个重要节点，从具有许多新的历史特点的伟大斗争出发，总结运用党在不同历史时期成功应对风险挑战的丰富经验，做好较长时间应对外部环境变化的思想准备和工作准备，不断增强斗争意识、丰富斗争经验、提升斗争本领，不断提高治国理政能力和水平，从最坏处着眼，做最充分的准备，朝好的方向努力，争取最好的结果。"在高校教师培训工作中也会出现各种各样的风险点，我们不仅要找出容易出现的风险点，加强管理与监督，还要不断提高工作素质和能力，提高化解重大风险的能力，确保师资培训工作的顺利开展且取得满意的效果。

（一）防控意识形态风险的重要性

高校在开展师资培训的工作中，从思想上要高度重视意识形态的风险。意识形态关乎国家政治安全，维护好意识形态安全才能从根本上维护好国家安全。党的十九大报告强调："意识形态领域斗争依然复杂，国家安全面临新情况。"习近平总书记用"立心""立魂"和"三个事关""三个关乎"，深刻阐明了意识形态工作的重要地位，强调"意识形态工作是党的一项极端重要的工作"，是"为国家立心、为民族立魂的工作"；强调"做好意识形态工作，事关党的前途命运，事关国家长治久安，事关民族凝聚力和向心力"；强调"意识形态关乎旗帜、关乎道路、关乎国家政治安全"。所以在高校师资培训工作中要进一步强化承办培训的政治标准，进一步强化培训课程设计、教师遴选、课堂教学等环节的政治标准，把政治标准放在首位。要严把培训教师的政治关，要让每一位授课教师，都必须毫不动摇地坚持正确的政治方向；要进一步强化课堂教学管理与纪律要求，强化对课堂教学的日常管理，决不让触及原则和底线的声音在课堂上出现，切切实实在源头上防控意识形态风险。

（二）培训方案风险防控的重要性

习近平总书记指出："各地区各部门要发挥各自的特色和优势开展工作，展示丰富多彩、生动立体的中国形象。"高校师资培训要发挥各自的优势，充分发挥"智囊团"和"思想库"的智力支持作用，积极开展关系国家教育事业发展、经济建设的各类教育培训业务。在设计培训方案时，委托方要与承办方多次沟通，在培训课程内容中要善用"大思政"，加强理想信念教育，将课程思政融入培训课程，引导受训教师树立正确的历史观、民族观、国家观、文化观，坚定"四个自信"和"四个意识"，准确理解和把握社会主义核心价值观的深刻内涵，带头践行社会主义核心价值观。

（三）保证培训安全的重要性

只有安全的教师培训才能取得提质增效的好效果。这里所指的安全是全方位的，如意识形态的安全、课程设计的安全、培训场地的安全、授课教师讲课的安全、参训教师的安全、参训学员的安全等，不能让安全制度仅停留在墙上或者纸上。只有全体培训学员和培训组织方都增强了认识，强化了责任落实，聚焦安全工作的重点和难点，切实把安全工作落到实处，才能让培训取到好效果，让更多的学员接受新思想、新理论、新要求。

二、教师培训中加强风险防控的对策

（一）必须具有强烈的风险意识

既然高校师资培训工作有市场行为，就一定会存在经费来源、培训质量、培训内容、培训评估等风险，所以在工作中，一定要紧紧绷住防范风险这根弦，树牢底线思维，做好工作预案，落实自身防控主体责任，层层落实，责任到人，加强日常管理和监控。

（二）建立防控机制和监督机制

自觉克服出现问题才需要监督、没有出现问题就放松监督等错误认识，深刻把握高校教师培训中的变化趋势，建立健全常态化的培训风险防控和监督机制，坚持将问题前移，将风险提前考虑，对培训工作中可能出现的风险点提前预估，打好预防针，做到早预防、早发现、早监督、早改正。

（三）遵纪守法，将风险防控措施落到实处

法律是一种行为规范，其在本质上不允许人们为所欲为，而是要求人们必须按一定的规则去作为或不作为。我们要加强学习相关文件和政策，严格遵守国家相关的法律法规，正确处理个人利益与集体利益、国家利益的关系，将风险防控措施落到实处。

（四）加强信息的公开透明，重大问题集体商量决定

在高校师资培训工作中，信息的公开、透明是办好培训班的原则之一，可促进培训工作的规范化、标准化。特别是重大问题不能搞一言堂、一刀切，要实行民主集中制，集体研究，在控制风险的前提下完成培训任务。

（五）签订廉洁协议

在签订委托培训协议书时，应同时签订廉洁协议。协议中应写明双方均需要严格遵守国家法律法规、政策以及廉洁从业规定，业务活动必须坚持公平、公正、公开和诚实守信的原则（除法律法规另有规定者外），不得为获取不正当利益而损害国家、集体和双方利益。甲乙双方的法定代表人、领导干部和有关人员均要严格履行本协议，对廉洁协议所载明的法律责任清楚知悉并承诺遵守，双方纪检监察部门可视情

况进行不定期检查，对违反规定者，按相关权限从严追究责任。

◎ 作者简介

万胜勇，武汉大学继续教育学院职员。地址：武汉大学信息学部西区 B4 教学楼 306 室，邮编：430071。手机：18627976055。

创新安全教育途径，全面增强安全教育实效

李耀鹏　毛承治

习近平总书记在党的二十大报告中指出："国家安全是民族复兴的根基，社会稳定是国家强盛的前提。"校园的安全稳定关乎社会的和谐稳定，平安校园建设也是平安中国建设的重要组成部分，提高校园安全治理水平需要推动校园安全治理模式向事前预防转型。学校的主体是学生，校园的平安建设关键在学生，加强大学生安全教育，提高学生整体的安全素质和能力，既能提高平安校园建设能力，又能降低安全管理和建设成本。

学校本着"安全第一、预防为主、防治结合、重在教育"的方针，高度重视大学生安全教育工作，大力构建全员安全教育工作体系。坚持每年开展大学生安全教育前置工作，做到所有新生入学时安全教育全覆盖；坚持举办以消防安全、交通安全、防范电信诈骗、安全生产、反恐防暴、实验室安全等为主要内容的安全教育主题活动，深入开展安全教育和培训活动；坚持开展消防疏散演练，邀请消防救援部门协同，切实增强师生的安全防范意识和防灾减灾能力。

一、关口前移，坚持开展安全教育前置工作

《礼记·中庸》有言："凡事预则立，不预则废。"只有充分做好大学生安全教育计划，积极开展安全教育，普及安全知识，使学生掌握安全技能，提升安全素养，养成安全防范意识，由"要我安全"转变成"我要安全"，才能更好地营造安全的校园环境。

学校始终坚持安全管理关口前移，并结合校园高层公寓多、人员密度大、校园安全环境复杂等特点，不断向前延伸安全管理的触角，率先开展大学生安全教育前置工作。每年新生录取工作结束后，新生收到录取通知书的时候，会同步收到大学生入学安全教育通知。学校精心设置了30个安全教育线上微课，内容涵盖消防安全、交通安全、防范电信诈骗、出行安全、国家安全、人身安全、住宿安全等，督促新生掌握大学校园必要的安全知识，学习结束后会组织线上测评。通过连续多年的扎实推进，实现对在校大学生安全教育的全覆盖，大大增强了大学生的安全防范意识。

二、寓教于乐，以多种形式开展主题教育

在互联网时代，大学生的学习、生活都离不开网络，可以说互联网已成为影响大学生思想和意识的重要工具，在拓宽个人接收信息和获取知识渠道的同时，谣言、病毒、个人信息泄露、国内外敌对势力等也极易对大学生安全教育产生负面影响。因此，做好大学生安全教育工作需要利用好互联网这把双刃剑，以"互联网+"线上线下相结合的方式更充分、更广泛地调动大学生学习安全知识的积极性和主动性，以润物无声的方式增强大学生的安全意识，营造校园良好的安全文化氛围。

结合当代大学生的特点，学校积极探索安全教育的规律，重点抓好"4·15"全民国家安全教育日、"6·16"全国安全生产宣传咨询日、"119"消防宣传日等安全主题教育活动的组织工作，组织制定专项工作方案，充分调动校内外资源，大力开展宣传教育活动，不断提高学生的参与率和关注度。例如，在2023年"4·15"前夕，学校专门印发《关于开展"4·15"全民国家安全教育日活动的通知》，要求校

属各单位突出活动主题，重点组织开展"国家安全，人人有责"主题班会、师生同上国家安全教育公开课、制作国家安全主题教育新媒体产品、开展国家安全知识宣传教育、举办国家安全和法治教育系列讲座、开展安全技能实操体验、开展反邪教教育进校园活动七项工作，努力打造"4·15"国家安全教育品牌项目。安全教育形式的多样式，为学生提供了多样化选择，能够更好地促使学生在乐中学、在学中乐，更好地激发学生的创新性和主动性。

消防安全是校园安全的重中之重，不仅关乎广大师生的生命、财产安全，也极易影响社会的和谐、稳定。然而，日常学习、生活中的消防隐患难以全部消除，在加强技防的同时，增强人防的重要性已不言而喻。为切实提高师生对消防安全的关注度和参与度，近年来，学校坚持每年召开师生消防运动会，把灭火器使用方法、消火栓使用方法、担架救援等消防救援项目纳入师生运动会的比赛项目，比赛前组织对各单位师生员工开展消防业务培训，并讲解比赛规则，寓教于乐，使广大师生关注消防、关爱生命，掌握消防安全基本知识和技能。同时，学校还积极引进专业公司，在校园内开展消防安全、反恐防暴、交通安全等仿真体验教育，使广大师生通过体验能够真正感受到火灾的危害性和安全工作的重要性。

三、把握重点，抓好常态化安全教育

大学生安全教育是一项长期性、系统性工程，需要常抓不懈，久久为功。一方面，随着改革开放的不断深入，高校由过去的封闭式办学逐步向开放式办学转变，由一般教学、科研机构变为教学、科研、生产等多元化的社会机构。高校管理方式的社会化、办学形式的多样化、学生结构的复杂化，使得校园安全环境不断发生着变化，大学生安全面临的趋势也越发复杂，网络犯罪的增加、因心理问题引发的次生问题等迫切需要高校着力解决。另一方面，在党中央提出的"大安全观"视野下，大学生安全教育已不再是单个部门的责任，应是全社会全民各单位的共同责任，这就要求在高校内需要保卫、学工、研工、宣传、信息办和各学院等单位间相互协同，尤其是要落实好院系级单位的安全教育主体责任。

压实院系级单位的安全教育主体责任是抓好安全教育工作的重中之重，只有院系级单位高度重视、真抓实干，才能保障安全教育工作的有效落实。学校应积极探索将安全教育纳入各单位年度考核清单的有效措施，倒逼安全责任的有效落实，督促安全教育工作的常抓不懈。学校积极把握高等教育办学的特点，重点抓好新生开学、重大节假日、寒暑假、实习实践、自然灾害高发期等不同时段和节点，以及大学生的活动规律和特点，要求院系级单位结合自身实际开展内容丰富、形式多样的安全教育活动。

为更好地帮助院系级单位明确安全工作职责和任务要求，学校制定了《院系级单位安全稳定工作手册》，对单位的组织领导机构及安全责任体系、安全教育培训工作体系、安全检查及隐患整改等相关内容作出了详细规定，对安全教育的内容、形式、频率、效果提出了明确要求，以便更好地监督各院系级单位落实相关安全教育责任，切实打通"最后一公里"。

学校始终把消防安全视为一项非常重要的工作，作为预防群死群伤、减少重大事故灾害的重点任务来抓，每年军训期间组织全体新生进行培训，要求熟练掌握灭火器和消防栓的使用方法，以及初起火灾的扑救和自救常识，还为每个学生宿舍配备了灭火器。同时，依托学生安全志愿服务队，以点带面，以传帮带方式带动更多大学生参与校园消防安全工作，为筑牢校园安全防线凝聚学生力量。

四、强化预警，探索安全警示教育路径

因学生涉世未深，加之受贪心、攀比心等心理影响，高校已成为电信网络诈骗的重灾区，给学生造成了严重经济损失，严重影响了学生的身心健康发展。为遏制电信网络诈骗高发态势，切实守住学生的"钱袋子"，学校积极对接北京市海淀公安分局刑侦支队，建立"校园四级反诈预警中心"，对全校师生接到的诈骗电话进行预警，从源头进行防范，及时提醒师生，对可能发生的诈骗活动进行拦截，保护师生的财产安全。学校派专人参加专题培训，了解当前高发诈骗类型，学习防诈系统的使用方法，参观支队反诈中心，与反诈中心民警共同进行实操演练，劝阻被骗人员。设立反诈专员，招募反诈志愿者，并在学生群

体中做好相关宣传教育工作。当反诈中心出现提示后，反诈专员第一时间联系接到诈骗信息的师生，及时进行电话劝阻，向对方解释诈骗分子的骗术，并汇报给保卫部值班人员。值班人员视事件的严重程度来采取相应措施，如联系师生所在学院，提示学院做好师生的思想工作。校园四级反诈预警中心的建立，能够及时发现和预警校内正在发生的电信诈骗案件，从而采取相应的干预措施，避免师生的财产遭受损失。例如，2020年我校一学生遭受诈骗分子控制，正在实施网上转账，校园反诈中心报警后，学校保卫部门及时赶到学生宿舍实施劝阻，果断阻断了诈骗行为。同时，学校积极与公安机关联动，依托校地警联盟的协同作用，运用"平安北林"微信公众号及时发布校园警情和典型案例，提醒师生员工遵纪守法，加强安全防范，有效预防和减少突出案件的发生。

今后，学校将进一步挖掘校内外资源，积极争取专业部门的支持，不断创新大学生法治教育和安全教育形式，努力预防和减少校园各类案事件的发生。

◎ 参考文献

［1］姜金璞，李耀鹏．大学生安全教育［M］．武汉：武汉大学出版社，2014．

［2］王大伟．大学生安全教育［M］．北京：中国人民大学出版社，2018．

［3］许新富，周生虎，曹焱．总体国家安全观视角下大学生国家安全教育对策研究［J］．湖北开放职业学院学报，2023，36（09）：134-136．

［4］王先亮．总体国家安全观与大学生安全教育［J］．平顶山学院学报，2022，37（03）：17-22．

［5］张巍．新时期大学生安全教育存在的问题与优化对策［J］．江苏高职教育，2022，22（01）：101-108．

◎ 作者简介

李耀鹏，北京林业大学党委保卫部（处）部（处）长、副研究员。地址：北京市海淀区清华东路35号，邮编：100083。手机：13810030381。

毛承治，北京林业大学保卫处消防安全科科员、助理研究员。地址：北京市海淀区清华东路35号，邮编：100083。手机：15501080501。

新时代高校培训工作的安全文化建设初探

朱　莹

安全文化的概念最先由国际核安全咨询组（INSAG）于 1986 年针对切尔诺贝利事故，在 INSAG-1（后更新为 INSAG-7）报告中提出："苏联核安全体制存在重大的安全文化的问题。"1991 年出版的（INSAG-4）报告即给出了安全文化的定义：安全文化是存在于单位和个人中的种种素质和态度的总和。文化是人类精神财富和物质财富的总称，安全文化是文明的产物，新时代高校培训中的安全文化的建设与实践，是确保高校服务社会功能的有力体现。随着国家教育事业的不断发展，许多高校开展了如教师培训、党建培训、企事业培训、行业培训、技能培训等多层次、多元化的培训，积极面向国家战略布局、服务终身教育体系、推进学习型社会构建，为社会广泛培养紧缺人才和实干人才，为社会多元化发展作出了贡献。但是也要清醒地认识到，在培训工作中还需要进一步增强校园安全文化的意识、提高培训学员的安全人文素养。

一、高校培训工作安全文化的内涵

安全是从人的身心需要的角度提出的，是针对人以及与人的身心直接或间接相关的事物而言。安全经常是看不到、摸不着的，只能存在于人们的思维、思想与理念中。

（一）安全文化的概念

安全文化就是安全理念、安全意识以及在其指导下的各项行为的总称，主要包括安全观念、行为安全、系统安全、工艺安全等。只有重视安全文化的建设，才可能做到防止事故的发生。安全文化的核心是以人为本，是在人类生存、繁衍和发展的历程中，在其从事生产活动乃至实践的一切领域内，为保障人类身心安全（含健康）并使其能安全、舒适、高效地从事一切活动，预防、避免、控制和消除意外事故和灾害（自然的、人为的）；为建立起安全、可靠、和谐、协调的环境和与之匹配运行的安全体系；为使人类变得更加安全、康乐、长寿，使世界变得友爱、和平、繁荣而创造的安全物质财富和精神财富的总和。由此，必须高度重视安全文化的建设。

（二）高校安全文化建设的重要意义

第一，高校培训工作中的安全文化建设，是培养一种社会公德和公信力。通过安全文化的浸润和培训，参训学员和培训工作人员形成"安全第一"的意识、"生命高于一切"的道德价值观、遵纪守法的思维定式、遵守规章制度的习惯方式和自觉行动。新时代的高校安全培训工作，一定要将安全文化、安全意识渗透到每位相关人员的头脑中，使其牢牢记住安全的红线。

第二，校园安全文化的建设，有利于防范、化解高校培训中的安全风险隐患。高校是我国文化教育的重要场地，是国家重要的教学、科研和人才培育场所，校园安全至关重要。创建安全和谐的校园环境是构建和谐社会的重要内容。当前已有诸多高校开展了各式各样的培训项目，允许社会人员进入高校学习，同时也给我国教育事业带来新的契机和新的希望，当然也带来了许多不安全的因素，如食堂、宿舍、培训场地、实验室等都要加强安全管理。

二、高校培训工作安全文化建设的作用

新时代高校培训工作安全文化建设是提升培训工作安全管理水平、实现培训本质安全的重要途径，是一项惠及学员生命与健康安全的工程，是确保培训质量、提升社会影响力的重要保障。此项工作的重点体现在"建设"两字，关键是要围绕"建设"来做文章，要依靠强有力的组织领导、有序的工作机制、有效的推动措施来保障培训中的安全文化建设。

三、高校培训工作安全文化建设存在的问题

经过近年来的努力，目前高校培训工作安全文化建设取得了不小进步，高校培训安全事故逐年降低，培训单位和学员的安全意识得到增强。但在实践工作中，我们也观察到一些需要进一步改进的问题，其主要表现为：

（一）投入不足

我国高校数量众多，国家财政经费总体投入有限，安全基础设施建设缺乏资金支撑。校园安全文化与社会联系密切，特别是一些高校承担着大量教师培训、党建培训、企事业单位培训、行业培训等，学员身份多元、需求多元，因此，高校在举办培训班及开展安全文化教育的过程中，加大投入是题中之义和当前急务。

（二）制度建设还须加强

有的高校虽然有着完善的教育培训制度，但随着自身培训规模扩大、培训项目增加等因素，会增加安全隐患的风险，因此还需进一步加强制度建设，主要包括安全教育、安全检查、安全演练、安全提示、安全宣传等方面。

四、加强高校培训工作安全文化建设的举措

教育战线必须坚持不懈把党的二十大精神和习近平总书记关于教育的重要论述学深悟透，确保党的二十大精神和习近平总书记关于教育的重要论述在教育系统落地生根、取得实效。加强高校培训工作安全文化建设应当着力做好以下几个方面的工作：

（一）重视校园安全文化建设

在高校培训工作中，总结以往的经验教训不难看出，仅有安全管理是不够的，还需要在安全教育和培训中融入安全文化的元素，加大安全文化的宣传力度，不断拓展安全文化建设的广度、深度、内涵。

（二）加强安全文化制度建设

健全的校园安全管理制度是校园各项活动顺利、有序开展的重要保障。因此，要结合管理现状，制定出符合高校实际情况的人性化的管理制度，从而为高校安全文化建设提供制度保障。安全管理制度涉及面广，制度要根据学校的发展情况、培训对象的不同而进行动态调整。同时，高校要加强校外人员管理，当校外人员及其车辆进入校园时要进行详细登记，对培训学员要积极主动宣传学校的安全规定和要求。

（三）构建良好的校园安全文化环境

要构建高校培训工作安全文化的良好环境，推动安全文化建设，加大安全文化建设的经费投入，建设安全文化组织队伍，设立安全文化宣传员。确立高校培训工作安全文化建设的范围，发挥榜样的作用，要

求全体员工参与多种形式的安全文化教育或培训，形成多层次、多形式、多方位，全体员工都参与的安全文化建设格局，将安全工作落实到每一项培训工作中，确保能安全顺利地办好每一个培训班。

（四）加强管理与监督

加强校园安全文化建设的管理工作，真正将安全文化与日常培训工作结合起来、贯通起来，做到互相协调、相互促进，用良好的管理促进安全文化建设成气候、成自觉，为学员培训工作的顺利开展创造安全有序的文化环境氛围。在抓好校园安全文化管理工作的同时，也要抓好监督工作。各级领导和管理部门要将安全文化的理念和思维时时刻刻筑牢于培训学员和培训组织者的心上，做好工作预案，切实防止安全事故的发生，从而避免给高校培训工作造成不良影响和后果，为保障高校培训工作的顺利开展创造良好环境。

◎ 作者简介

朱莹，武汉大学继续教育学院培训三部职员。地址：武汉大学信息学部继续教育学院综合大楼305室，邮编：430071。手机：13307185126。

浅析高校保卫队伍建设

彭 晋

保卫工作作为高校管理体系中不可或缺的一环，其重要性不言而喻。高校保卫工作好不好直接影响到师生的生命、财产安全以及学校的整体运行秩序。因此，加强高校保卫队伍建设，不仅是一项紧迫的任务，更是维护校园安全稳定的坚实屏障。

一、加强高校保卫队伍建设的重要意义

（一）加强高校保卫队伍建设是维护校园安全稳定的需要

高校保卫工作直接关系到高校师生的生命、财产安全和正常的教学秩序。在这个复杂多变的社会环境中，各种安全隐患和突发事件层出不穷。只有建立一支素质高、能力强、反应迅速的保卫队伍，才能有效预防和应对突发事件，确保校园的安全稳定。

（二）加强高校保卫队伍建设是提升学校整体形象的需要

在当前的社会环境中，高校保卫队伍建设不仅是维护学校安全的必要手段，更是提升学校整体形象的关键因素。保卫队伍作为高校形象的直接展示者，其形象和素质直接关系到外界对学校的评价和认知。当高校保卫人员爱岗敬业，严格执行各项安全规定，展现出良好的职业素养和纪律作风时，不仅能够营造安全、和谐的校园氛围，还能够赢得社会各界的尊重和认可。这种尊重和认可将进一步转化为对学校的信任和好感，从而提升学校的整体形象。加强高校保卫队伍建设还有助于提高学校的应急处理能力，不仅能够减少突发事件对学校的影响和损失，还能够展现学校的高效管理和危机应对能力，进一步提升学校的整体形象。

（三）加强高校保卫队伍建设也是推动保卫工作创新发展的需要

在科技进步和社会治安形势日新月异的今天，高校保卫工作面临来自方方面面的挑战，如校园安全事件频发、网络安全威胁增多等。因此，推动保卫工作创新发展，提高保卫工作的效率和质量，已成为高校保卫工作的当务之急。

二、当前高校保卫队伍存在的问题

（一）保卫人员数量不足

由于高校规模的不断扩大，保卫任务日益繁重，但保卫队伍的人员数量却没有相应增加。这导致保卫人员的工作负担过重，难以全面有效地履行保卫职责。这不仅影响了保卫工作的质量，也给学校的安全稳定带来了潜在的风险。保卫工作需要一支具备丰富经验和专业技能的队伍来支撑，而人员配备不足则使得这种梯队结构难以形成，不仅影响了保卫队伍的整体素质，也制约了队伍的长远发展。

（二）保卫队伍的专业素质有待提高

当前高校保卫队伍的专业素质普遍有待提高，这成为制约保卫工作进一步发展的瓶颈。高校保卫工作涉及面广，要求保卫人员具备较高的政治觉悟、法律素养和专业技能。然而，高校保卫队伍中很多人员都不具备这些素质或者某些方面比较薄弱，这给高校保卫工作的开展带来了一定难度。部分保卫人员不具备较高的政治判断能力，难以应对复杂多变的校园安全环境；有的保卫人员的法律知识薄弱，难以有效预防和处置校园安全事故；还有的保卫人员缺乏专业技能，无法胜任现代保卫工作的需要。此外，保卫队伍的相关培训管理和机制也不完善，没有专业的培训规划和理论联系实际的实践机会，导致保卫人员的专业能力难以提升。

（三）保卫队伍的管理体制不够健全

高校保卫队伍的管理体制存在漏洞，缺少贴合实际、行之有效的管理制度和管理机制。这导致保卫队伍的工作纪律不严明，工作效率低下，甚至存在一些违法违纪行为。一方面，由于缺乏系统明确的职责划分，保卫队伍在日常工作中往往容易出现混乱和推诿的情况，不仅影响了保卫工作的正常开展，也削弱了保卫队伍的整体战斗力。另一方面，没有与管理制度相对应的考核制度以及激励机制，保卫队伍的工作积极性难以得到激发，工作效率自然难以提升。

（四）高校保卫队伍还面临着一些外部挑战

随着城市化进程的加快，高校周边的治安环境日益复杂，校园周边的人员流动频繁，社会治安问题层出不穷。而在移动化、数据化通信工具越来越普及的今天，丰富多彩的社交网络已经成为人们获取信息、交流思想的重要平台，网络安全问题也随之而来，如网络诈骗、网络谣言等。然而，一些高校保卫队伍在面对这些挑战时缺乏有效的应对策略和手段，难以保障学校的安全稳定。

三、如何加强高校保卫队伍建设

（一）提高保卫队伍的专业素质

保卫人员作为校园安全的第一道防线，他们的专业素养直接关系到应对突发事件的能力和处理复杂情况的水平。我们可以从以下几个方面着手：

1. 加强理论学习，提高政治素养

保卫人员应深入学习党的路线、方针、政策，坚定自身的政治立场，增强自己的政治判断能力。通过定期组织思想政治理论学习、开展国家方针政策宣传教育等方式，确保保卫人员能始终保持清醒的认识，在复杂多变的校园环境中正确把握方向、有效应对挑战。

2. 强化法律意识，提升法律素养

保卫人员要具备必需的法律基础知识，熟悉与高校保卫工作相关的各项法律法规和高校自身的规章制度，能够依法依规开展工作。通过定期举办法律培训班、邀请法律专家进行授课等方式，不断提高保卫人员的法律素养，确保其在处理各类问题时能够依法行事、公正处理。

3. 加强专业技能培训，提高应对事件能力

保卫人员需要掌握一定的安全保卫技能，如安全防范技能、应急处置技能等。高校可通过组织专业技能培训、开展模拟演练等方式，提高保卫人员在相关领域的专业技能水平以及应对各种高校突发事件的能力，确保在紧急情况下能够迅速有效地采取措施，保障师生安全。

4. 注重实践经验积累，提升综合素质

保卫工作需要丰富的实践经验和敏锐的洞察力。因此，高校应鼓励保卫人员积极参与实际工作，通过

实践锻炼提升综合素质。同时，可以建立健全激励机制，对在工作中表现突出的保卫人员进行表彰和奖励，激发他们的工作热情和创造力。

（二）完善高校保卫队伍的管理机制

高校保卫队伍在维护校园安全环境、应急处置各类突发事件等方面占有主导地位。要使保卫队伍能够发挥最大的作用，一个完善的管理机制是必不可少的。

1. 要建立健全保卫队伍的组织架构

这包括明确保卫队伍的职责范围、人员编制以及各级之间的权责关系。通过明确的组织架构，可以确保保卫队伍在应对各种安全事件时能够迅速、有效地作出反应。

2. 要明确保卫工作职责并完善相应规章制度

根据高校保卫工作的实际要求和现实特点，制定与之对应的规章制度，如《请销假管理规定》《交接班管理规定》《值班执勤登记要求》《值班检查制度》等。并通过有针对性的培训和专项学习，让所有保卫工作者熟知相关制度，明确工作职责和具体要求，规范开展工作。

3. 应加强沟通与协作机制

保卫工作绝非孤军奋战，而需要学校各部门之间的密切配合，需要相关权力部门的鼎力支持。因此，高校保卫部门应建立健全与学校其他部门、相关政府部门、相关合作单位之间的沟通协调机制，确保在面临各种安全事件时能够形成合力，共同维护校园安全。

（三）优化保卫队伍的人员结构

高校保卫队伍作为维护校园安全稳定的重要力量，其人员结构的合理性对于保卫工作的顺利开展具有至关重要的作用。因此，优化高校保卫队伍的人员结构成为加强保卫队伍建设、提升保卫工作效能的必由之路。具体而言，可以采取以下措施：

1. 增加保卫人员的数量

高校保卫工作的复杂性和繁重性要求有足够的人员支持，增加保卫人员的数量是优化保卫队伍人员结构的基础。高校应根据校园规模、保卫任务量等因素，合理配置保卫人员数量，确保保卫工作能够全面覆盖校园的每一个角落。同时，高校还应关注保卫人员的工作负担问题，合理安排工作时间和任务分配，避免保卫人员因过度劳累而影响工作效果。

2. 优化保卫人员的年龄结构

保卫工作对相关人员具有一定的体力和精力要求，因此保卫队伍的年龄结构对于工作效能具有重要影响。高校应积极引进年轻力量，为保卫队伍注入新的活力。年轻的保卫人员通常具备较强的身体素质、敏锐的观察力和较快的反应能力，能够更好地应对突发事件。同时，年轻的保卫人员还具备较强的学习能力和适应能力，能够更快地掌握保卫工作的新技能和新方法。通过优化年龄结构，高校保卫队伍将更具活力、凝聚力和战斗力。

3、提高保卫人员的学历层次

保卫工作不仅要求保卫人员具备基本的身体素质和心理素质，还要求他们具备一定的法律知识和专业技能。因此，高校应提高保卫人员的学历层次和专业背景要求，吸引更多高素质人才加入保卫队伍。具体而言，高校可以通过制定更加严格的招聘标准、加强保卫人员的培训和教育等措施，提升保卫队伍的整体素养。

◎ 作者简介

彭晋，武汉大学校园110联动指挥中心办公室主任。地址：湖北省武汉市武昌区东湖南路8号武汉大学保卫部三楼，邮编：430070。电话：027-68775655。

提高高校安保人员职业素质的有效策略探究

王大鹏　李燕宁

学校安全保卫工作是学校管理体系中的重要一环，一线安保人员的优秀职业素质，是学校的外在门面，是学校安全工作开展情况的外在体现，也是学校综合管理能力的一个重要观察点。提升安保人员的职业素质是一项综合工作，需要多方共同发挥作用，采取有效举措加以应对。

一、现阶段高校安保人员队伍建设的现状

（一）安保人员队伍整体素质不高

安保人员的整体素质不高，这主要是因为这份工作收入不高、工作辛苦、社会地位不高、技能提升有限、职业发展前景暗淡，所以不会成为高知高能人群或有一技之长人群的选择。但由于入门门槛低，竞争相对不强，所以安保队伍能够招募或吸引的，大多是离开家乡务工的农民、无业或失业人员、学历较低人群、部分退伍军人，高资高能人群极其稀少。人员构成决定了队伍整体的知识素养、职业素养都不高，这是实际情况，也是这个行业人员构成的普遍情况。

（二）专业技能培训不足

安保人员的日常工作其实具有一定的繁琐性，涉及许多方面，各高校的安保人员可能都会遇到这种情况，经常因为人手不足或者临时任务，安保人员可能被抽调至其他任务场景，除了本岗位工作之外，还要参与其他安全保障任务、临时的大型活动现场秩序维护、突发事件的现场管控、配合公安机关开展工作，并可能涉及消防、交通甚至是伤员救治等各种情况。面对这些复杂任务，一些安保人员在上岗之前并没有进行过针对性的训练，对于安保工作的理论知识也掌握不足，这让我们很难相信他们能够把事情处理好，尤其是在面对一些突发情况时，处理问题的方法并没有掌握，更别说灵活性和变通性了，这显然与当前高校的现代化管理形式不相符合。

（三）安保人员流动性大，队伍不稳定

很多人从事安保工作，是其来到城市后迫于无奈的选择，部分有能力或有其他追求的年轻人，当遇到更好的工作机会时，他们往往会放弃安保工作而选择各方面待遇更好的行业。此外，安保行业的前景并不广阔，在未来的发展上具有一定的局限性，许多安保人员对自己未来的职业发展缺少规划，再加上安保工作技术含量低，使得薪资待遇水平相对比较低，这些实际情况加大了安保人员的流动性，行业稳定性难以得到良好保证。部分管理人员也会因为队伍的巨大流动性而缺乏培训与教育的热情，因为员工刚熟悉工作就离职的情况时有发生。

（四）安保人员队伍管理体制不健全

最近几年，我国的高校发展迅速，随着招生规模的扩大、办学模式的转变，各个方面都发生了大量的变革与创新，但安保工作的基本业态并没有与时俱进，无法适应当前的工作内容和模式。造成内部管理体

制不健全的原因主要有三个：第一，上位法规陈旧，在我国当前的法律法规中，涉及高校安保工作的相关内容比较少，这也使得高校安保工作没有上位法的良好指导，管理模式和管理制度都比较陈旧。第二，很多高校内部的安保部门或者公司基本上一家独大，没有对比和充分竞争，缺乏内部革新或调整的动力。第三，没有内部晋升通道，这既是大量人员流失的主要原因，也是内部管理设计缺失的体现，磨洋工、混日子是很多人员的常态。

（五）安保人员对高校缺乏归属感

很多高校设置有专门的安全保卫部门，这一部门是在校党委的领导下来进行各项工作，它也成为学校安保队伍的间接指导者与管理者。鉴于目前大部分安保服务由第三方公司承接，所以安保人员的身份归属仍然是安保公司，他们并不能享受正常的假期、加班补贴、保险。再加上部分高校对安保工作的重视程度比较低，缺乏关注和关心，对其工作在认识上存在偏差，因此，许多基层的安保人员没有归属感，也没有意识到自身工作的价值，甚至会出现低人一等的不正确心理状态，无法树立良好的工作态度，工作积极性也普遍不高。

（六）安保人员的待遇较差

很多高校并未把安全保卫工作作为学校重点工作，那么安保人员和相关职员的受重视程度也必然不会太高，这就导致投入的经费有限，除了人员费用、基本装备费用以外，不会有其他的投入，包括管理人员的学习、队伍的培训等。从招标环节来说，很多安保公司低价中标，所以一线安保人员的待遇也注定不会太高。除了工资待遇，还有住宿、饮食、假期等软性福利待遇都被压缩到了最低限度，这也是近年来部分安保人员产生极端心理问题的成因。

（七）缺乏宣传

由于缺乏正面宣传，安保员等同于"低素质人群"的想法在很多人心中根深蒂固。由于缺乏了解，一些不好的行为表象被非理性地"放大"，容易出现以偏概全、管中窥豹的情况，甚至有可能出现对这个行业的偏见。所以安全保卫工作既要干好又要宣传好，讲好自己的故事，体现安保人员质朴、善良、勤勉、坚韧的一面，是一个非常好的入手点。

二、加强高校安保人员队伍建设的重要意义

近年来，因为疫情、国际地缘政治、国家整体经济等因素叠加，高校安全稳定的环境面临巨大挑战。在这样的背景下，高校对教学环境、学校秩序、安全文化建设的需求并没有降低。一方面，高校是广大师生学习和生活的重要场所，保障内部安全是基本诉求；另一方面，高校也是高度社会化的场所，大量的外来人员需要入校，包括国际交流、科研工作、成果转换、外协服务等，导致多种人员汇集，给日常安全管理带来了极大的复杂性、多变性和不确定性，因此校园的安全和稳定问题就面临着更多的威胁，风险因素也相对更多。想要维持高校的正常运转，就需要加强校园安保工作，而安保人员的职业素质，直接决定了整体安保工作的品质，进而影响整个校园安全稳定工作的开展，所以探究影响安保人员职业素质的因素，并提出解决思路，具有重要的现实意义。

三、提高高校安保人员职业素质的基本策略

提高安保人员的职业素质，不是光靠培训就能实现的，从主观上来说，应当包括提供有竞争力的薪酬（确保能招到优秀的人）、有完善的培训体系（确保招来的人能不断提升业务能力）、有合理的福利待遇和职业晋升机制（确保能留住人）。从客观上来说，还应该加强内部管理，勇于创新（确保公司能在学校立足）。这些因素缺一不可。培养一支具有较高职业素质的队伍，不是一朝一夕之事，也不是抓住某一个环

节就能做到的，特别是服务工作，讲究细水长流，不冒险、不冒进、不急躁。当今社会压力较大，不仅住房、子女教育、医疗等工作以外的负担很重，而且工作内卷趋势也日趋严重，这些都会对用人造成影响，只有切实从员工的切身利益出发，关心他们的个人成长，员工也必定会勠力同心，将这份关爱传递给广大师生。

（一）加强安保人员业务培训，提高综合素质

开展业务培训，作为最可执行和便于开展的提升策略，应当受到足够重视，要结合学校实际情况，因地制宜地开展相关工作。作为安保人员，特别是一线安保人员，往往直接面对学校广大师生，其业务技能水平，直接决定了服务效能和水平。要想在处置事件时有好的表现，光有意愿和意识是不够的，还要具备匹配的能力和技巧，所以，开展面向一线人员的技能培训意义重大。

1. 培训内容：技能应涵盖四大类 21 个小项，可以酌情开展

（1）实操技能类：防爆器材使用、消防器材使用和检查、疏散引导技能、现场秩序管控、AED 使用、CPR 操作、游泳、加压止血。

（2）专业知识类：消防基本知识、交通法规、校园安全管理条例、基本法律知识、保密知识。

（3）通识学习类：安保人员培训组织、心理学、管理学、谈判技巧、常用英语词条和短语、办公软件精进、公文写作等。

（4）身体训练类：提升队伍精神面貌，包括控制体重、确保体能素质合格。

2. 培训开展的原则

（1）遵循实用的原则。以问题解决为中心，强调学后即用；重视学员互动环节的设计，以挖掘利用其知识经验；注重个性化选择，结合自身实际需要，参加相关课程。

（2）下沉到一线的原则。一线人员获得的培训机会往往较少，但他们往往是和被服务对象接触最多的人群，很多时候管理人员的业务水平再高，但能够被大家看到并感受的都是一线人员的工作及表现出来的精神面貌。

（3）同步课程与异步课程相结合的原则。结合每个人的时间安排不同，采用不同的学习形式，避免影响自身工作。同步课程以面对面的集中授课形式为主，课程进度与进展完全同步，时间短、见效快，缺点是不够灵活，需要参训人员全部集中，有时很难做到全员覆盖。异步课程的课程进度与进展不同步，采用集中讲、分开练的原则，将培训的内容压缩精练，集中进行培训或分发教材，描述学习方法和要点，学员分散之后，按照学习计划自学，最后参加考评或考核。

（4）鼓励内部交流互鉴、教学相长。聘请有经验的专家作为培训导师，开展课程培训，大家相互交流。

（二）增加安保经费，提高安保人员的工资和福利待遇

第一，从招投标工作开始，学校就要做好顶层设计，重视前期的考察工作，做好入围企业的前期走访调研工作，让真正有能力、有实力，并且有着良好口碑的企业参加投标，选择适合的公司，而不是一味地追求低价，避免出现劣币驱逐良币的情况。第二，除了人员的基本工资费用以外，安保经费还应考虑其他费用，包括安保人员的培训、工作装备的配置、监控系统的更新、高新安保技术的引进等费用。尤其是在现代化的校园安全管理中，先进技术设备的使用可以提高安保工作的质量和效率，智能化的工作形式具有更高的优势，因此只有增加安保经费才能更好地保障安保工作的开展。第三，加强在安保人员福利待遇方面的干预。安保人员应该享受五险一金、节假日福利等基本待遇，加强对安保人员合法权益的保障，使其工作热情更高，稳定性更强。第四，加强党建和工会建设。提供了较好的福利待遇，在人才选择上才会更加主动，可以选拔素质较高的相关专业性人才加入安保部门，使安保队伍的整体素质得到提高，整体结构得到优化，高素质人才对基层安保人员具有良好的引导和带头作用，可以在更大程度上促进校园的安全和稳定。

（三）设计有竞争力的人事管理制度

关注每一位安保人员的个人发展和成长，短期来看，会占用安保公司甚至是学校更多的资源，也会占用更多的培训资源；但从长期来看，只有真正关注他们的成长，才会拥有更加专业、专注的职业化安保队伍。确定明确的晋级制度，告诉大家怎么干、干几年、干到什么程度可以晋什么级，帮助大家设立目标。岗位设置明确，鼓励横向流动，有助于安保队伍保持整体活力和创新性。注重绩效考核，赏罚分明，奖惩明确，更加关注服务态度和服务意识。

（四）提升管理能力，注重创新

高校安保干部人员应当对安保队伍形成新的认识，转变传统的管理思维，树立现代化理念，增强高校安保工作与现代化社会和校园形势的适应程度。

（1）安保干部人员可以根据当前的高校整体状况和发展趋势等与学生建立相应的联系，形成有效的沟通和交流机制，从学生的角度来理解和发现所存在的安全隐患问题，从而提高排除不安全因素的针对性，使学生的权益能够得到更大程度的保障。同时，在与学生交流的过程中安保干部人员可以认识到安保队伍相关工作存在的不足，并及时进行调整和完善。

（2）安保干部人员可以转变以往在办公室进行安全监督的工作模式，在实际工作中更多地走出办公室，拉近与师生之间的距离，更加容易发现安全隐患问题，并能够及时解决问题。走出办公室开展安保工作，能够在很大程度上变被动为主动。

（3）安保部门可以制定相应的考核制度以及奖惩制度，由专门的安保人员负责考核和评价工作，定期对安保人员的上岗、工作等情况进行评估，使每一位安保人员的工作态度更加端正，工作责任更加明确。对于一段时间内工作完成良好、工作积极性高的安保人员可以给予相应的奖励。

（五）加强宣传工作

学校的安保工作除了需要安保人员的努力外，师生也承担着相应的责任。高校应当不断提高对安保工作的重视，积极进行校园安全教育和宣传，由学校安保部门负责相关的教育宣传工作，使学生可以意识到校园安全稳定的重要性。在宣传教育工作中，学生与安保部门形成了有效的联系，不仅让学生对安保工作的认识程度有所提高，树立了良好的安全意识，并具备基本的自我安全保护能力，而且让校园安保工作获得学生的理解和支持，安保工作得以顺利开展，基层安保人员在工作中也能够得到更多尊重。

四、结束语

高校安保工作的作用和价值不容忽视，积极进行安保人员的培训，提升安保人员的素质，推进安保队伍建设，不仅可以提高对校园安全的保障效果，还可以对校园的稳定发展起到促进作用。

◎ **参考文献**

[1] 蓝建淮．高职院校后勤服务外包问题研究［D］．泉州：华侨大学，2020．

[2] 郎涵光．H大学校园安保服务外包项目质量控制研究［D］．哈尔滨：哈尔滨工业大学，2018．

[3] 代丽．高校安保人员思想政治工作研究［D］．成都：西南财经大学，2019．

[4] 夏涛．高校校园安全管理研究［D］．武汉：华中师范大学，2014．

[5] 穆峰．对地方高校构建安保工作新机制的思考［J］．构建安保工作，2017（11）．

[6] 李玉萍．高校保卫工作面临的新情况［J］．高校保卫工作，2017．

[7] 张云婷．高校突发事件应急管理现状及对策分析［J］．大学教育，2013（12）．

◎ **作者简介**

王大鹏，清华大学保卫处教育七级职员。地址：北京市海淀区清华大学保卫处治安办 105 室，邮编：100084。手机：13901307654，电子邮箱：wangdapeng@ mail. tsinghua. edu. cn。

李燕宁，清华大学保卫处教育七级职员。地址：北京市海淀区清华大学保卫处治安办 105 室，邮编：100084。

高校外包安保队伍建设探析

陈玉卉

随着高校办学规模的不断扩大，在不断转型的市场经济大背景下，全国各大高校开始转换了传统管理模式，逐步向社会开放校园，在部分领域引入竞争机制，实行市场化运作。高校保卫部门作为高校大后勤的一部分，也进行了一系列的改革，高校安保服务外包是常见形式。高校安保人员外包是高校安保工作发展的必然趋势，符合社会发展情况和高校实际需求，但在实践中存在校园文化与企业文化融合、安保队伍综合素质较低、高校需面对市场变化风险、安保服务公司和高校之间沟通机制不顺畅等问题。本文通过对这些问题的分析，提出构建监督体系，强化集约管理，采取预防和应对策略，为提升高校安保服务质量提供一些参考。

一、高校安保人员外包的优势

高校安保人员外包是高校后勤改革的重要举措和趋势，是高校后勤部门社会主义市场化的重要部分。高校安保人员外包相对于传统聘用模式有以下优势：

（1）有力的专业性保证。专业的安保服务公司通常有更丰富的经验和更专业的技能，能够快速、有效地应对各种突发状况，为高校提供更专业的安保服务。公司会对安保人员进行一系列的体能、交通、治安、消防等安全知识培训，他们在身体素质和专业技能上优于高校自行招聘的安保人员。另外，因为有专业的培训计划和场地，可以大大缩短基础培训周期。

（2）降低高校人力成本。安保服务公司从自身根本经济利益出发，通常会提供更经济、高效的安保方案。高校原有的安保用人模式，对应的是安保人员的招聘、培训、教育、管理、考评等一整套运行过程，投入多、费用高、效率低、周期长，加之安保队伍本身就具有进入门槛低、工资待遇低、身份归属感差以及由此造成的人员流动性大等特点，更使得高校自身直接招聘用人的模式的效费比显得不太合算。通过外包的方式，高校只需要对接少量有经验的监管人员，加强指导和考评，就能较高效率地完成各类安全管理任务，从而可以节省大量的人力、物力、财力和时间周期，逐步降低自身的人力成本。

（3）人事纠纷风险转移。高校原有的安保用人方式，在发生纠纷和安全事故时体现出来的问题比较突出，因为矛盾纠纷，学校保卫部门甚至一些其他相关部门不得不投入精力，用以解决诸如安保人员意外受伤、死亡等系列问题，严重牵扯了精力，有时还在经济补偿方面付出了较高成本，部分高校的声誉也受到了不好的影响。聘请专业安保人员，与安保公司签订安全协议，用人过程中的任何问题，都可以由安保公司解决，用工责任及安全风险得到转移，减少高校自身的负担和风险。

（4）安保队伍稳定性有保障。安保岗位因为学历要求低、就业门槛低等特点，导致人员流动性较大，用工稳定性不足。高校安保人员自聘会导致长期招聘人员的情况，不仅增加日常工作量，更因为安保人员的不稳定带来培训成本的增加，甚至出现空岗的问题，为高校带来不稳定因素。安保公司有专业的团队负责招聘，人员队伍比较稳定，且基于合同的制约，能够保证高校的用人充足。又因公司提供的人员基本到岗即能上岗，大大节约了高校的人员培训成本。另外，当高校遇到临时大型保卫工作或其他工作需要加派人手时，外包安保队伍可以根据高校的实际需求进行调整，如增减人员、调整工作时间等，更具灵活性。

二、高校安保人员外包的弊端

凡事有利有弊，任何事物都有两面性，高校安保人员外包有诸多优势，但是如果没有完善的制度，没有系统的招聘体系，也会给高校安全带来隐患。

（1）容易形成较强依赖性。高校将安保工作外包后，过度依赖外部力量，自身的安保能力可能会降低，在遇到某些突发事件时，可能会导致反应不及时。

（2）沟通不畅导致信息滞后。高校与安保服务公司之间可能存在沟通障碍，导致信息传递不及时、不准确，容易影响安保工作的效率。

（3）公司资质难控。正规的安保服务公司通常会提供高质量的安保服务，但高校仍然需要对服务质量进行监督，确保安保工作的有效性和可靠性。如果安保服务公司不规范，出现人员拉帮结伙、亲友集体就职等情况，一旦出现纠纷，容易扩大事态。高校则面临较大的安全管理漏洞，容易引发安全隐患。

（4）存在安全隐患。如果安保服务公司存在安全漏洞或疏忽，可能会对高校的安全造成威胁，需要高校进行严格的审查和监督。特别是外包人员不属于高校体制内人员，可能会出现事后追责难的情况，易埋下安全隐患。

三、加强高校外包安保队伍监管建议

加强高校安保队伍建设是维护校园安全稳定的必然要求，是保障师生的生命、财产安全，促进高校健康发展的需要。安保队伍建设得到加强，才能有效保障校园的安全稳定，为师生创造一个安全、和谐的学习和生活环境。近年来，高校校园安全形势日益复杂，校园犯罪、突发事件频发，对高校安保队伍提出了更高的要求。

高校外包安保队伍建设是一个涉及多个方面的复杂问题，包括队伍组建、人员培训、装备配置、实施策略等。为了更好地保障校园安全，对于加强高校外包安保队伍建设有以下建议：

（1）明确安保服务外包的法律问题。在确定安保服务公司前，不仅要在从业资质、公司实力、服务质量、管理水平、形象口碑等方面对相关安保服务外包承接单位进行深入细致的考察，做好评估，更要从法律角度出发，扎实做好法律方面的各种准备。高校法务部门应当对外包合同进行把关，提前消除合同中的法律风险和隐患问题，同样也要特别关注涉及外包队伍监管方面可能触发的潜在法律风险，以便今后更好地开展队伍监管工作。

（2）组建专业队伍。高校应该选择有资质、有经验、有信誉的安保服务公司进行合作，确保安保队伍的专业性和可靠性。同时，高校应该对外包安保队伍进行严格的管理和考核，督促安保服务公司，建立健全各项规章制度，确保其遵守规章制度，履行职责。

（3）加强人员培训。高校应该要求安保服务公司对新入职的安保人员进行全面的培训，包括安全知识、应急处理、职业道德等方面的内容。在上岗前，应该结合高校实际需求和岗位特性，进行专业培训及考核。此外，高校还可以定期组织安保人员进行培训和演练，提高其应对突发事件的能力和水平。对于考核不达标者，应与安保服务公司沟通，及时更换新的安保人员。

（4）提供齐全的装备配置。高校应该根据自身的实际情况和需求，为外包安保队伍提供必要的装备和设备，如防护服、巡逻器械、通信设备等。同时，高校还应该建立紧急救助机制，储备急救物资和基础药品，以备不时之需。

（5）制定完善的实施政策。高校应该制订详细的安全保卫方案，明确安保队伍的职责和任务，确保其能够有效地维护学校的安全和秩序。此外，高校还应该加强与当地警方的合作，建立信息共享和协作机制，提高应对突发事件的能力。

总之，高校外包安保队伍建设需要高校和安保服务公司的共同努力，通过严格管理、全面培训、合理配置装备和有效实施策略等，确保高校的治安安全和校园稳定。

综上所述，高校在决定外包安保服务时，需要全面考虑，规避不利因素，并加强对外包安保队伍的监督和管理，通过提升人员素质、更新装备、提升业务水平、完善管理机制和加强社会合作等手段，不断提升外包安保队伍建设水平，确保外包安保队伍能够为学校提供有效的安全保障，更好地肩负起维护校园安全稳定的重任，为师生营造安全、和谐、健康的校园环境。

◎ 参考文献

［1］黄妃．高校物业服务外包的监管模式研究［J］.农村经济与科技，2020，31（04）：303-304.

［2］陈玉保，魏帼.高校后勤社会化改革背景下物业服务外包监管的思考［J］.办公室业务，2023（02）：91-93.

［3］刘泽华，陈良.银行安保服务外包纠纷及其启示［J］.银行家，2008（08）：110-111.

［4］陆体艳.高校物业服务外包监管现状及应对措施的研究［J］.高校后勤研究，2018，198（09）：12-14.

◎ 作者简介

陈玉卉，武汉大学校园110联动指挥中心信息科科长。地址：湖北省武汉市武昌区东湖南路8号武汉大学保卫部三楼，邮编：430070。电话：027-68775722。

技术防范与网络信息安全

基于信息化的高校学生安全管理策略与建议

李　曾　王碧瑾　于　磊　苑敬雅

党的二十大首次将"教育数字化"写进报告，提出要"推进教育数字化，建设全民终身学习的学习型社会、学习型大国"，为新时代进一步探索"枫桥经验"信息化支撑指明了方向、提供了遵循。信息化拓宽了现有高校安全管理理念、管理模式和管理方法等边界，为高校学生安全管理带来了数字化、智能化和便捷化的发展机遇，同时也带来了信息冗余化、场景多元化、应用虚拟化等全新的挑战。构建一个基于信息化的高校学生安全管理体系既是"教育数字化"发展时代的必然要求，又是落实"教育数字化"战略的有效举措，还是体现高校管理水平的重要手段。

一、基于信息化的高校学生安全管理现状和问题

（一）基于信息化的高校学生安全管理现状

得益于信息技术的快速发展，近年来，国内各高校在各个安全防控领域均普遍采用了信息化的安全管理方式，高校综合运用信息技术、数字技术和网络技术，进一步提升校园安全管理的精准度、响应度，更好地保障师生安全。

1. 安全管理数字化

在信息化背景下，高校学生安全管理已经趋向数据化管理，通过信息系统对安全管理过程进行监控、记录和分析。在信息技术的加持下，高校会建立安全管理数据库，实时存储和管理各类安全数据，包括巡逻、监控、报警、事故等信息，为安全决策提供科学依据。

2. 安全应用系统化

高校会针对学生管理的不同应用场景，建立不同的信息系统，从而起到监控或预防、预警的作用。例如在学生学业安全方面，高校会建立学生信息管理系统，实现学生学业信息的实时更新和共享，方便学校、教师和学生之间的信息交流；建立在线教学平台、在线作业提交和批改等方式，提高教学效率和学生的学习效果等。在人身安全方面，高校会建立校园安全监控系统，实现对校园各个区域的实时监控并将录像存储，有效掌握校内的安全状况，预防校园暴力、偷盗等事件的发生；建立学生出入管理系统，高校逐渐推行了基于身份识别技术的出入管理系统，如刷卡门禁系统、人脸识别系统等，学生、教职工和访客需要通过特定的通道和设备进行身份验证和登记，确保校园内外人员的合法性和安全性。在心理安全方面，建立学生心理健康系统，对学生的心理健康状况进行监测、评估和反馈；建立在线咨询平台、心理健康APP，为学生提供方便、快捷的心理咨询和心理辅导服务等。

3. 数据分析专业化

建立不同应用的分析系统后，高校通常会采集各个信息系统累计的数据，对学生在不同安全场景下的数据进行分析。例如，通过数据挖掘和分析技术，对学生的学业情况进行实时监测和预警，及时发现学习困难的学生并采取相应的学业帮扶措施；对学生的人身安全行为情况进行预警分析，对异常的行为情况进行及时预警并进行干预；对学生的心理问题进行深入研究和分析，为学校制订科学合理的心理健康教育方

案提供依据等。

4. 安全教育与培训

高校在通过信息化手段实现安全管理目的的同时，也形成了开展安全教育与培训的新应用模式。利用多媒体技术、网络学习平台等为师生提供丰富的安全知识和技能培训资源；开设在线课程、举办安全知识竞赛、发布安全提示，提高师生的自我保护能力等。

（二）基于信息化的高校安全管理存在的问题

基于信息化的高校安全管理在提高效率、优化资源配置等方面具有显著优势，但同时也存在一系列问题，这些问题涉及技术、管理、人员等多个方面。

1. 硬件设施有限

高校学生的信息化系统硬件设施有限，是一个普遍存在的问题，很多高校的学生信息化系统建设面临着硬件设施不足的挑战，例如安全监控不足，有限的监控硬件设施无法覆盖所有的关键区域，导致一些安全隐患无法及时发现和处理；数据处理能力不足，在应对大量安全数据时，有限的硬件设施可能导致数据处理速度缓慢，无法及时提供有效的安全分析和预警；系统稳定性差，硬件设施不足可能导致安全管理系统运行不稳定，容易出现故障或崩溃，影响安全管理的连续性和有效性；升级扩展困难，由于硬件设施有限，可能无法满足未来安全管理的升级和扩展需求，需要提前进行规划和准备。

2. 数据质量差

在建设信息化安全管理系统时，业务系统建设普遍存在"重功能、轻数据"的问题，导致数据噪声多，数据质量差。同时多数高校信息化部门缺乏数据治理的方法和工具，导致数据的展示分析能力不强，不能高效地开展数据治理工作，无法为学生管理提供有力支持。

3. 数据孤岛现象严重

高校各部门、各学院的信息系统多，数据多源且分散。由于缺少数据标准，学生数据的统一采集变得非常困难，且这些系统之间往往存在信息壁垒，导致数据孤岛现象严重，这不仅影响了数据的共享和利用效率，也增加了安全风险。

4. 数据共享和管理安全问题

数据共享、备份和管理机制不健全。长期以来，高校学生数据安全管理建设重建设、轻运维，缺乏行之有效的全局性数据安全防护体系，在数据的动态传输和静态存储过程中，存在数据泄露的风险。同时，信息设备如果过于中心化，一旦中心设施产生问题，可能导致整个信息系统出现颠覆性的安全问题。此外，数据安全不仅是技术问题，更是一个管理问题，当前高校在学生数据安全管理方面还存在诸多问题，如管理制度不完善、管理手段落后等。

二、基于信息化的高校学生安全管理策略建议

（一）深化跨部门协作，建立统一的学生数据中心

学生管理工作涉及多个部门，如教务处、学生处、招生就业处、后勤处等，各部门之间需要加强协作，共享数据资源，形成管理合力。建立统一的学生数据中心可以整合来自不同部门、系统的学生数据，确保数据的准确性和完整性，将跨部门的合作落到实处。

（二）完善数据治理体系

为了增加数据的价值，降低安全风险，高校学生安全管理体系应完善数据治理体系，包括建立统一的数据标准和质量管理体系、规范数据的收集和使用流程、加强数据的审计和监管。建立专业的数据治理团队或机构来负责数据治理工作。建立统一的数据平台或数据中心，实现数据的集中存储和管理，提高数据

的利用效率等。

（三）数据挖掘与分析

第一，深入挖掘学生数据，利用数据分析工具和技术，对学生数据进行深入挖掘和分析，以发现学生的学习、生活、行为等方面的规律和趋势，为学生管理工作提供科学依据。第二，基于数据分析结果，为每个学生制订个性化的管理方案，如学习计划、心理辅导、职业规划等，以满足学生的不同需求。第三，建立预警模型，及时发现学生在学习、生活等方面的问题，并采取相应的措施进行干预，同时利用预测模型，预测学生的未来发展趋势，为管理工作提供前瞻性指导。

（四）数据安全和隐私保护

建立完善的数据安全管理制度和技术防护措施，确保学生数据的安全性和保密性。为了保障学生的隐私和权益，高校应强化数据安全保护措施，包括加强数据加密措施、完善访问控制机制、建立数据泄露应急响应机制等。同时，还应加强对学生和教职工的安全教育，增强其数据安全意识和自我保护能力。

（五）人才队伍建设和优化改进

加强对学生管理工作人员的培训和教育，提高其数据分析能力。同时，建设一支专业化的学生管理人才队伍，为数据赋能学生管理工作提供有力支持。随着技术和环境的变化，学生管理工作也需要不断优化和改进，相关人员应定期评估数据赋能学生管理工作的效果，及时发现问题并进行调整和完善。

三、结论及展望

高校学生安全管理一直是高校学生工作者关注的问题。本文提出建立统一的学生数据中心，完善数据治理体系，对学生数据进行挖掘与分析，为学生制订个性化管理方案，为管理工作提供数据支持，建立完善的数据安全管理制度和人才队伍建设方案，提升高校学生安全管理的数智化效力。

信息化为高校学生安全管理带来了高效的管理，同时带来了挑战。在未来的工作中还要做到：（1）高度重视数据来源的统一性。建立统一的学生数据中心，虽然加大了各部门间合作的力度，但在实际运行过程中责任的明确划分是阻碍工作推进的一大重点。（2）高度重视数据安全。现今，网络安全问题日益复杂，网络攻击事件屡见不鲜，智能联网设备面临的数据安全威胁日益加剧，如何全力保障数据安全是高校学生安全管理的新挑战。（3）全面加强数据挖掘应用。如何最大限度地挖掘数据的实际应用效果，让数据支撑相关管理部门全方位育人，及时为学生提供学习、生活、心理等方面的帮助，也是我们需要深入思考的课题。

◎ 参考文献

[1] 丁佳．依托信息化系统提高高校实验实训室安全管理水平 [J]．中国信息化，2023（04）：76-78.
[2] 李悦天，王洋洋，刘雪蕾，等．依托安全检查信息化系统提高高校实验室安全管理水平 [C]．中国计算机用户协会网络应用分会．中国计算机用户协会网络应用分会 2022 年第二十六届网络新技术与应用年会论文集，2022.
[3] 张鹏．依托网格化管理服务 提升高校安全管理效能 [J]．中国现代教育装备，2022（15）：14-16.
[4] 易楠倩．高职院校学生安全管理存在的问题及对策研究 [D]．重庆：重庆大学，2023.
[5] 李辉．协同治理视角下高校学生安全管理研究 [D]．昆明：云南大学，2023.
[6] 罗贤．四川省市属高职院校学生安全管理问题及对策研究 [D]．成都：电子科技大学，2020.
[7] 葛振亮，李鲁红，吴庆磊，等．高校学生公寓安全信息化建设的实践与探索——以烟台大学为例 [J]．高校后勤研究，2020（02）：41-44.

［8］崔聪，涂庆华，束乾倩，等．基于大数据的高校安全与维稳系统设计与实践［J］．中国教育信息化，2020（05）：61-65.

［9］刘燕．大数据背景下的高校学生安全管理路径研究［J］．管理观察，2018（26）：151-152.

◎ 作者简介

李曾，北京工业大学化学与生命科学学院党委书记、助理研究员。地址：北京市朝阳区平乐园100号北京工业大学，邮编：100124。手机：13911920609，电子邮箱：lizeng@ bjut. edu. cn。

王碧瑾，北京工业大学学生数据管理与服务中心研究实习员。地址：北京市朝阳区平乐园100号北京工业大学学生综合服务楼，邮编：100124。手机：13121728862，电子邮箱：wangbijin@ bjut. edu. cn。

于磊，北京工业大学学生数据管理与服务中心副主任、助理研究员。地址：北京市朝阳区平乐园100号北京工业大学，邮编：100124。手机：18311307414，电子邮箱：lei@ bjut. edu. cn。

苑敬雅，北京工业大学保卫处助理研究员。地址：北京市朝阳区平乐园100号北京工业大学，邮编：100124。手机：17601622976，电子邮箱：yuanjingya@ bjut. edu. cn。

学生工作精细化思维下加强
高校学生资助信息安全的实践研究

汪　洋

高校学生资助是指国家和社会为了帮助家庭经济困难学生顺利入学和完成学业而提供一系列资助政策和措施。这些政策和措施旨在保障学生的基本权益，促进教育公平和社会公正，推进基本公共服务均等化。高校学生资助政策的实施主体是国家和地方政府，同时也包括一些社会团体和企业，这些资助政策主要包括奖学金、助学金、助学贷款、学费减免等多种形式。

学生资助信息安全是指学校在处理和存储学生资助信息时，采取多层次的安全保护措施，确保学生资助信息的安全性和可靠性。随着互联网技术的发展，学生资助信息的安全风险也不断增加，因此，加强学生资助信息的安全管理十分重要。

一、高校学生资助信息安全的重要性

学生资助信息安全不仅关系到学生个人的隐私和财产安全，也关系到学校的正常管理和运转，是学校必须重视的问题。学校需要采取多层次的安全保护措施，加强管理和监测，确保学生资助信息的安全性和可靠性。

（1）学生资助信息安全可以保护学生的个人隐私不被泄露。学生资助信息中包含许多学生本人的个人隐私。一是学生本人的基础信息，比如身份信息、家庭住址、联系方式；二是学生家庭成员的信息，比如家庭成员的基础信息和家庭经济状况；三是学生所获资助情况。这些信息都属于学生的个人隐私，是非常敏感的基础信息，一旦被泄露，必定会对学生的生活和学习产生极大的影响，也会产生影响学生家庭的不确定性因素。

（2）学生资助信息安全是学校正常管理和运转的基础之一。每个高校都有数量庞大的学生，学生的信息安全是方方面面的，如学习情况、住宿情况、消费情况、图书馆借阅情况等，资助信息也是其中一项重要的内容。每个学校需要处理大量的学生资助信息，包括学生的家庭经济状况更新、学生困难情况认定等，如果学生资助信息安全得不到保障，就会影响学校的管理和运转，甚至影响学校正常的教学和管理服务。

（3）学生资助信息安全可以避免学校财产遭受损失。学校的资助信息不仅是学校的重要数据信息，而且是关乎学校资金保障的数据秘密，是学校分析和评估学生资助总体情况的重要载体，数据的全面、准确和完整非常重要。如果学生资助信息遭到黑客攻击，造成数据不准确或泄露，就会影响学校的整体决策，进而影响学校的正常运转。

二、当前高校学生资助信息安全管理现状

高校学生资助信息安全中有许多环节，诸如安全管理体系、安全风险评估、安全监测和安全管理制度等，每个环节都需要重视，重视程度不够就可能出现信息安全问题。当前高校学生资助信息安全管理主要有以下六个方面的问题：

（1）学生资助信息安全管理制度不完善，缺乏有效的规范和标准。许多高校未建立完善的学生资助信息安全管理制度，对资助信息安全管理制度未做到定期梳理、定期排查、定期完善，导致校内职能部门或二级单位在处理和存储学生资助信息时缺乏有效的标准和规范。

（2）学生资助信息存储和传输安全性不高，容易被黑客攻击或泄露。一些高校设立了专用的校园网，但是因校园网缺乏定期防御演练，导致在信息存储和传输过程中易出现安全问题。加之对于学生资助信息的存储和传输未设立专用网络通道，缺乏有效的安全保护技术措施，导致信息易被恶意攻击或泄露。

（3）学生资助信息在处理过程中存在隐私泄露风险，可能会被违规发布到公共数据库中。一些高校并未建立专用的资助信息办公平台，资助信息的传输采用的是公共网络的QQ、微信等线上传输方式，这样就非常容易导致学生资助信息出现泄露的风险。更有一些管理人员未经学生同意，擅自将学生资助信息发布到公共数据库中，造成学生资助信息大范围泄露。

（4）学生资助信息安全保护经费不足，导致技术和人员方面的不足。一些高校在学生资助信息安全保护方面的投入相对较少，未规划一定的资金用于学生资助信息的技术维护、技术保障和技术更新，导致在信息安全技术和人员方面的不足。

（5）学生资助信息安全教育不足，学生缺乏基本的信息安全意识和技能。一些高校在学生资助信息安全教育方面的重视程度不足，未及时开展针对性的信息安全教育，学生个人对于自身的资助信息缺乏安全意识，在非主观意愿下导致个人资助信息泄露，或无意泄露其他同学的资助信息。

（6）学生资助信息安全管理人员缺乏，导致在信息安全管理方面的能力不足。一些高校在学生资助信息安全管理方面的人员配备不足，部分管理者也只是兼职，并未接受系统的信息安全培训和技能提升训练，资助信息管理人员的综合素质有待提高，在信息安全管理方面的能力不足。

三、学生工作精细化思维下加强高校学生资助信息安全的措施

高校资助信息管理是一项复杂的工作，需要严格的安全措施和规范的管理制度。随着互联网技术的发展，学生资助信息的安全风险也在不断增加。因此，高校需要加强学生资助信息安全管理，建立完善的管理制度、加强信息安全技术的应用、开展信息安全教育等，确保学生资助信息的安全。在学生工作精细化思维下加强高校学生资助信息安全，就是要将学生资助信息安全工作纳入学生在校整个过程来考虑，不仅要在资助信息的存储阶段，更要在资助信息的建立、传输、更新、转移、归档等阶段都要考虑到信息安全。

（1）加强顶层设计，完善制度保障学生资助信息安全。一是高校应该建立完善的学生资助信息安全管理制度，包括明确的学生资助信息安全管理机构设置、安全保护标准和管理规范等，以便各资助信息管理单位知晓如何处理资助信息，以应有的安全保护标准开展工作。二是加强学生资助信息安全管理体系建设，包括制定信息安全策略和应急预案等。通过信息安全策略和应急预案来指导各单位及时有效地处置学生资助信息安全事故，避免因小失大，及时堵住安全漏洞和薄弱环节。

（2）落实节点措施，细致排查、评估学生资助信息安全。一是加强学生资助信息安全风险评估，包括对潜在的安全风险进行全面评估，并及时采取相应的措施。各高校要建立资助信息定期安全风险评估机制，依托学生资助管理部门，加强监督和检查，指导职能部门和二级单位落实安全风险评估。二是加强对学生资助信息的保护，防止隐私泄露和信息泄露。加强学生资助信息安全监测机制，包括建立安全监测系统，实时监测系统运行情况，及时发现并处理安全隐患。针对评估或监测出的安全风险要落实专人负责，确保风险化解及时，将安全隐患消除在萌芽阶段。三是加强学生资助信息安全技术的应用，包括使用加密软件、防火墙等安全技术，并对系统进行安全评估和测试。有条件的高校可以研制专用的资助信息办公平台，将资助信息的建立、传输、更新、转移、归档、存储等都通过专用网络进行，可有效避免对外泄露或遭受攻击的风险。

（3）紧盯重要人员，落实学生资助信息安全的全员责任。一是学校层面管理人员落实岗位责任。高校要招聘具有相关经验和技能的安全管理人员，配备资助信息专职管理人员，明确具体工作责任，细化工

作要求，并加强对管理人员的培训和考核，做到专业人做专业事。二是加强学生资助信息安全教育，学生落实主体责任。针对学生群体，结合开学、毕业、寒暑假和奖助学金评定等重要时期开展相关的安全意识和技能培训，在校园内宣传信息安全知识。三是高校学生资助管理部门要落实监督责任。要针对本专科生、研究生资助工作的不同特点，研究制定监督计划并及时传达到各二级单位。每个学年度至少进行一次资助信息安全的检查，对于落实较好的单位要进行通报表扬，对于落实不力、造成学生资助信息大面积泄露的单位和个人，要重点进行处分，通过明确的奖惩措施落实资助信息安全的全员责任。

◎ 参考文献

[1] 王俐，贾曦 . 高校学生精准资助工作的探索与实践——以清华大学为例 [J]. 高教论坛，2019（02）：87-90，99.

[2] 刘阳，陈克文 . 大数据背景下高校学生资助信息化管理工作研究 [J]. 中国新通信，2021，23（23）：24-25.

[3] 赵红俊 . 关于提升高校学生资助工作信息规范性的研究 [J]. 智库时代，2019（32）：279，282.

[4] 张骁翔，赵路 . 基于大数据视角的大学生精准资助新模式、新途径研究 [J]. 电子世界，2020（13）：38-39.

[5] 沈昌祥，张焕国，冯登国，等 . 信息安全综述 [J]. 中国科学（E 辑：信息科学），2007（02）：129-150.

◎ 作者简介

汪洋，武汉大学党委学生工作部办公室副主任。地址：湖北省武汉市武昌区八一路 299 号本科生院南 408 室，邮编：430072。电话：027-68753507。

论校园 110 联动指挥中心建设现状与发展

——以武汉大学校园 110 为例

张汉川

高校校园安全问题一直以来都是公众关注的焦点，武汉大学作为国内知名的高等学府，始终将师生的安全放在首位，致力于提升校园的整体安全水平，为广大师生营造安全、和谐、宁静的学习和生活环境。在这样的背景下，校园 110 报警系统成为武汉大学安全管理中不可或缺的一环，它以其高效、快速的特点，在为校园安全保驾护航中发挥着十分重要的作用。

一、校园 110 联动指挥中心的现状

（一）建设概览

1. 机构基本情况

2007 年武汉大学校园 110 联动指挥中心正式成立，内设专职指挥长，中心由报警与电话接警室（报警电话：68777110）、特勤队、技防监控室构成，目的是整合四个校区的资源，形成统一接警、统一调度指挥、快速反应、联动服务的校园安全管理新格局。

2. 监控报警系统建设情况

监控报警系统的建设大概可分为两个阶段，2007 年到 2013 年为第一建设阶段——模拟信号时期。2014 年到现在为第二阶段——数字信号时期，在这个时期，逐步分期建设成数字高清监控系统。通过安装在校园里的 1000 余个监控探头，对校园进行全时段、全方位的监控，为师生报警求助提供服务，这不仅提高了校园的安全防范能力和效率，也极大地增强了校园内师生们的安全感。

3. 消防和交通安全管理系统建设情况

2018 年完成了消防安全管理系统的建设，2023 年交通安全管理系统建设启动。这两个系统都已建成了附带的监控系统，共同形成了校园 110 指挥中心技术平台，为校园治安、秩序、交通和消防以及其他方面的安全管理提供技术支持。

（二）功能特点

校园 110 联动指挥中心的主要功能特点集中表现为以下几点：

1. 实时快速化

比如监控报警系统具有应急快速响应与实时监控的功能，这为校园 110 特勤队和各分部应急快速反应、迅速作出响应创造了条件。同样，校园 110 平台上的消防安全管理系统和交通安全管理系统也具备实时快速反应的功能特点，这为处置火灾和交通问题提供了第一手现场情况，也为指挥决策和应急处置提供了依据。

2. 平台集成化

在技术层面，武汉大学校园 110 报警系统不仅具备高度自动化的监控功能，还能够实现与校园交通安

全管理系统、消防安全管理系统等多个校园安全管理平台的无缝对接，形成安全管理平台一体多系、统管分控、高度集成、快速切换的特点，不仅提高了系统的科技含量和运行效率，也为校园安全管理工作带来了诸多便利。

3. 联动高效化

校园 110 报警系统经过不断的技术升级和服务优化，已成为校园安全的重要保障手段。该系统采用先进的监控技术，实现了对校园各个区域的实时监控，以此为技术基础，为应急快速响应提供了有力支持。同时，通过建立健全信息传递和处置机制，相关联动部门能够在遇到紧急情况时迅速作出反应，有效控制事态发展。这种高效的应急机制得益于学校对安全工作的重视和投入，以及各部门之间的紧密配合和协同作战。自从成立校园 110 平台以来，学校相继制定完善了《武汉大学校园 110 联动服务工作实施办法》等一系列文件，并投入人员装备，适时开展演练。在实际操作中，报警系统通过集成先进的通信技术和信息处理技术，配合校园 110 特勤队和其他联动单位的力量使用，实现了快速接警、相互协同、共同处置应急事件的目标。当师生遇到紧急情况时，只需按下报警按钮或拨打 110，系统即可立即将警情传达给相关部门，相关部门根据需要和事态发展情况，迅速启动联动应急预案。这种高效的应急联动响应机制，为校园安全提供了坚实的保障。

（三）运用成果

主要成果体现在两个方面。一是提升了校园安全管理的水平和效能。比如，实时监控系统能第一时间发现学校层面上存在的安全问题，有助于安保人员及时根据现场情况作出判断和应对，提高了警务服务的效率。不仅如此，它还使得校园安全管理工作更加精细化、智能化，一旦发现异常情况，系统可立即将相关信息传达给相关部门，为快速应对提供准确的信息支持，也为日常报警、服务求助、应急响应提供了有力支持。这种配合实时监控的应急响应模式，进一步提升了校园安全的管理服务水平。

二是直接增强了师生的安全感和获得感。在日常生活中，师生们能够迅速利用 110 报警系统报警，提出各类安全求助。比如自 2015 年 7 月以来，武汉大学开展了"深夜护学"行动，为晚 11：00 以后在校园内活动的女生或提出紧急求助的师生提供安全护送服务，至今已服务 7500 余人次；利用监控，为相关人员提供查找服务 13000 余次，深受广大师生的好评。

二、校园 110 联动指挥中心建设面临的问题

任何平台系统都不可能尽善尽美，在实际运行中，随着校园安全环境的变化和师生的安全需要的拓展，校园 110 联动指挥中心还存在着不适应师生日益增长的安全需要的问题。

主要表现在：一是系统的技术能力还没有跟上发展的需要，在利用先进智能技术提高报警的精确性和时效性上还有待加强；二是利用数据进行预防性安全管理工作的成效还不明显；三是要提升联动水平，特别是要注重增强与地方政府相关部门的联动等。

三、校园 110 联动指挥中心建设的发展对策

（一）实施升级技术，迈向智能化监控

随着科技的飞速发展，传统的指挥中心平台已经不能满足日益增长的安全需求。针对这一挑战，武汉大学校园 110 联动指挥中心将对报警系统进行技术升级。通过高清摄像头、智能传感器等先进监控设备，实现对校园各个角落的全方位、无死角监控。结合人工智能技术，系统可以自动识别异常行为，如徘徊、闯入禁区等，及时发出报警，大幅提升了监控效率和准确性。增设森林防火监控设备，对进入监控范围区域的人员进行警告和提醒。

（二）搞好数据分析，提前做好防范

要在收集大量报警数据的基础上，通过系统性数据分析，发现安全隐患的规律和趋势。例如，可以通过对历史报警数据的挖掘，发现哪些区域、哪些时间段容易发生治安、消防、交通等安全问题，从而有针对性地加强巡逻和安保力量配置。此外，平台还可以结合校园内其他数据源，如学生活动、气象变化等，进行综合分析，提前预测潜在安全风险，便于安保人员采取相应的预防措施。

（三）广泛开展合作，共同构建校园安全防线

为了进一步提升校园安全水平，需要积极与社会各界合作，共同构建校园安全防线。首先，可以与当地公安、城管、消防、交通部门建立紧密的合作关系，根据工作需要，可考虑有限度地接入地方安全管理平台，实现警务资源和信息共享，从而有针对性地加强校园安全管理与校园周边的综合治理及联防联控工作。其次，可以与企业合作，引入先进的技术和设备，提升校园安全综合管理的技术防范能力。同时，还可以发挥社区居民的作用，最大限度地运用技术防范优势，支持社区做好校园内社区安全管理工作，共同维护校园的平安、稳定。

（四）注意提醒师生，增强安全防范意识

指挥中心要利用现有的技术手段，向师生发送安全信息或安全提示，提醒师生增强自身的安全意识。例如，在珞珈山上每天有规律地定时向游人播报提醒"注意山林防火"。指挥中心可以通过向师生员工的手机推送安全提示、举办安全宣传活动、开展安全教育课程等方式，普及安全知识，提高师生的安全防范能力。同时，指挥中心特勤队在日常执勤的过程中，要充分展示特勤队的良好形象，加大宣传力度，积极鼓励师生加入校园安全管理队伍行列，共同营造安全、和谐的校园环境，促进校园安全管理水平和能力的整体提升。

（五）完善安全服务，提高为师生服务的质量

为了进一步提高为学校师生员工服务的质量，可在每年新生开学时组织安全宣传活动，特别要发挥指挥中心信息收集快、分发手段多、数据掌握全，以及特勤队出勤频率大、流动范围广、接触师生多的优势，运用不同的教育宣传形式，到学生区发放防诈骗宣传册，组织学生到指挥中心参观和现场学习警务器械的操作等。在上下班车辆和行人较多的高峰时段，校园110特勤队可以到重要的交通路口协助分部同志进行交通疏导分流工作，不断提升服务师生的主动性。

（六）加强联动协同，提高联动服务水平

在现有联动机制基础上，进一步整合校内外、各部门资源，形成"一盘棋"思维，防止不联不动、只联不动等问题出现。要特别学习借鉴地方各部门在联动中的成熟经验，加强学习调研和训练演练，与街道派出所、校医院、后勤部等多个单位共同构建处警联动机制平台，以更加快速、有效地处理各类不同的警情，并定期召开工作协调会议，确保联动机制行之有效，共同维护校园安全和社会稳定。

（七）着眼未来发展，建设智慧安全校园

展望未来，武汉大学校园110联动指挥中心将在技术升级、数据分析、社会合作和师生教育等多方面不断完善和发展。随着5G、物联网等新技术的应用，指挥中心这个平台将更加智能化、便捷化，进一步实现对校园安全的全面覆盖和精准管理。同时，随着师生安全意识的不断增强和校园安全文化的深入人心，武汉大学必将成为一个更加安全、和谐的美丽校园，武汉大学校园110联动指挥中心，也必为学校"双一流"建设作出自己更大的贡献。

◎ **作者简介**

张汉川，武汉大学校园110联动指挥中心特勤队副队长。地址：湖北省武汉市武昌区东湖南路8号武汉大学保卫部三楼，邮编：430070。电话：027-68775282。

高校校园安全一体化信息系统构建初探

秦立富

新冠疫情的到来在带给高校安全保卫工作众多挑战的同时，也给高校的安全稳定带来了跨越式发展的重要契机。很多高校为应对疫情防控、封闭管理等校园安全管理的新问题，对校园技防设施进行了强化建设，并完善了应对措施，其中信息化手段是其主要建设方向。新冠病毒感染降为"乙类乙管"后，我们需要从疫情期间高校安全稳定带给我们的经验入手，深入思考这些信息化手段如何在平时加以更好应用，保留下来的信息系统应该集中整合为一体化系统，以更好地服务于高校的安全稳定工作。

一、高校校园安全一体化信息系统建设问题的提出

（一）一体化信息系统的缘起

技防设施一直是高校安全稳定的重要依靠力量，随着网络技术和各类安全防范技术的不断提升，高校校园安全在技术层面已经越来越多地需要技术的协同支持；但是不同平台、不同信息化架构往往相对独立，显现出"孤岛"效应。为了更好地融合不同技防手段的作用和功能，需要从整体上把各类信息系统进行整合。

（二）当前高校校园安全信息系统存在的问题

各类信息系统的集成程度不高，从目前校园的监控系统和管理系统的建设来看，虽然校园基本都配备了足够的摄像头等监控设备，但是由于不同年代、不同平台的接续建设问题，摄像头等监控设备与平台之间、平台不同软件系统之间的兼容性较低，部分系统难以有效发挥作用。因此，应立足校园安全管理实际，结合校园安全管理的具体需求，积极引入新技术进行智慧校园安全防范一体化管理平台的建设，实现对整个校园管理系统的升级，增强校园安全管理系统的集成度，为整个校园的安全管理工作提供有力的系统支持。

（三）未来校园安全的信息化挑战

随着信息化的发展，未来校园安全对信息化的需求越来越高，为了达到这一目标，需要根据新时期校园安全管理的最新要求，着眼校园安全的信息化、智能化发展，积极构建智慧校园安全防范一体化管理平台，为整个校园安全提供有力支持。

二、高校校园安全一体化信息系统的构建

（一）构建原则

1. 系统化原则

建设高校校园安全一体化信息系统需要坚持学校党委对安全工作的统一领导，统筹发展和安全，建立

健全覆盖全领域、多层级、立体化的安全治理架构。要明确安全稳定多元治理的责任体系；要优化校院两级安全治理模式，加强校级安全稳定顶层设计和二级单位考核体系建设，推动院系等二级单位完善内部安全治理结构，提升院系安全治理的创造力和执行力；要将一体化信息系统实现融合提升，使其成为学校安全稳定的中枢平台和智慧大脑。

2. 智能化原则

要坚持科技赋能，深化技防智能化建设，全面提升校园安全综合治理能力，着力提升校园安全管理、交通管理、消防安全、实验安全、人员管理等领域的技防数字化建设水平，推进安防设施迭代升级，构建安防管理系统，形成以智能作为支撑的安全管理方案；要整合信息资源，在扁平化校园安全指挥体系的统筹下，建立健全信息共享机制，建设综合安防信息平台，打造"校园安防大脑"，将各类信息数据转化为信息情报，为分析研判、事前预警、科学决策提供数据支撑。

3. 督办化原则

高校安全治理是一项复杂的系统工程，牵涉面广、关注度高、影响面大，要通过校园安全一体化信息平台督促各项安全制度得到更好的落实，各项安全工作得到更好的推进，各项隐患得到更好的整治，就需要将系统建设成为具有适度刚性的督办平台，且具备一定范围的考核参考价值，这样才能让系统更加有效运转。

（二）构建体系框架

针对当前校园安全稳定工作形势和校园信息化工作特点，需要对学校的安全一体化信息系统做好顶层设计；针对国内外形势，结合高校安全稳定工作特点，需从宏观和微观角度统筹规划校园安全一体化信息系统的构建从需求角度，应该满足以下几个方面：

1. 满足日常检查与维护需要

学校的安全稳定涉及方面多、程序多、内容多，加强日常检查与维护是确保校园安全稳定的重要基础性工作；为了督促日常工作中将安全稳定责任落实到位，且留有工作痕迹以备查询，需要从满足日常检查与维护需要的角度加强信息化建设。

2. 满足隐患发现与整改需要

隐患发现与整改是确保高校校园安全的重要日常工作，更是重要举措和最佳保障，是日常校园安全工作的重要内容，需要经常抓、时时抓；为了促进本项工作常态化开展和整改的闭环，需要通过信息化方式加以巩固。

3. 满足人员管理和校门管控需要

校园秩序管理的前提是人员管理，疫情期间留下的最大财富是校园进出人员精细化管理程度的不断提升；目前各高校均有不同类型的校园门禁管理系统，但多数属于单独系统，未与其他系统融合联通，需要从学校安全的角度，将门禁系统与人员、监控系统等统一整合，使其更好地发挥作用。

4. 满足安全类设备设施管理需要

高校有各类实验室、配电室、锅炉房等涉及安全的设备设施，这些设备设施的日常维护管理是确保校园安全尤其是消防安全的重要保障手段；长期以来，基于一定的工作难度，存在设备管理维护不到位等情况，需要基于物联网发展基础，将此类设备的管理维护通过信息系统统一起来并落实到相关部门，确保校园安全。

5. 满足校园交通智能管理需要

当今校园内的机动车数量日益增多，维护交通安全成为校园安全管理的重要内容。为满足校园交通管理需求，要建设校园智能交通管理系统，从而将校内的各类交通信息数据进行分类、统计、分析，最终建设成集停车管理、超速违章管理、停车位预警、车流量统计等功能于一体的校园智能交通管理系统。

6. 满足监控预警和信息传递需要

视频监控和消防预警系统作为维护校园安全的基础性技防手段，需要根据校园安全管理要求升级为整体功能更全面、软件操作更便捷、集成度更高、扩展兼容性更好的系统；结合高校安全工作经验，需要将其与重点区域的值班巡更、日常案事件统计、消防信息实时更新等融合，形成统一系统。

三、高校校园安全一体化信息系统的具体组成

（一）制度体系

制度是安全稳定责任落实和任务落实的重要依据，也是一体化信息系统的运转依据和开发依据；只有制度规定到位、任务具体到位、责任明确到位才能推动一体化信息系统的顶层设计和系统开发。要通过制度体系来完善安全工作体系，管"上"又管"下"，聚焦安全管理体系畅通高效；通过制度体系来完善安全责任体系，管"事"又管"人"，聚焦主体责任层层传导和落实；通过制度体系来完善风险防控体系，管"前"又管"后"，聚焦安全隐患排查整改和事件应急处置；通过制度体系来完善宣传教育体系，管"意识"又管"行为"，聚焦师生安全意识与安全能力增强。

要着力完善安全制度体系，聚焦安全重点全覆盖。安全工作无小事，既要管"大安全"，也要管"小隐患"；既要管"物"的安全，也要管"人"的安全；既实现安全工作范围"全覆盖"，又实现安全工作深度"全覆盖"，确保校园安全"万无一失"。

（二）责任体系

责任落实是一体化信息系统足力运转的重要推手，要结合制度体系，明确各单位和部门的安全稳定责任，综合运用大数据、物联网等技术，解决当前安全管理中职责不明确、管理不到位、管理数据孤岛化等问题，促使各单位主体责任到位，实现各单位各岗位尽职尽责管理。要通过责任体系的构建，推动各岗位人员明确安全责任，追责问责有依有据；随时了解各单位的安全工作落实情况，实现隐患排查能力、风险治理能力的全面提升。

（三）框架结构

结合高校校园安全工作实际，笔者认为应涉及6大方面、14个系统。

1. 日常巡查管理系统

（1）值班系统。统筹学校保卫、学工、后勤等各部门的校园日常值班情况开发并完善值班信息系统，实现人员值班自主安排、值班人员信息导入、值班时间提醒、值班记录填写、值班紧急情况处置、值班系统联动、应急事件处置、值班信息记录与费用计算等功能，提升值班效率和效能。

（2）巡更系统。为加强对安全工作的监督，要单独开发巡更系统，严格落实1小时重点部位、2小时校园全部巡查一遍的工作要求，结合校园110快速出警、微型消防站及时出动等工作，及时发现和处置各类案事件及苗头性情况，确保学校安全。

2. 隐患发现整改系统

（1）日常管理维护系统。针对校园安全重点部位和重点设备设施，要坚决执行日常管理与维护工作，要将重点部位、重点设备设施全部纳入管理维护系统。一是明确重点部位和重点设备的台账，根据各自情况开展设备检测检修工作；二是将日常管理维护任务加以明确，管理人员在系统中落实留痕，推进日常管理工作落实。

（2）隐患发现与整改督办系统。隐患发现是校园安全管理工作中的重要日常工作，从解决"发现易、解决难"问题入手，将日常发现的安全隐患进行明确分类并录入系统，根据隐患所属单位纳入学校统一督办管理，确保形成"发现—整改—督办—销号"的整改闭环，定期形成督办报告，推动各类隐患及时得到整改，确保发现一件整改一件。

3. 人员车辆管理与校园秩序系统

（1）交通管理系统。随着校园内机动车和电动车、自行车等非机动车的增多，校园内的交通管理难

度逐渐增大，复杂程度逐渐增加，需要从源头管理（车证）和行为管理两个层面来开发智能交通管理系统，对小客车、维保车、电动汽车、电动自行车、摩托车、轮滑车等从整体上加以管理。

（2）人员门禁管理系统。为应对新冠疫情，各高校对进出人员使用了精准化管控措施，开发了基于身份证件为辨识依据的门禁管理系统，产生了较好的效果。后疫情时代应该将人员精准化管控措施保留，更好地确保校园安全。

4. 设备管理系统

（1）消防设备管理系统。将校内各个建筑分区内的火灾自动报警系统汇集到一体化平台，实现对全校火灾自动报警系统的统一监管。一体化平台针对所有建筑分区的消防控制器的运行状态和报警情况进行数据采集，实时报警、存储、联动、报警数据统计分析、设备管理、巡检管理等功能，并与监控设施相连接，报警后自动切换跟踪监控画面，并实现报警数据的快速上传、处理，从而提高学校的快速反应能力，最大限度地保障消防安全。

（2）实验室设备管理系统。实验室设备涉及各类危化品、各类实验器材等，特殊性、专业性特征明显，各类维护、保养方法也难有规律可循，保卫部门人员难以深入掌握相关专业知识，故需要为实验室设备专门开发单独系统，由学校相关部门的专职人员进行管理。

（3）危化品管理系统。实验用危化品一直是校园安全管理中的重点对象，需开发危化品管理系统，对危化品的购买进行严格审批，对危化品的存储位置、存储量、日常管理进行严格追踪和监督，对危化品的领取、使用进行严格监管；对危化品的销毁、处置进行明确追踪，确保信息有据可查。

（4）其他高危设备管理系统。学校实验室和消防设施之外的其他高危设备的管理系统，其整体管理措施与实验室设备管理措施类似，要确保所有高危设备均纳入学校系统统一管理。

5. 信息与研判系统

案事件登记追踪系统。日常工作中需要结合值班系统，对案事件进行信息化登记备案。一是完成案事件的追踪，针对最终结果形成记录；二是对案事件进行总结分析和情况研判，以适时发布各类预警信息，并完善安保月报内容；三是与值班系统相结合，将其作为值班工作的重要内容。

6. 综合管理平台

（1）视频监控系统。立足校园安全管理实际，结合校园安全管理的具体需求，积极引入新技术，监控所有影响安全稳定的事、物、人，实现对整个校园管理系统的升级，并增强校园安全管理系统的集成度，为整个校园的安全管理工作提供有力的系统支持。

（2）二级单位安全稳定反馈系统。结合"平安校园"建设，推进校园二级单位安全稳定指标体系成型，根据日常安全稳定工作情况，对二级单位的安全情况进行分析反馈：一是及时向二级单位通报相关情况，提请注意；二是为年底二级单位安全工作情况考核或评价提供基础材料。

（3）指挥中心和安全稳定报告系统。在校园内出现特殊情况时，依托综合管理平台，通过视频监控系统实时监控现场情况，利用各类安全数据辅助进行各类决策，将消防通话系统作为指挥通信系统，结合其他系统形成完整的指挥体系；定期综合全校安全稳定情况，出具安全稳定报告，向全校传递安全稳定相关信息、工作情况和预警信息等。

四、高校校园安全一体化信息系统体系保障

（1）技术保障。校园安全一体化信息系统涉及多个独立系统和多个单位开发的产品，前期需要专门技术力量对各类系统进行对接，推动构建完整的统一系统平台；后期需要技术力量对其进行日常维护和功能提升，因此需要与学校网信部门、保卫部门、维保单位等联合形成一支技术保障队伍，以确保系统的正常运转。

（2）制度保障。系统的落实需要有制度作为依据，要针对各个系统所对应的相关业务作严格细致的规定，要以"平安校园"建设为抓手形成严密的制度体系，作为整体系统运行的制度保障。

（3）人员保障。校园安全涉及面广，业务类型多，需要多个部门、多个岗位密切配合。在校园安全

稳定工作领导小组的引领下，应集合保卫、宣传、学工、网信、实验室管理、保安队、维保单位等多层面人员，形成一支安全队伍，二级单位要明确安全员组织架构，确保各项系统正常运行，保障校园安全。

（4）经费保障。一体化信息系统建设涉及新系统、新设备设施的开发采购，不同系统间的对接调试，原有设备的更新、技术人员的配置、一体化平台的搭建等，需要从硬件、软件和人员三个方面进行经费投入。

◎ 参考文献

［1］何东方，毛书照．保卫工作职能视角下高校平安校园建设研究［J］．高校后勤研究，2021（06）．

［2］赵文曼．深化高校平安校园建设的措施与对策探讨［J］．科技视界，2014．

［3］郭长帅．新时代高校安全稳定长效机制研究［J］．淮南职业技术学院学报，2019（01）．

［4］谢崇亮，茹洁芳．智慧校园安全防范一体化管理平台建设方案［J］．工程教育，2020（14）．

［5］胡进娟．智慧校园网络安全建设一体化策略研究［J］．信息安全与管理，2018（22）．

◎ 作者简介

秦立富，北京建筑大学保卫处副处长。地址：北京市西城区展览馆路1号北京建筑大学保卫处，邮编：100044。手机：15101080868，电子邮箱：qinlifu@bucea.edu.cn。

增强网络安全意识，营造校园安全网络环境

曾雨琪　谭智心　袁仕珺

在信息化时代，互联网已经渗透到我们生活的方方面面，特别是校园网络，已经成为学生学习、教师教学和行政管理的重要载体。然而，随着网络技术的快速发展，网络安全问题也日益突出，给校园的稳定和师生的利益带来了严重威胁。因此，加强校园网络安全管理，保障网络环境的健康和安全，具有重要的现实意义和长远的发展价值。

校园网络承载了大量的教学、科研和管理信息，这些信息涉及师生的个人隐私、学校的核心资源等。网络安全的有效管理能够确保这些信息不被非法获取、篡改或滥用，从而保障了信息的完整性和机密性。网络是校园内信息传播的主要渠道，一旦网络安全失控，可能导致不良信息的扩散，甚至引发群体性事件，影响校园的稳定和秩序。因此，加强网络安全管理，有助于维护校园的政治稳定和社会和谐。网络安全是教育信息化的重要保障。只有在一个安全、稳定的网络环境中，教育信息化才能得以顺利进行，师生才能充分利用网络资源，提高教学和学习的效率。

一、高校网络安全的重要作用

高校网络安全的重要作用体现在下列几个方面：

第一，校园网络可保护师生权益。师生在校园网络中的活动涉及个人隐私、学术成果、知识产权等多个方面。网络安全的保障能够有效防止这些信息被非法获取或滥用，从而保护师生的合法权益。

第二，校园网络可维护学校声誉。校园网络安全事故可能导致学校声誉受损，影响学校的社会形象和公信力。因此，加强网络安全管理，有助于维护学校的良好声誉和形象。

第三，校园网络可推动教育信息化可持续发展。网络安全是教育信息化的基石。只有在一个安全、可靠的网络环境中，教育信息化才能得以持续、健康地发展，为学校的长远发展提供有力支撑。

综上所述，信息化时代下校园网络安全的意义和重要性不言而喻。面对日益严峻的网络安全挑战，我们必须高度重视校园网络安全问题，采取切实有效的措施加强网络安全管理，确保校园网络的稳定和安全。

二、高校网络发展与网络安全的关系

高校网络的发展与网络安全是相辅相成的。一方面，网络的发展为师生提供了更多的便利和服务，推动了教育信息化的进程；另一方面，随着网络应用的广泛和深入，网络安全问题也日益突出，成为高校网络发展中必须面对和解决的问题。

网络安全是高校网络发展的基础。只有在一个安全、稳定的网络环境中，高校网络才能充分发挥其优势，为师生提供更好的服务。同时，高校网络的发展也为网络安全提供了更多的技术和手段，使得网络安全问题能够得到更好的解决。

高校网络发展与网络安全是密不可分的关系。在推动高校网络发展的同时，我们必须高度重视网络安全问题，采取切实有效的措施来保障网络的安全和稳定。只有这样，我们才能为师生提供一个安全、健

康、高效的网络环境，推动高校网络的可持续发展。

三、高校网络安全的现状

1. 各高校信息系统网络安全防护能力不同

（1）投入差异。高校的信息系统数量众多，每个系统的安全性需求、应用场景和重要性都有所不同。因此，高校对于各个信息系统的投入也会有所差异，从而导致不同系统的安全防护能力不同。

（2）安全意识差异。在高校中，不同部门、不同人员的安全意识可能存在差异。一些部门或人员可能更加重视信息安全，愿意投入更多的资源和精力来保障信息系统的安全；而另一些部门或人员可能相对缺乏安全意识，对信息安全的重视程度不够，从而导致安全防护能力不同。

（3）安全技术和管理水平差异。高校的信息系统可能由不同的技术团队进行开发和维护，这些团队的技术和管理水平可能存在差异，从而导致安全防护能力不同。

2. 网络安全重视程度不够

一些高校可能认为网络安全问题不会发生在自己身上，或者认为即使发生了也不会造成太大的影响，因此缺乏对网络安全的足够重视。这种思想上的松懈可能导致高校在网络安全方面的投入不足，也可能导致高校在应对网络安全事件时反应不够迅速和有效。

3. 高校信息系统是网络黑客入侵的重灾区

（1）信息系统众多且分散。高校的信息系统众多，包括教务系统、科研系统、学生管理系统等，这些系统往往分散在不同的部门或学院中，缺乏统一的安全管理和监控。这种分散性使得黑客容易找到安全漏洞，进行网络入侵和攻击。

（2）外部威胁日益严重。随着网络技术的发展，黑客的攻击手段不断更新，网络威胁也日益严重。高校作为重要的教育和科研单位，往往成为黑客攻击的重点目标。同时，一些高校可能缺乏应对外部威胁的有效手段和技术支持，导致安全事件频发。

4. 师生缺乏对网络安全知识的认知

（1）缺乏网络安全教育。很多高校可能并没有将网络安全教育纳入正式的教学计划，导致师生对网络安全问题的认知不足。

（2）过于依赖 IT 部门。部分师生可能认为网络安全是 IT 部门的事情，与自己无关，因此缺乏主动学习和了解网络安全知识的动力。

（3）信息安全意识不强。部分师生可能认为网络攻击只会在大型机构或公司中发生，不会发生在自己身上，因此缺乏足够的信息安全意识。

（4）技能水平有限。即使师生有学习网络安全知识的意愿，但由于缺乏相关的学习资源和技能水平有限，他们可能无法有效地掌握网络安全知识。

四、高校网络安全发展之困境

（1）技术更新迅速，安全防护压力增大。随着网络技术的不断发展和更新，新的安全威胁和漏洞也不断涌现。高校需要不断更新和升级网络安全设备和系统，以应对这些新的挑战，这对高校的技术和资金投入提出了更高的要求。

（2）网络安全人才短缺。目前，网络安全领域的人才需求量大，但供给不足。高校在网络安全人才的培养方面存在短板，缺乏专业的网络安全教师和研究人员，导致网络安全队伍的整体技术能力不强。

（3）资金投入有限。网络安全的投入需要大量的资金支持，包括购买安全设备、培训人员、更新系统等。然而，一些高校在网络安全方面的投入有限，无法满足安全发展的需求。

五、加强高校网络安全管理的措施

（一）提高高校网络安全管理水平

1. 完善网络安全管理体制

为促使学校机关单位各项事务工作的有效开展，确保信息系统实现可靠运行，必须构建科学完善的网络安全管理体制。

（1）建立明确的网络安全政策，包括访问控制、数据备份、密码管理等内容，明确责任人和执行流程。

（2）设立专门的网络安全团队或部门，负责监测网络安全状况、制定安全策略、应对安全事件等工作。

（3）强化访问控制机制，确保只有经过合法认证的用户才能访问敏感信息，采用多因素身份验证以提高安全性。

（4）建立完善的网络安全事件应急响应预案，明确责任人员和响应流程，以便在发生安全事件时能够迅速有效地应对。

（5）实施定期的安全审计和评估，发现潜在的安全问题并及时解决，提高网络安全水平。

2. 加强网络安全保障

为应对严峻的网络安全形势，必须不断加强网络安全事件预警、监测和处置。第一，加大基础设施的投入和建设，加强对网络基础设施的管理维护，对相关人员的网络安全管理技术提出要求。第二，要应对新形势，必须依赖新科技手段，配置先进的防范设施，以提高技术防范和保障能力。第三，建立良好的硬件安全防御系统，以切实保障网络安全。

3. 加强合作交流

针对学校的整体专业技术力量薄弱的现状，学校积极加强与行业专家进行合作，与兄弟院校加强交流，汇聚周边高校的各种网络安全技术力量。并与有资质的安全服务商签订合作协议，在二级学院挑选计算机技能较好的教师担任二级安全信息员，提高应对安全漏洞的能力。在日常的监测、预警中，一旦发现安全漏洞，如果二级部门的技术力量较弱，无法独立处理漏洞，信息化建设管理部门的技术人员应协同安全服务厂商一起解决。

4. 定期进行网络安全排查

根据《网络安全法》以及教育行业对信息系统的要求，定级为三级的信息系统需一年一次测评，定级为二级的信息系统需两年一次测评，学校可以借对信息系统进行测评的机会，在第三方专业安全公司的专业技术支持下，对学校网络安全情况进行全面梳理，全面了解信息系统的安全状况。

5. 安全建设管理

当软件服务商提供软件时，应当提供安全测试报告，同时在部署上线时，需要请专门的安全人员进行渗透测试，并让其出具安全报告与加固方案；设立网络安全事件应急响应预案，明确责任人员和响应流程，以便及时、有效地处理安全事件；利用社会资源建立校企合作机制，提升学校的网络安全防护能力。

（二）加大对网络管理人员的培训力度

网络安全教育能否取得实质性教学成果主要在于高校师资队伍是否专业化。当前，高校网络安全教育工作面临着专职教师缺失的问题，部分高校的网络安全教师由辅导员等行政课程的教师兼任，他们无法全身心投入到网络安全教育工作中，缺少专业化、规范化、系统化的相关培训，进而削弱了安全教育工作的实际效果。除此之外，传统的教学内容与教育方式无法及时匹配快速更新的网络安全案例与高度智能化的网络教学手段，致使网络安全教育无法适应现实需求。与此同时，相应奖励机制的缺失也使得专职网络安全教育岗位缺乏吸引力，难以形成专业化的网络安全教育师资队伍。因此，要建立奖励机制并加大对网络管理人员的培训力度。

（三）完善校园网络设施

校园网络在提高学校教学质量、提高学校管理水平、实现教育资源共享、改善教学环境、提升学校竞争力等方面具有重要性，切实采取各种有效措施解决目前校园网建设与应用中存在的问题，促进学校办学水平更上一台阶。

以下是完善校园网络设施的可参考措施：

（1）安全防护。完善的校园网络设施可以提供更好的网络安全防护。通过使用防火墙、入侵检测系统等安全设备，可以监控和控制网络流量，防止恶意攻击和未经授权的访问。

（2）网络隔离。合理规划和部署校园网络设施可以实现网络隔离，将校园内的不同部门、实验室和学生宿舍等网络分割成独立的子网，这样有助于缩小网络攻击的传播范围，限制潜在漏洞的扩散。

（3）强化身份认证与权限管理。完善的校园网络设施可以强化身份认证与权限管理。采用多因素身份验证、访问权限管理等策略，可以降低未经授权访问和数据泄露的风险。

（4）备份与恢复功能。良好的校园网络设施应该提供备份与恢复功能，确保关键数据的安全性和可用性。定期备份数据，并设置可靠的容灾机制，以应对硬件故障、自然灾害或人为错误可能引发的数据丢失。

（5）实时监控与威胁情报分析。完善的校园网络设施可以实现实时网络流量监控与威胁情报分析。通过持续监测网络活动和及时收集、分析威胁情报，可以快速识别和应对潜在的网络安全威胁。

（6）教育与意识培养。校园网络设施不仅包括技术层面的设备，还需要关注用户的教育和意识培养。高校应该加强对师生的网络安全教育，提升他们对网络威胁和安全措施的认识，从而有效预防和减少安全事件的发生。

◎ 参考文献

[1] 陈要伟. 机关事业单位网络安全管理的现状及对策 [J]. 信息与电脑（理论版），2020，32（19）：206-208.

[2] 韦娟，徐建军. 校园网络安全"管理+运维"体系探索 [J]. 网络安全技术与应用，2024（01）：87-89.

[3] 赵楚楚. 智慧校园下网络安全管理与防范措施研究 [J]. 网络安全技术与应用，2023（12）：87-90.

[4] 刘田博. 高校网络安全教育策略 [J]. 山西财经大学学报，2023，45（S2）：198-200.

[5] 王振岩，高丽婷. 校园网建设与应用中存在的问题及对策 [J]. 教学与管理，2011（12）：32-33.

◎ 作者简介

曾雨琪，重庆第二师范学院数学与大数据学院学生。地址：重庆市南岸区南山街道崇教路 1 号，邮编：400065。手机：17830156492。

谭智心，重庆第二师范学院数学与大数据学院学生。地址：重庆市南岸区南山街道崇教路 1 号，邮编：400065。

袁仕珺，重庆第二师范学院数学与大数据学院学生。地址：重庆市南岸区南山街道崇教路 1 号，邮编：400065。

指导老师：李青嵩

浅议技术安防在高校校园安全管理中的应用与发展

刘　晔

随着社会进步和教育事业的蓬勃发展，校园安全问题日益凸显，作为培养未来人才的基地，高校校园的安全与和谐直接关系到学生的成长、成才和社会的稳定。在科学技术突飞猛进的今天，几乎所有的高校都在采用技术手段进行校园安全管理。先进科技的运用显著提高了校园安全管理的能力和效率，也增强了师生的安全感，为师生营造了一个更安全稳定的学习、生活环境。

一、校园技术安防概述

当前，随着社会的不断发展和科学技术的迅猛发展，人们的生活方式发生了深刻的变化，如汽车大量进入家庭、手机人手一部、网络覆盖到各个角落等。高校校园集聚了大量的人员、车辆，在开放式办学的理念下，大量的人员、车辆进出校园，给校园的安全稳定带来了严峻的挑战，高校越来越依靠技术手段来进行校园安全管理。近三年的新冠疫情更是促进了人脸识别、速通门禁技术在高校的普遍应用。目前，高校主要采用的技术安防系统有视频监控系统、智能速通门禁系统，以及附属的维护管理系统等，它们通过监控指挥中心进行连接，共同发挥作用。

（一）视频监控系统

视频监控技术及其系统在校园安全中占据重要地位。高清摄像头被安装在校园的关键区域和通道，通过实时监控，安保人员可以迅速发现并应对突发状况。此外，视频录像也为后续的调查提供了宝贵资料。视频监控系统的应用有效减少了校园治安事件的发生，显著增强了学生的安全感。

（二）智能速通门禁系统

智能速通门禁系统是采用生物识别技术进行人脸识别的，智能速通门禁系统能够精确核实进出校园人员的身份，有效阻止非法入侵。同时，系统还记录人员的出入信息，为安全管理提供数据支撑。

（三）维护管理系统

监控设备的维护和管理亦不容忽视，有必要建立一套完善的维护管理系统，详细记录设备的购置、使用、维修等信息，从而为设备的后续维护和更新提供有力支撑。同时，还有数据管理问题。监控数据作为中心工作的基石，其管理和保护工作至关重要，因此，必须采取切实有效的措施，确保数据的安全性和完整性，并遵守相关法律法规，确保数据的合法性和合规性。

（四）监控指挥中心

监控指挥中心借助视频监控、报警系统等手段，及时发现异常情况，如入侵、火灾等，并迅速采取行动，防止事态恶化。同时，中心还负责对重点区域或设施进行24小时不间断的监控，确保安全无虞。监控指挥中心的运作依靠具备专业知识和技能的人员，负责日常的监控任务。安保人员熟练操作监控设备，并具备处理突发状况的能力。此外，他们应具备高度的职业道德和责任心，以确保监控工作的精确性和可靠性。

二、校园技术安防的优势与挑战

（一）优势

技术安防以其独特的优势，如实时监控、减少人力依赖、迅速响应与预防等，为校园安全提供了坚实的保障。

一是可以开展实时监控。通过高清摄像头、人脸识别等技术手段，可以实时监控校园内的各个角落，确保学生的安全。例如，当发生突发事件时，安保人员可以迅速定位到事发现场，及时采取措施，防止事态恶化。校园安保工作往往需要大量的人力投入，而技术安防的应用可以显著降低对人力的依赖。

二是可以迅速响应与预防。技术安防系统可以实现对校园内各种安全风险的迅速响应与预防。通过智能分析，系统可以自动识别异常行为，如闯入禁区、打架斗殴等，并立即发出警报，提醒安保人员及时处理。同时，通过对历史数据的分析，还可以预测潜在的安全风险，让安保人员提前做好防范措施。

三是运用前景日益广泛。在校园内部，技术安防的应用不仅限于传统的监控和报警系统。例如，一些高校已经开始采用智能门锁系统，通过指纹识别、面部识别等技术手段，确保学生宿舍的安全。此外，一些高校采用了无人机紧急巡逻系统，对校园内的重点区域进行高空监控，提高监控的覆盖面和效率。

（二）挑战

技术安防在校园内部也面临着一些挑战，如技术升级与维护成本日益升高、隐私问题等。

一是技术升级、维护及培训成本居高不下。随着科技的不断进步，校园内部的技术安全防范体系亟待持续升级与维护，以确保其能适应新时代的安全需求。这涉及硬件设备的更新换代、软件系统的升级以及专业人员的培训和维护等方面的工作，同时，也伴随着新设备和技术的人员培训工作，这些都需要支出大量经费。

二是需要关注并解决技术安防应用中可能出现的隐私问题，以确保安防技术运用在校园内部的可持续性和健康发展。

三、技术安防体系的优化与改进

随着科技的飞速发展，技术安防体系的优化与改进已经成为确保校园安全和稳定的关键因素。

（一）新技术的引入

科技进步日新月异，技术安防体系亦不断引入新技术。以物联网技术为例，其能够实现设备间的互联互通，促进信息的实时共享与监控。通过安装智能传感器和监控设备，可以实时监测和预警潜在的安全风险，提高安防效率。此外，云计算技术的发展也为安防体系提供了更强大的数据处理和存储能力，使得安防系统更加高效和可靠。

（二）人工智能的应用

人工智能技术在校园安全领域的应用已经非常广泛。通过深度学习、机器学习等技术手段，人工智能可以自动识别和分析异常行为，预测潜在的安全风险。大数据分析为校园安全体系提供了更加深入和全面的掌控力。通过对海量数据的收集、分析和挖掘，可以发现潜在的安全隐患和犯罪模式，为安防工作提供有力的支持。

（三）数据隐私与合规性

在技术安防体系的优化与改进过程中，数据隐私与合规性问题是不可忽视的重要方面。随着技术的发展，个人信息的获取和处理越来越便捷，但同时也面临着泄露和滥用的风险。在构建安全防护体系的过程中，我们要严格遵守国家法律法规，确保个人信息的合法合规处理。严密防范数据泄露和滥用行为，切实保障师生的个人隐私权益不受侵犯。

四、未来发展趋势

展望未来，随着技术的不断革新和应用领域的持续拓展，新兴技术在安防领域的应用前景将更加广阔。特别是人工智能、大数据等尖端技术的应用，将进一步推动安防系统的智能化升级，为安全防范提供更全面、精确的支持。

未来，校园内部技术安防体系的建设将朝着智能化、高效化、人性化的"三化"方向不断迈进：一是智能化。运用智能分析技术，实现自动识别、预警和干预校园内人员的行为，以提高安全管理智能化水平。二是高效化。引入先进的物联网技术，实时监控和管理校园内的各类设施设备，以提高安全管理效率和水平。三是人性化。在确保安全的前提下，更加注重师生的需求和体验，如设置便捷的报警系统、提供个性化的安全服务等，以提升师生的安全感和满意度。

在技术层面，新兴技术如6G、物联网、智能AI等正在逐渐渗透我们生活的方方面面，特别是在安防领域，这些技术的应用前景广阔。

（1）6G技术与安防的结合。目前研究表明，6G技术具有高速率与低时延特性，可以支持更多设备的接入，这能有效拓宽安防监控的覆盖范围，降低盲区出现的可能性。借助6G网络的高效连接，一旦发现异常情况，系统能够迅速作出反应，及时发出预警，为安全防范工作提供坚实的技术支撑。

（2）物联网在校园安全中的作用。物联网技术的应用为校园安全提供全方位、多层次的保障，不仅增强校园的安全防控能力，也为师生营造了更加和谐安全的校园环境。

（3）智能AI将为智慧安防插上翅膀，它将极大地提升技术安防系统的功能和作用，将在未来校园安全管理方面引发颠覆性的革命。这将是国内高校必须尽早重视的发展趋向。

总之，高校的技术安防体系是现代化教育系统管理的重要组成部分，随着科技的不断进步和应用，校园技术安防体系将不断完善和发展，为校园安全管理提供更加全面、高效、人性化的安全服务支持，为高校培养人才、更好地实现社会价值和责任贡献力量。

◎ 作者简介

刘晔，武汉大学校园110联动指挥中心特勤队队长。地址：湖北省武汉市武昌区东湖南路8号武汉大学保卫部三楼，邮编：430070。手机：13419573110。

基于复杂网络环境对高校网络安全管理的研究

陆秋水　　张慧茹　　苏梅芳

现如今进入了信息化的时代，互联网的出现给全人类带来了翻天覆地的变化，在极大程度上改变了人们原来的生活方式。高校管理信息化与教学网络化是现阶段教育改革的重要内容之一。我国高校完全实现了网络化教学的全覆盖，建立了内部的校园网络信息管理系统。科学技术的迅猛发展，在给全人类带来了便捷的同时，也伴随了一些问题。

首要的问题是信息过载和真实性问题，网络上的信息量庞大且鱼龙混杂，导致真实有价值的信息难以获取，而大量无效信息则占据了主导地位。随着大数据时代的到来，数据安全和隐私问题接踵而至，如何保证数据不被非法窃取和滥用成为重要议题。网络舆论暴力和网络犯罪问题也十分严峻，部分网民利用网络虚拟性的特性，对他人进行人身攻击和恶意批评或利用网络进行违法犯罪活动，尤其是针对未成年人实施暴力、诈骗和性侵行为，给他人的生命安全造成巨大威胁。还有部分人过度依赖网络、沉迷网络，以至忽略了现实生活中的人际交往和工作学习。

一、高校网络安全管理面临的考验

1. 网络安全受到威胁

高校网络面临着来自外部和内部的各种安全威胁，如黑客攻击、病毒传播、恶意软件、钓鱼网站等。这些威胁可能导致数据泄露、系统瘫痪、恶意篡改等严重后果，对高校的教学、科研和管理造成严重影响。其中计算机病毒是互联网时代到来后最主要的问题，对高校网络安全造成十分严重的影响。

2. 网络设备管理复杂

随着高校的快速发展，各种网络设备的数量和种类也在不断增多，这使得校园网络覆盖范围持续扩大。大量的网络设备、系统和应用，使得网络管理的复杂性非常高，特别是远程连接校园网络服务，由于缺乏对数据流的安全保障，高校网络面临巨大安全隐患。高校师生对网络的需求也日益增长，对网络的速度、稳定性和可扩展性提出了更高的要求。

3. 马克思主义意识形态主导地位受到侵蚀

一方面，高校网络环境中的用户群体多样，网络安全防范意识的缺失和网络社交的虚拟性、多元性，使得学生容易受到虚假、煽动性言论的影响，从而影响他们三观的确立；另一方面，部分高校缺乏网络意识安全形态教育，尚未营造出理想的网络意识形态安全环境。

4. 网络设备更新、升级受到限制

随着网络技术的不断发展，高校网络设备需要不断更新和升级以适应新的技术和应用需求。然而，由于资金、技术和人员等方面的限制，高校网络设备的更新和升级可能面临一定的困难。

二、加强高校网络安全管理的重要性

（一）加强网络安全管理，保护个人隐私

在自我的预先防护上，个人的隐私保护意识尤为重要。社交网络的快速发展和普及悄然改变人们的生产、生活、娱乐方式，但社交网络开放、共享的特性使得海量用户的个人隐私数据受到多方威胁，社交网络服务商、第三方机构、其他社交网络用户都可能对用户的个人隐私造成潜在威胁。网络的互动联系使得人与信息（物）、人与人的沟通、互动更多样、更灵活、更全面，但同时也增加了个人信息泄露的风险。要了解隐私政策，不让不法分子和不良的商家平台侵犯个人隐私信息，定期更新软件，弥补软件的漏洞，关闭位置跟踪，遮住网络摄像头，都能够有效地打击不法分子对个人信息的窃取。

（二）加强网络安全管理，维护学校利益

经常维护学校官方网站，确保网站的正常运行，及时更新网站内容，优化访问者的体验。可以在微博、抖音、微信、知乎等平台上创建学校的官方账号，鼓励学校学生发布积极向上、有价值的学校宣传物料，在条件允许的情况下，可以在社交媒体平台上与其他组织、机构、个人进行合作，提高学校的曝光度。最重要的是，提高师生的网络素养，通过建立专业的舆情监管团队收集网络上对学校的舆情信息，设置警报阈值，定期评估数据，进而维护学校利益。

（三）加强网络安全管理，保障国家安全

第一，培养专业人才。高校应加强对网络安全领域人才的培养，通过课程设置、实验室建设、实践项目等方式，为学生提供全面的网络安全知识和技能教育。这些专业人才将成为国家网络安全力量的重要组成部分，为维护国家安全提供有力支持。

第二，加强技术研究与创新。高校拥有丰富的科研资源和人才优势，应积极开展网络安全技术研究与创新。通过深入研究网络攻击手段、防御策略、漏洞挖掘等方面，提出有效的技术解决方案，为提升国家网络安全防护能力提供技术支持。

第三，建立合作机制。高校应与政府、企业等各方建立紧密的合作机制，共同推进网络安全保障工作。通过合作，可以实现资源共享、优势互补，共同应对网络安全挑战。例如，高校可以为企业提供技术支持和人才培训，政府可以为高校提供研究资金和政策支持等。

第四，强化安全意识教育。高校应加强对师生的网络安全意识教育，提高他们对网络安全的重视程度和防范能力。通过开设网络安全课程、举办讲座、组织竞赛等方式，普及网络安全知识，提升师生的技能水平。

第五，完善法律法规体系。高校应积极参与网络安全法律法规体系的完善工作，为政府提供决策参考和建议。同时，高校还应加强对网络安全法律法规的宣传和普及，增强师生对法律法规的遵守意识，使其共同维护网络安全秩序。高校应充分发挥自身的优势和作用，为提升国家网络安全防护能力做出积极贡献。

三、高校网络安全管理的措施

（一）以学生为基，夯实高校网络"奠基石"

以学生为基，夯实高校网络"奠基石"是高校网络安全管理工作的核心之一。开展网络安全教育培训，将网络安全知识纳入课程体系，使学生了解网络安全的重要性，掌握基本的网络安全技能。培训可以通过课堂教学、在线课程、工作坊、讲座等形式进行。通过举办网络安全周、安全挑战赛等活动，增强学

生的网络安全意识，让他们了解如何识别和应对网络威胁。同时，鼓励学生参与网络安全相关的项目和研究，发挥他们的创造力和主动性。这不仅可以提高学生的网络安全技能，还可以为高校网络安全研究提供新的思路和方法。

（二）以管理为线，织密高校网络"防护网"

1. 建立健全风险防控机制

高校应该建立一套完善的风险防控机制，包括人工和软件的双重跟踪监测，收集、筛选各类相关数据，为网络舆情建立数据模型，全方位追踪、分析舆论发展动态，并运用大数据分析系统对舆情数据进行统计、归类，结合人工分析，做出实时数据的分类对比、趋势，分析、风险预判，预测舆论发展趋势，及早预警提醒，为网络安全教育提供数据支撑。

2. 加强宣传教育

习近平总书记在讲话中指出"互联网是年轻人的世界"，大学生是维护网络安全的重要推动者。高校应当把总体国家安全观作为指导理论，帮助大学生塑造牢固的网络安全意识，引导大学生树立正确的网络安全观，培养德才兼备、全面发展的社会主义建设者和接班人，为维护网络安全、维护总体国家安全添砖加瓦。可以设立反诈委员一职，通过年轻人喜闻乐见的方式进行反诈宣传，或者建立反诈密室，让学生以闯关的形式获取反诈知识。

3. 实施精准化的防范干预

依托大数据手段，建立"预警发现、指令下达、取得联系、落地见面、核查反馈"的闭环发现干预机制，当发现可疑电话、信息时，第一时间联系校内安保部门，达到精准预警、快速回访、多点防范的效果。

4. 制定严格的规章制度

对发案居多的高校，向学校发放警示单，点对点上门督导提醒，并与校方共商整改措施。督促各高校加强对在校学生的管理，明确将禁止刷单，禁止出租、出售、出借电话卡和银行卡等列入校纪校规。

（三）以技术为盾，强化高校网络"防火墙"

1. 加强师生的网络安全和信息化素养培训

高校在新生入学时需要开展网络安全教育，并将其纳入学生培养体系；新进教职工在入职时需要进行网络安全和信息化素养培训，以加强日常工作、生活中网络安全防护技能的养成。

2. 开展系统年检工作

高校应开展系统年检工作，全面掌握学校各类信息系统的安全情况，及时发现潜在的问题和威胁，并消除隐患，可以采取自查和抽查相结合的方式，并将检查结果纳入综合考评。

3. 强化数据安全和隐私保护

高校需要有明确的数据分级分类标准和数据安全管理办法，完善数据安全管理体系，明确数据安全与隐私保护策略，落实技术和管理措施，强化对数据的安全访问控制，建立数据全生命周期的安全闭环管理机制。

4. 加强网络安全专业团队的建设

高校信息化部门需要不断优化队伍结构，加强队伍建设，丰富网络安全专业技能培训的形式与内容，提升网络安全技术研究水平，以打造高素质的管理决策队伍、技术开发队伍和应用维护队伍为目标，构建一支责任心强、技术过硬、结构合理、精简高效的网络安全专业团队，不断提高校园网络安全工作水平和能力。

5. 构建网络安全综合防控体系

在大数据和互联网时代，高校需要从战略和全局的高度把网络安全摆在更加重要、更加突出的位置，不断完善体制机制，加强技术防范，强化综合管理，构建动态防御、主动防御、纵深防御、精准防护、整体防控、联防联控的网络安全综合防控体系，确保网络安全工作稳步向前、扎实推进，为培养高质量人才创造一个稳定、和谐的校园生态环境。

◎ 参考文献

[1] 马艳艳. 信息化背景下高校计算机网络安全防护技术应用分析 [J]. 网络安全技术与应用，2024（01）：94-96.

[2] 周泽、王继辕、周克. 网络信息化背景下高校网络安全建设研究 [J]. 网络安全和信息化，2023（12）：128-131.

[3] 路冰. 高校网络意识形态安全问题的解决对策 [J]. 网络安全技术与应用，2024（02）：88-90.

[4] 杨诗佳. 数据开放中个人隐私保护之困境及破解路径 [J]. 公关世界，2023（17）：102-104.

[5] 王海涛、王新铭、王晴晴，等. 社交网络个人隐私问题及保护方法探析 [J]. 电信快报，2023（09）：4-7.

[6] 刘德宸. 公共场所个人隐私权的保护问题研究 [D]. 长春：吉林财经大学，2021.

[7] 朱斌勇. 数字化转型背景下高校网络安全保障措施研究 [J]. 网络安全技术与应用，2024（02）：70-72.

[8] 习近平. 在网络安全和信息化工作座谈会上的讲话 [N]. 人民日报，2016-04-19.

[9] 周璐依. 总体国家安全观视域下大学生网络安全意识培育研究 [D]. 西安：长安大学，2022.

◎ 作者简介

陆秋水，重庆第二师范学院数学与大数据学院学生。地址：重庆市南岸区南山街道崇教路 1 号，邮编：400065。手机：19923875594。

张慧茹，重庆第二师范学院数学与大数据学院学生。地址：重庆市南岸区南山街道崇教路 1 号，邮编：400065。

苏梅芳，重庆第二师范学院数学与大数据学院学生。地址：重庆市南岸区南山街道崇教路 1 号，邮编：400065。

指导老师：李青嵩